高等职业院校人力资源管理专业全国统编教材

劳动经济基础

全国人力资源和社会保障职业教育教学指导委员会组织编写

主　编：尹丽莎　陈婷婷
副主编：崔　静　张　艳　刘红杰
主　审：肖红梅

中国劳动社会保障出版社

图书在版编目(CIP)数据

劳动经济基础/尹丽莎，陈婷婷主编. -- 北京：中国劳动社会保障出版社，2022
高等职业院校人力资源管理专业全国统编教材
ISBN 978-7-5167-5400-9

Ⅰ.①劳… Ⅱ.①尹…②陈… Ⅲ.①劳动经济学-高等职业教育-教材 Ⅳ.①F240

中国版本图书馆 CIP 数据核字(2022)第 094353 号

中国劳动社会保障出版社出版发行

(北京市惠新东街 1 号　邮政编码：100029)

*

保定市中画美凯印刷有限公司印刷装订　　新华书店经销

787 毫米×1092 毫米　16 开本　15 印张　268 千字

2022 年 7 月第 1 版　　2022 年 7 月第 1 次印刷

定价：35.00 元

读者服务部电话：(010) 64929211/84209101/64921644

营销中心电话：(010) 64962347

出版社网址：http://www.class.com.cn

高等职业院校人力资源管理专业
全国统编教材编委会

序

“高等职业院校人力资源管理专业全国统编教材”与读者见面了。这套教材是全国人力资源和社会保障职业教育教学指导委员会（以下简称人社行指委）组织编写的第一套针对高职院校人力资源管理专业的综合性教材，是人力资源管理专业学生的参考教材和学习资料。

一、教材组织编写的背景

习近平总书记指出“人才是实现民族振兴、赢得国际竞争主动的战略资源”，党的十九大报告明确提出“人才强国”战略，对新时代高等职业院校人力资源管理专业人才培养提出更高要求。

我国在高等职业院校开设人力资源管理专业 30 多年，该专业规模大、布点多。教育部公布的最新数据显示，全国开设人力资源管理专业的本专科院校共有 750 所，其中高职院校 288 所，平均每五个院校就有一所开设人力资源管理专业，毕业生规模为每年 1.2 万~1.4 万人。为满足迅速发展起来的人力资源管理专业教学需要，有关部门和高校组织编写了一系列教材，为这一专业的教学、人才培养、学科发展做出了贡献。但应该看到，由于我国人力资源事业发展变化较大、教材编写人员水平参差不齐等，人力资源管理专业教材建设从总体上讲还相当薄弱，存在体系不健全、内容陈旧、大量交叉重复等问题。这些问题不解决，不仅影响教学活动的顺利进行，而且影响这一专业的健康发展。

2015 年教育部印发了《普通高等学校高等职业学校（专科）专业目录》，为了更好地培养符合经济社会发展需求的高职人力资源管理专业人才，人社行指委受教育部委托，在对人力资源管理相关行业、企业、学校及毕业生展开广泛调研的基础上，组织全国相关院校优秀专家对人力资源管理专业教学标准进行了修订，并于 2019 年由教育部正式公布执行。

2019 年，人社行指委副主任委员单位北京劳动保障职业技术学院牵头组织的人力资源管理专业教学资源库已经正式列入国家职业教育资源库，并上线运行。人力资源管理专业教学资源库的建设和应用主要满足在校学生的学习需求、教师的教学及专业建设需求、社会学习者的自我学习及科普需求，建立在校学生学习资源中心、教师课程建设实践中心和社会学习者科普中心。在“互联网+”的应用模式下，建立与各学习中心相匹配的定制化学习路径，从而满足用户在PC端、平板端和手机端等各种工具的随时随地学习需求。

鉴于以上背景，基于对人力资源管理专业及这一专业人才培养高度负责的精神，人社行指委组织全国高等职业院校的优秀专家学者，编写了这套“高等职业院校人力资源管理专业全国统编教材”。

二、教材组织编写的原则

这套教材在编写伊始，即确定了五项编写原则：

1. 紧扣专业教学标准，突出职业教育特色。根据人力资源管理专业教学标准的培养目标及其对知识体系的要求，确立完整的课程体系和教材体系，充分满足该专业的学历教学和专业人员知识培训的需要。

2. 突出理论与实践相统一，强调实践性。适应项目学习、案例学习、模块化学习等不同学习方式和要求，注重以真实项目、典型任务、案例等为载体组织学习单元。

3. 立足现实，反映前沿，力求创新。在教材建设中，既反映已经成熟或公认的理论与学术思想，又能够反映具有代表性的人力资源领域的最新理论、最新技术和方法，在理论体系、结构框架、体例格式和写作风格上有自己的特色。

4. 立足高起点、权威性。为确保这一目标的实现，主编一般为教学经验丰富的一线人力资源管理专业教师，多位主编是人力资源管理专业国家级教学资源库的相应课程负责人，以确保教材能够满足适用性、权威性和先进性的要求。审稿人全部是人力资源管理领域的权威专家，由他们对大纲和成稿进行把关，以确保教材的理论性、系统性和科学性。

5. 线上线下，衔接开发。在教材开发上，与人力资源管理专业国家教学资源库配套开发，在课程设置、案例选用上充分发挥教学资源库的作用，使教师在使用教材的同时可以在教学资源库中找到相应的素材辅助教学，实现教材与教学库资源的配套使用。

三、教材的体系设计

本套教材的体系设计紧紧围绕人力资源管理专业教学标准的要求，请教学标准的执笔专家、审定专家进行解读，整理归纳出要开设的基础课和专业核心课，并与人力资源管理专业国家教学资源库相匹配。全套教材共13种，具体是《人力资源管理基础》《招聘与测评实务》《薪酬管理实务》《绩效管理实务》《培训管理实务》《劳动法理论与实务》《人力资源服务实务》《人力资源管理专业文书》《管理基础与实务》《员工关系管理实务》《组织行为管理实务》《劳动经济基础》《人力资源第三方服务实训》。

人力资源管理专业建设还处于逐步完善阶段，在人力资源事业发展过程中还会不断出现新情况、新问题。这套教材的编写也只能是反映人力资源事业发展的阶段性成果。希望广大人力资源管理专业教师和学生多提宝贵意见和建议，我们将在今后的修订改版过程中不断更新教材内容，提高教材水平，打造人力资源管理专业领域的精品教材，为人力资源管理专业学生能力和素质提升提供有力支持。

高等职业院校人力资源管理专业全国统编教材编委会

2021 年 1 月

前言

劳动经济学是研究劳动力市场中劳动力供给和劳动力需求各自影响因素以及相互作用关系的经济学分支。劳动经济学的研究领域包括劳动力供给、劳动力需求、就业、工资、人力资本投资、失业、收入分配等。

劳动经济学是人力资源管理、劳动关系管理、劳动与社会保障等专业的专业基础课。该课程在本科院校中开设较多，可选择的教材也很丰富，但是对于以技能培养为主导的高职院校，由于种种原因，开设该课程的不多，针对高职学生编写的劳动经济学教材就更加稀少。为此，全国人力资源与社会保障职业教育教学指导委员会委托重庆青年职业技术学院牵头开发适合高职学生的《劳动经济基础》教材作为高等职业院校人力资源管理专业全国统编教材的分册之一。重庆青年职业技术学院在建设国家人力资源管理专业教学资源库劳动经济基础相关课程的基础上，联合北京社会管理职业学院进行本教材的编写。

编写适合高职学生的劳动经济学教材对于编者而言是一个尝试更是一个挑战，编写过程中我们力求能够体现以下特色。

1. 目标定位上，以“应用”为主旨构建教学内容体系。基础理论以“必需”“够用”为度，强调实践教学，通过实践项目来加深学生对理论的理解。

2. 内容和文字表述上，坚持紧密联系生活和生产实际，表述力求通俗易懂，同时注重内容的趣味性与实用性。

3. 结构编排上，总体结构采用项目化设计，项目内部主要采用任务结构，任务内部结构适合理实一体化教学，学习结束附补充阅读材料、复习思考题和实训项目，融“教、学、做”为一体，强化学习效果。

本教材的框架体系可以概括为四个主线两个层次。四个主线为供给、需求、价格、政府；两个层次是微观层次和宏观层次。具体主要包括以下内容。

1. 劳动经济学基本概念。这一部分是项目一的内容，以经济学为起点，通过对劳动经济学的形成与发展、劳动经济学的研究对象和研究方法以及研究意义的分析，使读者对劳动经济学有一个总体而概括的认识。

2. 工资率的内在规律。这一部分包括项目二至项目四，通过对劳动力这一重要的生产要素在需求和供给方面的研究，把握工资的内在规律，进而分析劳动者与企业的行为。

3. 劳动关系。这一部分包括项目五至项目八，从人力资本投资入手，分别研究劳动力流动、劳动报酬和劳动力市场歧视问题。

4. 劳动力市场及政策调整。这部分包括项目九和项目十，项目九为就业与失业理论，介绍劳动力资源配置和利用理论；项目十为政府行为与劳动力市场，介绍政府在劳动力市场中的宏观调控角色。

本书的编写是在全国人力资源和社会保障职业教育教学指导委员会的统一指导下，由重庆青年职业技术学院的尹丽莎、陈婷婷、崔静、张艳和北京社会管理职业学院的刘红杰共同完成的，其中项目一、四、十由崔静编写，项目二、三由陈婷婷编写，项目五、九由刘红杰编写，项目六由尹丽莎编写，项目七、八由张艳编写。在本书编写过程中，国内许多高职院校同行及专家提出了宝贵建议，在此表示感谢；同时，本书也参考了国内外许多优秀的教学参考文献，在此对相关作者表示感谢！

本书不仅适合高职院校人力资源管理、劳动与社会保障等专业的学生作为专业课教材，也适合对劳动力市场问题感兴趣的社会人士作为劳动经济学的入门读物。由于本教材是第一次出版，疏漏之处在所难免，还恳请广大读者不吝指正，以便我们不断修改和完善。

编者

2022 年 2 月

目录

CONTENTS

项目一

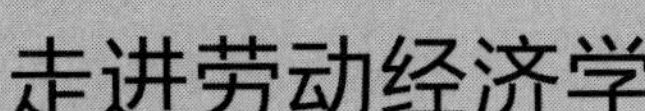

走进劳动经济学

【项目说明】

本项目主要对劳动相关概念、劳动力市场、劳动经济学发展史及劳动经济学研究对象和方法做介绍，使同学们对劳动经济学有一个总体而概括的认识，知识结构如下：

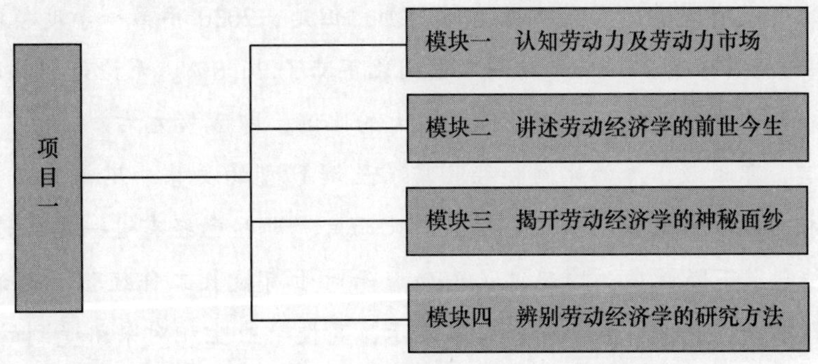

【项目导入】

一、主题案例

新冠肺炎疫情冲击下，中国劳动力市场如何？

2020 年 4 月 15 日，北京大学光华管理学院发布报告《新冠疫情对劳动力市场、中国及全球产业链的影响——基于招聘大数据的分析和预测》。

该研究报告由北京大学光华管理学院卢海教授及其研究团队，在智联招聘数据团队的支持下，对 100 余万家企业、2 300 余万条职位数据进行的研究和解读。

报告详细描述了2020年第一季度中国劳动力市场受新冠肺炎疫情影响的状况和面临的挑战。报告挖掘智联招聘的原始大数据后发现，2020年第一季度的招聘市场呈现出以下特点。

第一，招聘公司数量没有显著变化，但招聘职位和人数同比均下降27%左右；第二，小微企业和外商合资或独资企业受疫情影响较大；第三，低收入群体就业受疫情影响最大；第四，各地生产恢复速度和地区疫情严重程度，与当地政府对疫情的响应速度密切相关；第五，职位需求下降幅度和经验要求成“倒U型”关系，有1~5年工作经验的求职人员面临更大压力；第六，国家战略性优先发展的行业中，预期信息技术产业和新能源汽车产业将进一步受到疫情影响；第七，根据国际疫情发展和观察到的招聘恢复情况，预期政府公共事业、国内导向制造业、商业服务业和消费服务业的招聘需求在第二季度逐渐恢复，但出口导向制造业由于受全球产业链影响，招聘需求会持续疲软。

报告还分析了智联招聘2020年第一季度（1—3月）所有的招聘广告数据，并与2019年同期的数据进行了比较。研究发现，在新冠肺炎疫情影响下，发布招聘广告的公司数目同比并没有减少，而是略微有所增加。但是，2020年第一季度招聘职位数相对于2019年同期下降了27.8%，招聘人数同比下降了26.8%。无论是招聘职位数还是招聘人数，在此次新冠疫情下，都下降了较大的比例，即27%左右。

整体而言，职位数下降的比例和经验需求呈倒U型的关系。不需要工作经验的职位需求下降相对较小，仅仅下降了11%。对比而言，那些已经有过一定工作经验（1~5年）的职位需求下降最多，均超过了15%。而对于有较长工作经验（超过5年）的职位数目下降较少。因此，数据分析结果显示，高校毕业生相对来讲受到的影响较小。此次疫情中，受到影响最大的是那些有少量工作经验，近期准备跳槽的求职者。这些求职者更有可能找不到工作。因此报告建议，“裸辞”需谨慎。

资料来源：改编自郑景昕《新冠省思录丨从招聘数据看产业链影响：哪些行业更需精准支持》，载《澎湃新闻》，2020-04-16。

二、学习目标

1. 理解劳动力市场的含义，辨析与劳动相关的概念。
2. 了解劳动经济学的发展历程。
3. 辨识劳动经济学的研究对象。
4. 辨别劳动经济学的研究方法。

模块一　认知劳动力及劳动力市场

一、劳动力相关概念

1. 劳动

劳动是指能够对外输出劳动价值或劳动量的人类运动，它是人维持自我生存和自我发展的唯一手段。劳动是经济的基本因素之一，也是稀缺的社会生产资源之一。劳动作为生产要素具有以下特点。

（1）“工人出售他的劳动，但是保留自身拥有的资本”。工人凭借其所拥有的生产技能提供劳动服务，但被称为“人力资本”的工人及其技能并不能像实物资本那样被卖掉。

（2）所有的劳动出售者都具有职业选择、就业地点和工作条件等方面的偏好。雇主也具有对其雇佣人选的主观偏好。

（3）劳动供给决策与产品消费决策有十分紧密的相互依赖关系，并且一个家庭中各成员的劳动供给决策是相互关联的。

（4）劳动的供给者常常会组成相互依赖的劳动联合组织，并通过采取集体行动实现其目标。当然，劳动服务的需求者也可以进行联合。

2. 劳动力

劳动力是指一定时间、地点范围内的人口总体所具有的劳动能力的总和。从微观经济学的个量来看，劳动要素必须寄托在“人”这个实体上，人的劳动能力，具体可以包括体力、智力、知识、技能四部分，劳动力的能力要素结构如图 1-1 所示。

从宏观经济学的总量来看，人的劳动能力又具有社会性，存在于一个社会一定时期的适龄劳动人口之中，“劳动”就是“劳动力资源”或者“人力资源”。因此现代劳动经济学中的劳动力是指在一定年龄范围内，具有劳动意愿和劳动能力，愿意参加付酬市场劳动的全部人口，包括就业人口和失业人口。

3. 劳动力资源

劳动力资源是指能够从事各类工作的劳动力的人口，它是劳动力人口数量和质量的乘积。即：

劳动力资源总量=劳动力人口数量×质量

劳动力资源有数量和质量两个方面，关于劳动力资源的质量以后再论述。

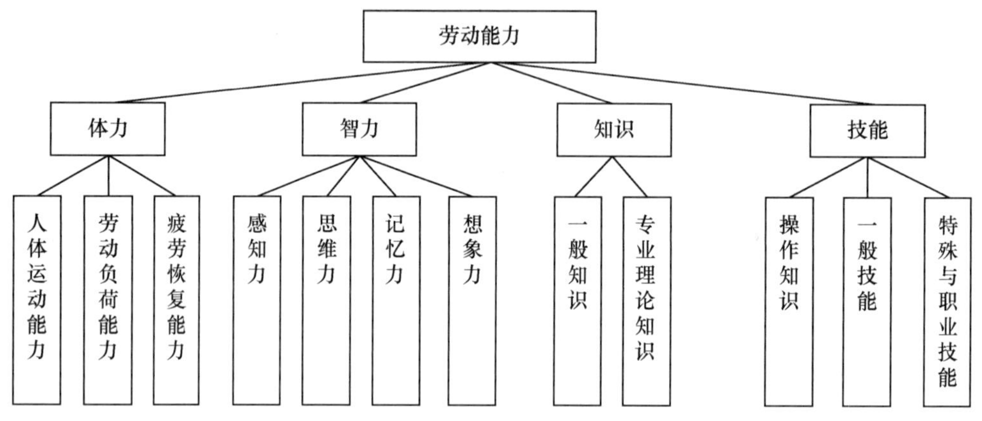

图 1-1　劳动力的能力要素结构

4. 劳动力资源的数量构成

劳动力资源的数量，指的是构成劳动力人口的那部分人口的数量。劳动力人口，即具有劳动能力的人口（16 周岁及以上），我们把这部分人口叫作劳动适龄人口。但是在劳动适龄人口中又存在一些丧失劳动能力的病残人口或者没有就业意愿的人口，在劳动适龄人口之外也存在一批具有劳动能力、正在从事社会劳动的人口，因此在计量劳动力资源数量时，必须考虑到上述两种情况，对劳动适龄人口数量予以修正。

综上所述，劳动力资源的数量应指在一个国家或地区范围内，劳动适龄人口减去其中丧失劳动能力和就业意愿的人口，加上劳动适龄人口之外具有劳动能力的人口。

劳动力资源数量构成包括下列八个部分。

（1）处于劳动年龄之内、正在从事社会劳动的人口，它占据人力资源的大部分，可称为“适龄就业人口”。

（2）尚未达到最低劳动就业年龄、已经从事社会劳动的人口，即“未成年劳动者”或“未成年就业人口”。

（3）已经超过劳动年龄即达到退休年龄、继续从事社会劳动的人口，即“老年劳动者”或“老年就业人口”。

（4）处于劳动年龄之内、具有劳动能力并要求参加社会劳动的人口，可称为“求业人口”或“待业人口”，它与前面三部分人口一起构成经济活动人口。

（5）处于劳动年龄之内、正在进行学习的人口，即“就学人口”。

（6）处于劳动年龄之内、正在从事家务劳动的人口，即“家务劳动人口”。

（7）处于劳动年龄之内、正在军队服役的人口，即“军队服役人口”。

（8）处于劳动年龄之内的其他人口。

这八部分统称为劳动力人口，如图 1-2 所示。

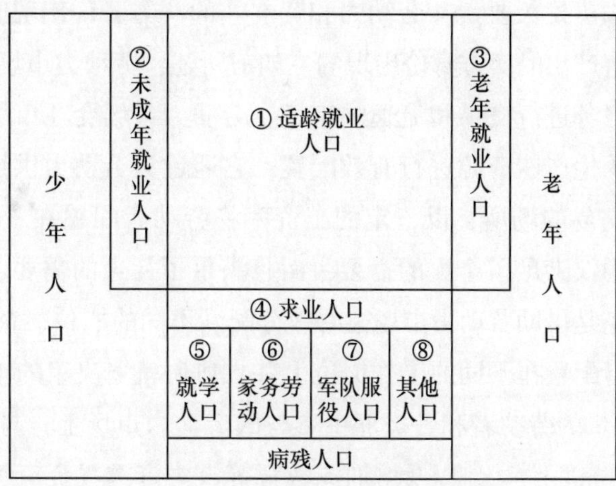

图 1-2　劳动力资源数量构成

二、劳动力市场

1. 市场的概念

市场是社会生产和社会分工的产物。没有社会生产和社会分工就不可能出现市场这个概念。市场有狭义和广义之分，狭义上的市场是买卖双方进行商品交易的场所，广义上的市场是指为了买和卖某些商品而与其他厂商和个人相联系的一群厂商和个人的集合。市场的规模即市场的大小，是购买者的需求总和。

2. 劳动力市场的概念

劳动力市场有以下三种定义。

（1）狭义的劳动力市场，是指从事劳动要素交换的场所，如各地挂牌的“劳动市场”“劳动力市场”“职业介绍所”“劳动力交流中心”“人才交流中心”“人才市场”。这就如同某处有个可以买卖商品的店铺或摊位。

（2）中等口径的劳动力市场，是指劳动要素交换场所与劳动要素交换关系二者之和，它强调市场上的工资由供求双方“讨价还价”决定。这就如同人们在自由市场进行买卖，谈妥价钱，然后成交。

（3）广义的劳动力市场，是指按照市场机制（价格机制、竞争机制和供求机制）调节劳动力供求关系，对劳动力流动进行合理引导，从而实现劳动力的合理配置的市场。

本书采用的是广义的劳动力市场的概念。如图 1–3 所示，劳动力市场是企业为了实现正常运营所面对的三大市场之一，除了劳动力市场之外，企业在经营过程中还必须与另外两个市场（即资本市场和产品市场）发生关系，其中，在劳动力市场和资本市场上，企业是以购买投入要素（劳动力和资本）的买方身份出现的，而在产品市场上，企业则是以出售产出的卖方身份出现的。如前所述，劳动力市场是一种要素市场，是劳动力或者劳动服务进行交易和流通的市场。劳动力市场会在市场经济条件下对劳动力这种最为重要的生产性资源进行有效配置。它通过为劳动力供给和需求双方提供一个接触、谈判和交易的场所，以一定的工资率将劳动者配置在一定的工作岗位上。这种劳动力的配置不仅满足了个人的需要，而且满足了社会的需要。在市场经济条件下，一国的劳动力正是借助劳动力市场被有效分配到不同的职位、企业、行业和地区。总之，这种把劳动者配置在不同的工作岗位上并且协调就业决策的市场就被称为“劳动力市场”。在有大量的劳动者和各类雇主参与的劳动力市场上，与就业或职业选择、雇用、解雇、辞职、离职、薪酬以及培训或教育等人力资本投资有关的决策每天都在大量进行。

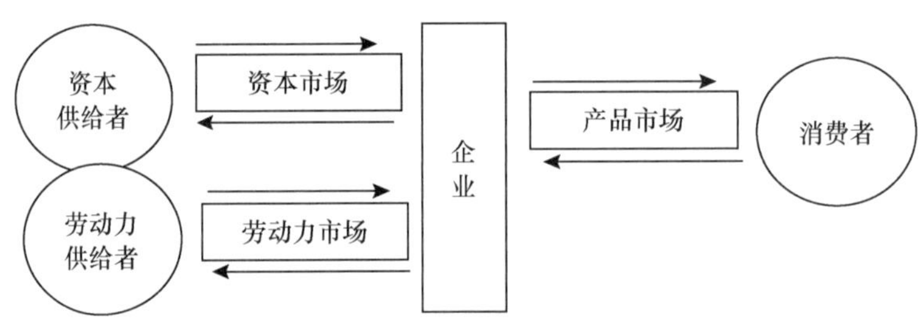

图 1–3　企业运营所必须面对的三大市场

3. 劳动力市场的特点

与产品市场和资本市场不同，劳动力市场有其非常明显的独特性，这种独特性主要表现在以下几个方面。

（1）劳动力市场交易对象的特殊性及交易的延续性

正如前面介绍劳动力的内涵时提及，劳动力必须依附于实体的人，劳动力或劳动者所提供的劳动服务是不可能脱离劳动者个体而独立存在的，所以在劳动力市场的交易中，劳动力这种特殊商品的实际所有权并没有发生转移，转移的只是劳动力的使用权而已。因此严格来说，劳动力市场只是一种特殊的租赁市场，劳动者将自己所具有的劳动能力按照某种条件、以某种价格租赁给雇主使用一段时间。更重要的是，劳动力的购买过程和使用过程是无法分割的，劳动力的使用者必须通过劳动力的提供者才能真正使用这种劳动力，雇主对自己在劳动力市场上所“购买”的劳动力实际上并没有完全的控制力，也不能任意处置。换言之，劳动力的提供者和劳动力的使用者之间的交易关系不仅仅表现在劳动力市场上，而且会在一定的时期内固化下来。也就是说，劳动力与作为其载体的劳动者之间具有的天然不可分性导致在劳动力市场交易完成之后，劳动者会继续参与劳动力购买者的生产过程，从而会对生产过程产生重大影响。这种情况就使劳动力市场交易双方之间的关系变得复杂起来。

（2）劳动力市场的多样性

因为劳动的具体内容和具体形式不同，所以不同的劳动力之间往往不能相互替代，或者不能完全相互替代，这样便形成了不同专业门类的劳动力市场，如幼儿园老师、机械师、文员、精算师、软件工程师、卡车司机等。在这些不同的劳动力市场上，劳动力的供给、需求状况以及劳动力的市场价格往往也是各不相同的。当一种劳动力的供给大于需求，很多人失业的时候，另一种劳动力却很可能面临需求大于供给的情况。此外，除了根据职业类型对劳动力市场进行划分之外，还可以从技术水平、地理位置等多种不同的角度来划分各种各样的劳动力市场。比如我们将会在后面谈到的全国性劳动力市场和地区性劳动力市场，以及高级劳动力市场和初级劳动力市场等。

（3）劳动力市场交易对象的难以衡量性

对于许多商品来说，无论是原材料还是产成品，都是可以实现标准化的。甚至当同一种商品有许多品牌时，商品的实物特征或者性能差别往往也非常容易被衡量出来。但是当一家企业必须在众多的求职者中挑选所要雇用的劳动者时，却很难用某种可以准确量化的手段来对劳动能力本身进行衡量，然后加以标准化分类。

（4）劳动力市场交易条件的复杂性

如上所述，劳动力市场上的交易与一般商品市场上的交易不同，劳动力的购买者和出售者之间的关系并非是随着交易契约的达成就宣告结束的，劳动力的提供者自身要直接参与生产过程。这样，在劳动力市场的交易条件中，除了薪酬这一劳动力交易的价格因素之外，工作条件、组织文化、管理风格甚至成长和发展的机会等方面的因素也是交易能否达成的重要决定因素。在这些因素中既包括在工作过程中直接对劳动者产生作用的物理工作环境，如温度、湿度、灰尘、噪声等，也包括在工作中所要受到的监督与控制、保持工作和生活平衡的难度等软环境方面的因素。总之，劳动力市场上的交易往往受整套条件的约束。除此之外，劳动力的使用还受社会道德规范的限制。也就是说，在普通商品的交易中，人们只需把握“愿买愿卖”这个原则即可，而在劳动力的交易中，则不能仅仅考虑成交时的一时意愿。由于劳动力的拥有者是人本身，用纯粹市场的办法来衡量人的生命价值，是有悖于社会规范的。鉴于劳动力商品的特殊性，政府应利用各种法律和规制，超越市场的范围对劳动者的生命和健康进行保护，在必要时进行相应干预。

（5）卖方在市场上的地位不利性

劳动力市场与其他市场相比较而言还有另外一个比较突出的特征，这就是劳动力的出售者在市场上通常会处于不利地位。这主要是因为劳动收入是大多数劳动者的唯一生活来源，因此，劳动者一旦失业就会失去主要生活来源，他们就很难保持原有的生活水平。在经济不景气时，失业率往往会上升，此时劳动者的不利地位尤其明显。

4. 劳动力市场的类型与结构

劳动力市场的结构，是指根据某种特征对劳动力市场所做的类型划分。通常情况下，依照不同的标准，劳动力市场的结构可以进行多种划分。

（1）从市场分层的角度，可以分为普通市场与人才市场两种，普通市场中又包括熟练技术工人市场与非熟练技术工人市场。

（2）从市场内容的角度，可以分为各种专业、职业的市场，如电子工程师市场、计算机软件人员市场、土建工人市场、保姆市场等。

（3）从市场形式的角度，可以分为固定机构性市场、临时集中性市场（如各种供需见面会）、散在性市场（如在路口“待唤”的装修工人）。

（4）从市场范围的角度，可以分为地区性市场与全国性市场、行业（部门）性市场与综合性市场、用人单位内部市场与社会性市场。

（5）从社会认定的角度，可以分为正式的市场与非正式的市场、有组织的市场与无组织的市场（即自发市场）、合法市场与非法市场。

（6）从市场环境的角度，可以分为自由市场、垄断市场与政府干预市场。

（7）从市场主体供求的角度，可以分为非均衡性市场与均衡性市场、买方市场与卖方市场，其中非均衡性市场又包括供不应求和供过于求两种类型。

（8）从分析层次的角度，可以分为微观劳动力市场和宏观劳动力市场。微观劳动力市场是分析微观组织对劳动力的需求行为和个体层面的劳动力供给行为的市场。宏观劳动力市场是相对于微观劳动力市场而言的，主要是研究整个社会劳动需求与全社会劳动供给及全社会劳动供求双方的相互作用的市场，它帮助全社会实现人力资源优化配置。

三、补充阅读材料

关注劳动力市场空间格局之“变”

2020年12月12日，《2020中国劳动力市场发展报告》（以下简称《报告》）发布，这是北京师范大学劳动力市场研究中心自2011年以来连续发布的第10本报告。《报告》指出，我国劳动力市场空间演变表现出八个方面的特征。

第一，劳动力市场极化现象逐渐明显。我国区域之间劳动力市场的稳定型就业、灵活型就业与高技能型就业都出现了一定的极化趋势，主要体现在东部地区和东北地区之间的两极分化，而中部地区和西部地区的极化趋势相对较弱；东部地区内部的高技能型就业和灵活型就业规模都明显增长。

第二，劳动力市场格局呈现南北差异。南方就业总量始终高于北方，且从2015年后差距逐渐拉大，南北方人口流入差距拉大，南方城市人口流入更加明显，南方就业质量高于北方。2019年，全国人口净流入最多的省份为浙江和广东，同期东北三省净流出人口最多。全国就业质量总体呈稳步上升趋势，南方就业质量高于北方，且就业质量增速高于北方，东部沿海地区领跑全国，就业质量最高。

第三，劳动力市场就业岗位创造能力异质化显现。“三新经济”带来了直接和间接就业创造效应，2019年、2018年和2017年，“三新经济”带来的总就业规模分别为16 566万人、15 752万人和15 148万人，呈现逐年递增趋势。分区域来看，不同经济圈高技术产业就业情况差异显著，粤港澳、长三角高技术产业吸纳就业能力较强，广东、江苏成为高技术产业就业吸纳高地，中西部地区正在通过发展高技术产业吸纳高技术人才。同时，国企民企“携手”促进高技术领域的就业创造与重塑。

第四，劳动力市场“时”“空”边界不断变革。就业形态的空间变革主要体现在工作空间和工作模式两个层面。表现为，线下到线上的变化，传统的工作平台、工作空间萎缩，线上经济活动越来越多；工作弹性增强，一人一岗到多人一岗或一人多岗的变化趋势十分明显，弹性岗位模式与互联网平台结合，共同打造了各种灵活就业模式，工作更加多样化。就业形态时间转变主要表现为工作年限延长和工时缩短并存。

第五，劳动力市场地域空间逐渐重构。在未来城市发展中，都市区外围城市、都市区核心城市、区域性中心城市的效能将进一步释放，劳动力市场地域空间复杂性将会更加明显。长三角、珠三角、京津冀、成渝、长江中游五大城市群将成为主要人才流入地。后疫情时代，世界级产业链集群建设、国家城市群现代化产业体系形成、世界级多中心网络型区域协调发展均会影响劳动力市场地域空间的重构。

第六，城乡劳动力市场融合度上升。城乡劳动力市场融合发展至少体现在三个方面，即人口在城乡之间自由流动加快、返乡入乡人数日益增多以及农民工就地就近就业比例逐渐提高。

第七，劳动力市场回旋空间增加。近年来，我国人力资本质量的稳步提升为产业升级和调整提供了回旋空间。同时，一系列改革有效破除了不利于劳动力流动的制度壁垒，为缓解劳动力市场的区域结构失衡提供了回旋空间，随着新技术的应用，劳动力市场线上回旋空间也不断拓展。

第八，劳动力市场国际空间不断拓展。我国劳动力参与国际经济合作的主要特征表现在三个方面，劳动力参与国际经济合作的对外输出规模持续扩大；雇佣海外当地人员数量和比例不断增加；中高端劳务合作是我国参与国际经济合作的重要发展趋势。在华外资企业雇用我国劳动力的主要特点包括两个方面，外商投资企业和港澳台投资企业吸纳的我国劳动力呈现平稳增长态势；当前制造业仍然是吸引外商直接投资的主要行业，制造业就业人员占比更大。

为适应我国劳动力市场的空间转变，推动劳动力市场的可持续发展，《报告》提出政策建议。第一，加快劳动力结构调整，应对就业空间极化，健全和完善劳动者跨区域流动的就业保障机制，实行区域经济发展战略，因地制宜制定就业政策。第二，加强技能培训，弥补劳动者素质短板，促进中低劳动者技能提高，给予用人单位更多的自主权缓解就业错位现象。第三，实施乡村振兴战略，加快劳动力市场融合，促进政企合作的新型合作机制，完善社会保障体系，解决劳动者的后顾之忧。第四，依托互联网平台，打破劳动力空间边界，“互联网+”促进信息交流，激发市场潜能，促进企业转型升级。第五，深化国际合作，扩展劳动力国际空间，拓展对外劳务合作的范围，持续发挥“一带一路”的引领作用。

资料来源：http://www.workercn.cn/34168/202101/04/210104085631395.shtml

模块二　讲述劳动经济学的前世今生

一、劳动经济学说的萌芽

作为一门与道德哲学截然不同的学科，经济学的基本思想有两方面：一是关于市场的概念；二是对由要素引起的经济活动进行分析。其中，劳动力和劳动力市场处于十分关键的地位。与经济学领域其他方面所取得的辉煌成就相比，经济学家们对劳动力市场的分析相对滞后，之所以如此，主要是因为劳动力具有与普通商品不一样的性质，一般价值理论并不适用于对劳动力的分析。布拉姆曾经说，无论我们对市场这个概念多么清晰，对于劳动力市场的了解都是十分贫乏的，因为我们不可能对该市场的商品——人类进行标准化。正是由于对劳动力市场分析的不足，使得将劳动力融合到市场总是缺乏理论基础，劳动经济学就是在对劳动力市场问题的研究分析过程中发展起来的。

1. 古希腊时期的劳动思想

公元前 8 世纪希腊诗人赫西奥德在他的著作《劳动与时日》中热情歌颂了人类的劳动，认为只有劳动才能得到财富，整个社会才能繁荣昌盛。这蕴含着劳动是一切价值源泉的思想萌芽。这种朴素的劳动经济观念成为以后希腊劳动经济学说的思想渊源。

古希腊思想家、经济学家色诺芬在其著作《经济论》和《雅典的收入》中，从奴隶制的自然经济观点出发，从使用价值生产的角度强调了分工的必要性，考察了劳动分工及其意义，并且认识到分工受市场范围的限制。

古希腊思想家、哲学家柏拉图在其著作《理想国》和《法律论》中，从国家组织原理角度考察了劳动分工的问题。他认为由于人们具有不同的需求，而各自又不能自给自足，就必然有分工，于是就形成了各种团体，这些团体联合起来便形成了国家。另外，他还从产品的生产效率方面说明了分工的必要性。

古希腊思想家、哲学家亚里士多德在《伦理学》中论述了价值思想。他的价值思想包括以下内容：物的两种用途是直接使用和交换；剩余产品的存在是交换产生的前提；交换的原则是同一性或等同性。他这种朴素的经济思想是现代经济学价值论的起点，并隐含了劳动经济思想。亚里士多德还考察了劳动分工问题，他把奴隶制度看作自然的劳动分工的结果。

2. 古罗马时期的劳动思想

古罗马共和时期的政治家和演说家西塞罗在《国家篇》和《论责任》中，明确地把经济社会视为一个以劳动分工为基础而相互联系的整体，劳动分工形成各种专业和职业，是社会有机体正常运转的必要组成部分，而劳动分工体系的每一部分，对于社会的生存与发展来说，都是不可缺少的必经环节。劳动分工是为了适应人们的多种需求，其导致的专业化与需求的矛盾通过交换来解决。他的劳动经济思想，特别是劳动分工学说显然是对柏拉图和亚里士多德的继承，但他的某些研究成果已经超越了古希腊的哲学家和思想家。所以，西塞罗也是前古典劳动经济学时代的重要启蒙者之一。

3. 欧洲中世纪的劳动思想

从公元5世纪到10世纪是西欧封建社会的早期。反映这一时期劳动经济思想最重要的史料是《萨利克法典》和《庄园敕令》。《萨利克法典》反映了公元5~6世纪刚步入封建社会初期的法兰克王国的经济制度及编写者的主要经济观点。它十分重视对主要生产者的人身自由及财产的保护，规定劳动所得归农户所有。《庄园敕令》是公元8世纪末查理大帝为整顿领地而下的一份诏令，它对农作物的耕作、收割，以及农奴的监督和耕畜的使用等都做了详尽的规定。与《萨利克法典》不同，《庄园敕令》更具有劳动经济管理的倾向。它把如何有效剥削农奴作为一个核心问题，它要求庄园管理者要充分利用土地和劳动力，督促农奴勤于耕作，不要虚度工作日。

西欧从公元11世纪起进入封建社会的极盛时期，西欧的经济思想也随之进入了一个新的发展阶段。德意志著名的神学家、自然科学家阿尔图斯·马格努斯把公平价格视为与生产上劳动的消耗相当的价格。他在解读亚里士多德的《伦理学》时指出，只有劳动耗费相等的物品，才可以相互交换。行会也是在这样的历史条件下形成的。行会制度中所反映的劳动经济思想主要是：公开规定男女平等的原则，行会制管理机构负责举办集体福利事业，并对某些专业匠师人数以及匠师身份所需要的公民资格、财产状况、投资水平等做出了规定。

4. 重商主义的劳动经济思想

重商主义是在西欧封建社会瓦解和资本原始积累时期产生的，它是对资本主义“生产方式的最早理论探讨”。重商主义主要讨论劳动力人口与财富之间的关系以及劳动分工等劳动经济问题。人口众多和丰富的劳动力供给会带来商业的兴旺和国家财富；较高的劳动力参与率会导致较低工资，低工资也保证了劳动的充分供给，较高的工资将减少劳动供给。

5. 重农主义思想

在这一时期，重农主义的劳动经济学说也迅速发展起来。重农主义认为财富是物质产品，财富的来源不是流通而是生产。所以，财富的生产意味着物质的创造和数量的增加。在各经济部门中，他们认为只有农业是生产的，因为只有农业既生产物质产品，又能在投入和产出的使用价值中表现为物质财富的量的增加。在重农学派看来，农业是一个国家富强的基础。杜尔哥在《关于财富的形成和分配的考察》一书中认为，农业劳动是一切财富的唯一源泉，是其他各种劳动能够独立经营的自然基础和前提。重农主义的劳动经济思想体系主要探讨了农业人口增长与财富、劳动价值论及工资论等问题。

在前古典劳动经济学的孕育阶段，尽管许多思想家和经济学家提出了劳动分工、劳动力、劳动价值论及工资论等劳动经济学思想，但是他们的学说还是朴素的、零散的，还没有形成独立的思想体系。

二、劳动经济学思想的形成

1. 古典经济学时代劳动经济学的形成

随着产业革命的兴起，人类劳动无论在领域还是内容上都有了空前的扩展和分化。劳动的发展推动了科学进步，而科学进步又促进了人们对劳动的研究，并取得了丰硕成果。产业革命后古典经济学的威廉·配第、亚当·斯密、大卫·李嘉图都提出了重要的劳动经济理论，劳动经济理论破土而出，成为经济科学和管理科学的重要组成部分。

（1）威廉·配第最先阐明了劳动力和财富之间的关系

威廉·配第从劳动价值论出发，提出了土地为财富之母，而劳动则为财富之父的观点，他认为劳动力和土地是财富生产的必要条件，如果劳动力人口数量过少或不足，对一个国家来说是不利的。他还区分了生产人口与非生产人口，说明了人口状况和就业状况对征税和调整人口经济结构的作用。

（2）亚当·斯密认为劳动是价值的源泉和商品价值的尺度

亚当·斯密则在他的著作《国富论》中第一次系统地提出了劳动经济理论。与早期的经济学家不同，亚当·斯密在对国民财富的性质和原因的研究中，就已经认识到劳动分工和劳动生产力在国民经济中的重要性，劳动力问题实际上是经济学的一个重要分支，因此他给《国富论》的第一篇内容就起名为《论劳动生产力增进的原因并论劳动生产物自然而然地分配给各阶级人民的顺序》。亚当·斯密对现代劳动经济学最大的贡献就是对工资差别和劳动力流动限制的研究，这两部分至今仍是劳动经济学的研究重点。亚当·斯密认为在竞争的劳动力市场中，劳动力的供给和需求决定了劳动报酬，但是对劳动力的需求并不是一致和不变的，由此他提出了工资差别的假设。在《论工资与利润随劳动与资本用途的不同而不同》中，亚当·斯密还指出职业本身在报酬多寡、学费高低、精神是否愉悦、是否安定、责任的轻重等方面是存在不均等的，并且由于政策的原因，导致劳动力在行业、职业、地区之间不能自由流动。

（3）大卫·李嘉图是古典经济学的集大成者

大卫·李嘉图在《政治经济学及赋税原理》中坚持劳动价值论并在此基础上探讨资本主义分配关系，又通过分配关系的研究深化了劳动价值理论，使之成为古典政治经济学最成熟的劳动价值理论，从而建立了以劳动价值论为基础、以分配论为中心的理论体系。李嘉图在进行工资分析时，假设劳动力与其他商品一样进行生产和出售，从而形成市场价格。他认为，工资正像所有其他契约一样，应当由市场上公平而自由的竞争决定，而绝不应当用立法机关的干涉加以统治。李嘉图的工资理论成为劳动经济学关于工资运动规律及劳动供给决定工资观点的直接基础。

（4）古典经济学学派较有影响的还有市场法则论和工资基金学说

让·巴蒂斯特·萨伊在其1803年出版的《政治经济学概论》一书中，以生产费用的价格论为基础提出“供给自行创造需求”的市场法则论。他认为，依靠价格机制、产品市场、生产要素市场，特别是劳动力市场内部偶然出现的失衡会被市场价格的自行运动消灭；市场经济在正常情况下，供给与需求自动趋向均衡，因而充分就业就是市场经济的常态。在此基础上，萨伊认为，既然市场经济可依靠自身的力量保持均衡，政府若采取行动对市场进行调节，则只会妨碍价格机制发挥作用，因此，政府没有必要充当实现均衡的代理人。

由重农主义者提出、亚当·斯密发展、斯图亚特·穆勒将其定型的工资基金学说，纳索·威廉·西尼尔在《政治经济学大纲》中对其进行了批判。这些争论对劳动经济学说的形成提供了条件，通过论争，工资的性质和工资的决定更趋于明确和清晰，劳动力供求、工资决定及其运行规律等劳动力市场现象引起了经济学家的关注，客观上也促进了劳动经济学说的形成。

2. 新古典经济学时代的劳动经济思想

新古典经济学提出了资源配置理论和均衡分析法，其基本理论假设是理性和资源稀缺性，研究的中心是如何在资源稀缺的约束下实现效用最大化。在这种前提下，杰文斯提出了他的劳动学说，分析了个人在劳动力市场上的最佳选择行为。瓦尔拉斯将生产要素和产品市场统一起来进行考察，提出了整个经济的一般均衡论。维尔弗雷多·帕累托将基数效用论发展为序数效用论，并使之成为立论严密的市场理论。阿弗里德·马歇尔在《经济学原理》一书中，综合了当时的各种学说，提出了局部均衡理论，并用供给、需求和价格三者之间的函数关系，揭示了均衡价格规律。约翰·贝茨·克拉克在《财富的分配》一书中，以边际生产理论为基础，提出了边际生产力工资决定理论。阿瑟·塞西尔·庇古在《财产与福利》中，论述了劳动经济学的重要理论，他把劳动经济问题放到了一个包括工资、工时、报酬劳动力职业和区域分布及劳动力流动的更广泛的经济学论述中，对劳动力质量问题做了深入研究，强调了教育和培训对劳动生产率的贡献。另外，他还论述了市场机制下难以避免的摩擦性失业和资源性失业问题。

尽管这一时期的学者提出了一些劳动社会学和劳动管理学的劳动经济理论，但这一阶段的劳动经济理论还分散于经济学和管理学中，劳动经济学还没有形成一门独立的学科。

三、现代劳动经济学的发展

劳动经济学从20世纪20年代开始进入独立发展阶段，劳动经济学的独立发展表现在以下几个方面。

1. 劳动经济学成为一门独立的学科

根据美国劳动经济学家保罗·J. 麦克纳尔蒂的考证，劳动经济学是在20世纪20年代由美国制度学派的经济学家首先建立的。在美国制度学派盛行的后期阶段，制度学派的经济学家所罗门·布拉姆出版了世界上第一部《劳动经济学》，这本著作的出版，标志着劳动经济学作为一门学科进入独立发展阶段。此后，在欧洲和日本也建立起劳动经济学这门学科。经济学家朱通九于1931年也出版了《劳动经济概论》。

2. 与工资相关的经济理论得到了进一步研究

随着劳动力市场的不断完善及工人运动的推动，西方劳动经济学说在实践中不断发展，劳动经济学说的研究内容日臻完善，特别是对与工资相关的劳动经济理论的研究。

（1）希克斯的均衡工资模型

英国经济学家希克斯在《工资理论》中明确指出“自由市场的工资决定理论仅仅是当代价值理论中的一个特例而已”，从而进一步强调了市场性因素对劳动力市场运行结果的影响。他创立了一系列关于劳动力需求和供给的关键性理论概念。此外，他运用工会理论，将罢工时间长短同工资率相联系，对集体谈判条件下的工资决定机制进行了纯理论分析。他在对劳资争议双方的行为做了一系列可预期的假设基础上，提出了一个资方的“让步曲线”与工会的“抵制曲线”相交点的均衡工资模型，并解释了为什么此点所代表的工资是劳资双方所能接受的工资。

（2）柯布、道格拉斯提出了生产函数理论

道格拉斯在20世纪30年代的工作推动了经济理论的综合化，并把相对复杂的定量技术与特定的劳动问题结合起来。道格拉斯在《工资理论》中对希克斯的工资理论进一步补充，用统计的结果论证了边际生产率理论的正确性。更为重要的是，道格拉斯在数学家柯布的帮助下提出了著名的柯布—道格拉斯生产函数理论。他们用测定边际生产率的方法，发现在美国经济中制造行业生产率的75%归功于劳动力，25%归功于资本。这与长期收集的各种数据相吻合，也与国家研究局得出的这一时期工资基金形成了74%的国民收入（制造业）的结论基本吻合。20世纪40年代后期，熊彼特称此研究（经济理论与统计方法相结合）是“在经济学研究中一次极具想象力的探索”。

（3）劳动就业理论引入了宏观总量研究

20世纪30年代“凯恩斯革命”后所形成的凯恩斯主义宏观经济学，使就业理论获得了重要发展。英国经济学家凯恩斯在《就业、利息和货币通论》一书中，将国民经济的产出水平与就业水平联系起来，以有效需求不足来解释非自愿失业存在的原因，并提出了加强政府对经济干预的政策建议。这标志着宏观经济学的产生。此后所形成的新古典综合学派、新剑桥学派、美国新凯恩斯主义学派分别从宏观、宏观与微观结合的角度分析了就业理论。宏观经济学的建立与发展对现代劳动经济学的发展具有重大意义。

首先，劳动力资源的利用程度得到深入研究。传统经济学认为，通过市场机制可以使生产达到充分就业的均衡，即可以依靠市场机制充分利用劳动力资源；而宏观经济学认为，充分就业只是短期的现象，大量存在的是介于充分就业与普遍失业之间或普遍失业的情况。宏观经济学深入研究了劳动力资源未能达到充分利用的原因，以及如何达到充分利用的途径，这样不仅使劳动力资源的配置、劳动力资源的利用水平作为经济学需要解决的问题被明确提出来，还拓展了劳动经济学的研究领域。

其次，宏观经济学将失业和通货膨胀与国民收入联系起来，分析和认识它们相互之间的关系和造成失业与通货膨胀的原因，并提出一系列的经济对策。这样，就为现代经济学从产品市场、要素市场的联系中更深刻地认识劳动力市场的功能提供了新的视角。

最后，宏观经济学在研究方法方面将抽象分析与制度分析完美地结合在一起，并重新确立了经济政策研究在经济学中的地位。宏观经济学对宏观经济政策目标、政策工具和政策效用等的分析，为现代劳动经济学对劳动经济政策的研究提供了基础。

（4）较为完善地提出了劳动力市场理论

20世纪40年代，美国芝加哥学派又把劳动力市场理论增加到劳动经济学中，进行了一场“劳动经济学革命”，以克服原劳动经济学研究范围过窄、内容不全、理论性不强等缺陷。

（5）人力资本理论丰富和发展了劳动力供给研究

20世纪60年代后期，劳动经济学在“人力资本革命”中又获得了发展。与早期的劳动经济理论相比，人力资本革命后的劳动经济学更重视对劳动供给的研究（早期的劳动经济理论注重对劳动需求的研究），分别研究了人力资本对劳动供给、经济增长和收入分配的重要作用。明塞尔首次用现代分析方法研究了人力资本，他当时将注意力集中在对个人收入差距的解释上。在他以前，收入分配的研究常常是同凯恩斯的消费函数研究相联系。明塞尔的模型则是一个研究生产函数的模型，它用人们按照自主选择原则进行人力资本投资的结果来解释职业间和职业内部的收入差别，发现职业间的差别是培训差别的函数，并把人力资本投资扩大到工作阅历，以便更广泛地解释不同质的劳动者的收入差别。诺贝尔经济学奖得主舒尔茨是人力资本研究的集大成者，他提出了人力资本的五种形式，认为科学技术和教育极大地提高了人力资本，成为推动经济发展的第一因素。另一个诺贝尔经济学奖得主加里·贝克尔在对人力资本投资进行了一般意义上的分析后，对高等教育所带来的个人收益率和社会收益率进行了实证研究；他还对消费者行为模式在时间分配和家庭生产方面的研究做出了贡献。

20 世纪 60 年代后一些社会主义国家的经济学家也提出了重要的劳动经济理论，兰格提出了劳动自由选择理论，布鲁斯提出了分权式劳动决策理论，科尔奈提出了工资膨胀和在职失业的理论等。

四、补充阅读材料

我国劳动经济学研究回顾与展望（节选）

一、近年来我国劳动经济学研究的主要进展

2006—2013 年，对就业与失业、收入分配不均、人力资本问题的研究是劳动经济学的研究热点和重点，大学生就业、“民工荒”“收入差距扩大”、就业质量等现象，引起了学者们的广泛关注。同时，劳动经济学在劳动力市场、劳动力流动尤其是农村剩余劳动力流动等方面，也取得了一定的研究成果。

二、当前我国劳动经济学研究面临的主要问题

我国劳动经济学在 2006—2013 年取得很多研究成果，但是，在研究内容和范围、研究侧重点、研究方法上仍有待发展。

（一）研究内容和范围有待扩展

当前，国际劳动经济学的发展趋势可以归纳为以下几方面。在宏观上，强调经济全球化与新技术革命对劳动力市场与就业的影响，劳工标准与经济绩效的关系，劳动力市场与其他市场（资本市场、产品市场）的交互作用等；在政策方面，既一如既往地强调劳动力市场政策绩效评估研究，也强调采用更科学的研究方法来进行评估，美国、欧盟是典型的代表。在微观上，强调劳动力市场的微观基础研究，特别是微观组

织的人力资源管理与劳动关系对组织绩效与劳动力市场的影响，人事管理经济学、新人力资本理论以及劳动关系的经济学分析是时下研究的重点领域。在特定群体研究方面，国际上一直并继续关注青年、妇女、少数民族、残疾人等群体在劳动力市场中的权利保护与就业促进。

目前，我国的劳动经济学研究多集中于就业、收入差距等方面，在宏观上，以实证为基础的政策评估比较欠缺，对某一项政策的跟踪性、系列性的连续研究尤为缺乏，研究的应用价值不高；在微观上，缺乏对工作地点的大规模调查和分析，企业“黑箱”的经济学分析仍显欠缺。还有，目前国内研究过于集中于市场和政府两方面，对其他诸如经济全球化、文化因素等对我国劳动力市场影响的分析相对不足。

（二）理论创新不够

我国的劳动力市场有着自己的特殊性，西方劳动经济学并没有提供现成的理论来帮助我们回答所有的问题。现有研究缺乏结合我国具体环境而进行探索的创新理论，故更谈不上对当代劳动经济学知识体系做出新贡献。如果说过去我们的重点在于吸收和消化西方劳动经济学的理论，或者说是运用国外已有的理论、方法和技术来研究我国的劳动经济学问题的话，那么从现在开始，也该到了要关注我国劳动经济学理论创新和发展的阶段了。

（三）新研究方法的运用存在问题

某些研究存在着“重技术轻思想”的倾向，模型的使用缺少理论依据和现实针对性，简单照搬西方理论模型，降低了这些成果的学术价值和政策意义。

（四）研究基础设施仍然薄弱

国内外学术文献检索系统投入不够，国内规范的、供劳动经济分析和研究的基础数据，特别是有关工作场所调查的数据十分缺乏，国家有关部门以及学术单位之间的专业资料和统计数据的共享和交流不够。

三、未来我国劳动经济学研究方向和发展趋势

当前，我国经济社会发展处于关键时期，转变经济发展方式、扩大就业、改善收入分配等任务仍很艰巨，和谐社会和以人为本的理念，将为劳动经济学和劳动科学的发展提供巨大的空间。

未来的研究重点会延续之前的格局，并且在纵深上不断发展，比如，就业、个人收入分配、劳资关系、农民工、新人力资本等问题。在就业上，随着劳动力供求变化，就业问题将会从关注就业数量向关注就业质量转移，进而劳动力市场歧视将会成为未来的研究热点之一。农民工依然将是我国未来劳动力市场的重要群体，农民工的定居性迁移、农民工子女成长、转移对农村地区的影响、伴随着城镇化问题的农民工转移

方面等，仍需要更为深入和细致的研究。随着新人力资本理论的推进，人力资本的研究角度将更为全面，与传统人力资本理论相比，借助新人力资本理论可以打开以前被视为“黑箱”的能力形成过程，对我国的人力资本投资宏观政策的修正和完善提出佐证。

伴随着新问题、新现象的出现，肯定也会出现一些新的研究热点。比如，随着计划生育政策效果的显现，人口老龄化问题越来越严重，而年轻劳动力供给减少，由此带来的老年人口的就业、养老、社会保障、劳动力市场的供求平衡等问题，势必引起越来越多的关注。近年来，高校扩招、《中华人民共和国劳动合同法》《中华人民共和国就业促进法》《中华人民共和国社会保险法》等一系列影响劳动力市场的政策法规和措施的实施，将会为我国政策评估研究和劳动经济学在劳动领域的发展，提供一个良好的自然实验背景。随着北京大学的“中国健康退休跟踪调查（CHARLS）”、澳大利亚国立大学和IZA的“中国农村劳动力转移（RUMiC）”、中国人民大学劳动人事学院的“雇主与雇员匹配追踪数据”等多项微观调查的开展及相应数据的公开，微观计量在我国劳动经济学研究中的作用将会得到很大发挥，研究领域也将得到进一步拓展，劳动经济学、劳动关系、人力资源管理等学科的交叉研究，以及利用雇主与雇员匹配数据深入开展工资报酬、过度教育、工作时间等方面的研究，将得到深化。

资料来源：曾湘泉，杨玉梅．我国劳动经济学研究回顾与展望［J］．中国劳动 2015（1）．

模块三　揭开劳动经济学的神秘面纱

一、劳动经济学的研究对象

自经济学成为一门独立的学科以来，与劳动相关的问题就一直是西方主流经济学主要关注的领域。劳动经济学是研究劳动这一生产要素投入的经济效益以及与此有关的社会经济问题的学科，它研究劳动力市场的组织、运行和结果，即劳动力供需双方的相互作用。确切地说，劳动经济学研究劳动者与经营者对工资、价格、利润以及劳动关系的非货币因素（如工作条件）的行为反应。劳动对于人类来说是一项首要的活动，任何社会形态，都要组织劳动力去生产商品、提供劳务。社会总是以某种方式决定哪些任务应该完成、应该如何完成、应该由谁完成。在社会劳动过程中，劳动纠纷为何产生、以何种方式解决，以及就业与失业、劳资关系与工作规则、劳动法规与政策等，这些都是劳动经济学所要研究和解决的问题。具体归纳起来劳动经济学主要有以下五种研究对象。

1. 研究人力资本对经济增长的贡献

在现代增长理论的影响下，劳动经济学家认为劳动经济学主要研究人力资本对经济增长的贡献。具体表现在人力资本是怎样形成并分配的，人力资本投资的私人回报和社会回报是什么，在经济发展过程中劳动力市场是如何运作的等。

2. 研究劳动力市场的运行和结果

美国劳动经济学家伊兰伯格和史密斯在他们的《现代劳动经济学》中指出，劳动经济学研究劳动力市场的运行和结果。确切地说，劳动经济学研究雇主和雇员对工资、价格、利润及雇佣关系的非货币因素（如工作条件）的行为反应。他们的劳动经济学理论主要由以下四部分构成。

（1）劳动力市场概论，主要包括劳动力市场的内涵、事实和趋势，劳动力市场的运行机制和调控方式。

（2）劳动力需求，专用于分析雇主的雇佣动机和行为，但也考虑了工人的行为。

（3）分析工人劳动力供给行为的方向，如是否为报酬工作、不同工作和职业的选择，以及人力资本投资等。

（4）讨论劳动经济学感兴趣的几个专业问题，包括劳动力市场中制度的影响；设计报酬结构，以产生激励效应，促进生产率提高；歧视性工资差别；工会对劳动力市场的影响；工资报酬不平等问题；失业问题。

3. 研究劳动力资源的投入—产出机理

我国一些学者认为主流经济学会把劳动经济学的研究对象，概括为研究劳动力资源投入—产出机理，研究在人的理性行为遵循效用最大化的前提下，人们在生产中将做出什么样的劳动投入决策。劳动投入—产出机理主要由以下概念和理论构成。

（1）劳动投入生产理论

这是揭示劳动投入与产品产出之间数理关系的理论，该理论指出劳动投入与产品生产之间的数理关系是随技术条件、劳动需求和其他生产要素的供给变化而变化的。

（2）劳动投入成本理论

这是揭示劳动投入与劳动成本之间数理关系的理论，劳动成本包括工资、福利、劳动保障基金和人力资本投资等，在这些成本中，有的是随被雇佣者实际提供的劳动量变化而变化的可变成本（如小时工资等），有的是随雇佣人数呈比例变化的准固定成本（如各种基金、人力资本储备等）。

（3）劳动投入收益理论

这是揭示劳动投入与产品收益之间数理关系的理论。劳动投入与产品收益之间的关系，包括劳动投入与产品产出以及产品产出与产品收益的双重关系。劳动投入收益理论的主要任务是在弄清产品产出与产品收益关系的基础上把两种关系综合起来，找出劳动投入与产品收益之间的数量关系。

（4）劳动投入经济效益

这是对劳动投入的经济效果进行分析的一个工具。劳动投入经济效益一般是由劳动要素生产率、产品收益率和劳动投入费用率决定的。

4. 研究劳动关系及其运行规律

劳动经济学的研究涉及劳动中人与人的关系、人与物的关系和人的劳动力三个方面的内容，而作为一门经济科学，其主要研究对象是人与人之间结成的劳动关系，包括劳资关系、分配关系、劳动组合关系等，研究这些关系的成因、作用，并对其做出评价，择其优而完善之，对其劣而改良之。

5. 研究与劳动相关的问题

劳动经济学作为一门年轻的学科，对其研究对象除上述观点外还有以下几种说法。

（1）研究劳动力资源的有效利用

这融合了主流经济学与制度经济学的劳动经济对象论。其任务有三：第一，揭示一组制度局限下的劳动投入与产出的机理；第二，用一定价值尺度和福利标准，对劳动投入的经济效果及决定其制度的因素进行评价，以提出提高经济福利的政策建议；第三，历史地分析劳动关系与经济福利，对劳动关系的优化提出建议。

（2）研究劳动力资源的合理配置

有的学者认为，西方经济学是一门研究如何使稀缺资源得到最佳配置的学科。那么劳动经济学作为西方经济学的分支，其定义可以从西方经济学的定义中推演出来，即劳动经济学是一门研究如何使稀缺的劳动力资源得到合理配置的学科。

（3）研究劳动问题

如劳动力市场问题、劳动报酬问题、失业与通货膨胀问题、劳资纠纷问题等研究劳动力和工资福利的问题。

（4）研究社会劳动组织、社会产品分配和劳动力再生产

二、补充阅读材料

劳动力供需不平衡或拖累多国经济复苏

全球经济活动呈企稳复苏态势，劳动力需求反弹强劲，但多国劳动参与率持续低迷。分析人士认为，技能与行业需求不匹配、心仪就业岗位减少、工作环境变化等多重因素导致劳动力供需不平衡，或将拖累经济复苏进程。

美国劳工部日前表示，美零售业、服务业等行业劳动力严重短缺。劳工部数据显示，截至2021年4月底，美国超930万个就业岗位空缺，失业人数约980万。此外，当月主动辞职人数约400万，为近20年来峰值。

澳大利亚教育、技能和就业部长斯图尔特·罗伯特日前也表示，超过120万澳大利亚人在领取求职者补贴和青年津贴，比新冠肺炎疫情暴发前增加近40万。

韩国统计厅最新数据显示，韩国2021年第一季度放弃求职人数约73.7万，同比增加18.4万。

经济学家普遍认为，疫情下求职者技能与行业需求不匹配是导致劳动力供需不平衡、劳动参与率低迷的主因之一。

在疫情冲击下，2020年全球经济发生结构性变化，居家办公、在线零售等快速发展，改变了行业间劳动力需求分配格局。咨询公司麦肯锡预测，受疫情严重冲击的低薪行业劳动力需求将持续疲软，需求增长将主要集中于高薪行业，失业者需要发展新技能才有望满足新需求。

国际评级机构惠誉表示，失业者具备的职业技能与空缺职位的技能需求之间不匹配是当前美国劳动力市场面临的最大挑战之一。

美国商务社交网站领英网首席经济学家卡琳·金布萝说，2021年以来互联网、金融等行业职位空缺数量增加，市场对专业人才需求上升。

难以找到心仪就业岗位、工作环境变化等也成为就业积极性降低的重要原因。

疫情暴发后，美国联邦政府多次向美民众提供失业救济。由于难以找到心仪的工作岗位，不少失业者在救济金即将到期时，通过短期就业后再辞职的方式，继续申领救济，造成美国失业率居高不下。

澳大利亚生产力委员会指出，部分青年劳动力所从事的工作不能充分发挥其能力和专业水平，工作热情被消磨，或长期从事兼职工作，导致长期失业和不充分就业水平上升。

美国前财政部长、哈佛大学经济学教授劳伦斯·萨默斯认为，一些行业工资收入低于失业救济金导致劳动力供应减少，也使得失业者或未就业者找工作时更加挑剔。

美国全国独立企业联合会首席经济学家威廉·邓克尔伯格警告，劳动力供需不平衡将拖累经济增长。

金布萝表示，为迎接劳动力市场需求变化，求职者需要更加关注以数字技术为代表的新兴职业技能。美国商会会长苏珊·克拉克呼吁，以新技能武装失业者，努力消除其再就业障碍。

澳大利亚维多利亚大学智库米歇尔学院在其报告中建议，政府应建立全国性见习生职业计划，通过将培训与实际工作结合的方式提升劳动力工作技能。

韩国政府近日发布“青年就业扶持方案”，旨在创造合适的就业岗位，提供就业咨询与援助，加强对求职者的职业训练。

资料来源：新华网 http://m.xinhuanet.com/2021-06/22/c_1127587985.htm，记者：王嘉伟

模块四　辨别劳动经济学的研究方法

一、实证分析方法

近年来，实证经济学的研究方法受到国内外经济学界的广泛关注。实证分析就是指在分析经济问题以及建立经济理论模型时，不去对社会经济活动的价值做出判断，而只是研究经济活动中各种现象之间的联系。在对经济行为人做出相关基本假设的前提下，分析和预测人们会做出何种经济行为，同时预测这种经济行为可能会产生什么后果。实际上这种分析方法就是对人的经济行为进行研究和分析，是建立在行为理论基础上的，它只回答“是什么”，如个税改革对个人收入影响有哪些，社保费率下降对员工和企业的影响是什么，最低工资制度对失业率的影响是什么，提高最低工资标准对企业有哪些影响等，但是它并不回答相应可能出现的经济行为及后果是好还是坏的问题。

实证分析法建立在两个假设之上，一是资源稀缺性假设，二是理性行为人假设。

第一，资源稀缺性假设。这被认为是经济问题存在，也是经济学研究存在的最根本原因。它是指相对于社会中无数个体和群体的需求而言，任何生产性资源，包括土地、劳动力、资本以及企业家的组织才能等都是稀缺的或有限的，这就决定了社会或

者经济行为人必须做出选择，以确定将资源如何配置、为何种目的而配置。比如，在校招中，华为等公司的技术岗位年薪 20 万起跳，这说明目前互联网公司技术岗位人才的稀缺，所以必须高薪求才。再比如，劳动者会面临时间以及可支配收入的相对稀缺，因此，他们就必须选择将多少可用的时间从事有酬工作，多少可用的时间用于家务劳动，又有多少可用的时间用于闲暇；他们还必须选择是否要放弃当前的收入来换取更高的未来收入；他们还必须决定购买哪些商品或服务。时间、个人收入以及社会资源的相对稀缺性是劳动经济学所运用选择理论的基本要素。

第二，理性行为人假设。正是因为资源的相对稀缺性和人类欲望的无穷性，导致我们无法满足所有的需求，因此必须做出取舍和选择，而任何一种选择既有收益，又有成本，因为将任何一种资源用于某种用途的同时，也就意味着放弃了另一种用途，这就是经济学所说的机会成本①。理性行为人假设企业和个人是理性的，在进行选择时遵循追求利益最大化原则。具体地说，个人追求效用最大化，企业追求利润最大化。比如一个劳动者会在增加一个小时工作所获得的收入和放弃休闲的代价之间做出权衡，一个企业会在多雇用一名员工所增加的利润和工资支出间进行比较等。这种理性假设意味着行为主体对一般性经济刺激所作出的行为反应具有一致性，同时，当这些经济刺激发生变化时，行为主体的行为又具有适应性，这两种行为特征是预测劳动者个人和企业如何对各种经济刺激作出反应的基础。

二、规范分析法

规范分析法是以一定的价值判断为出发点和基础，提出某些标准作为分析、处理经济问题的标准，它涉及经济行为及经济政策对人们福利产生的影响及评价问题，涉及是非或合理与否的问题，与伦理学有某种关联。规范分析试图运用一定的价值观或意识形态来判断和回答“应该是什么”的问题，同时根据某种原则来规范经济行为人的行为，以促成或避免某种经济后果的发生或出现。比如是否应该提高个人所得税起征点，实习生是否也应该执行最低工资标准，是否应该颁布较为严格的《劳动合同法》等。

对于事物的价值如何来判断，规范经济学也有一些基本的判断尺度，从本质上讲，它的根本价值尺度是以互惠原则作为基础和出发点的。所谓互惠，就是指所实现的经济交易对于交易双方或各方而言，都是符合各自利益最大化或效用最大化的需求的。如果交易符合以下三种情况之一，就被认为是互惠的。

---

① 机会成本是指为了得到某种东西而放弃另一样东西，可以理解为把一定资源投入某一用途后放弃在其他用途中所能获得的最大利益。

第一，市场交易行为涉及的所有各方均受益，即没有人在此交易行为中遭受损失。比如京东的第一届科学家计划面向全球优秀的博士生，个别博士生的薪资甚至达到100万，企业愿意为他支付如此高的薪酬，是因为此人将给企业创造相当的价值。在这里，我们说企业和应聘者最终签订的劳动合同是符合双方收益互惠原则的，企业的好处是获得了优秀人才，提高了核心人才竞争力；个人的好处是实现了个人人力资本投资的回报，体现了个人的价值。

第二，在市场交易行为中，有一些人获得收益，而无人遭受损失。数据显示，腾讯的算法岗应届毕业生的年薪已达40万元。除了算法岗，互联网行业其他岗位起薪也水涨船高，产品岗也达到这一水平。由此可见，互联网行业整体从业者没人遭受损失。

第三，现实经济生活中，常发生这样的情况，有受益者也有损失者，不过受益者受益的程度或数量要超过损失的程度和数量。

劳动力市场交易一般有两种形式，其中之一就是自愿互惠交易，交易双方都没有损失，劳动力市场的作用就是为那些自愿交易提供便利。但是如果劳动力市场未能促进这些交易的达成，因为劳动力市场如同在产品市场上一样，也存在着“不知情”“交易障碍①”“外部性②”“公共物品③”“价格扭曲”等现象，那么政府应当对劳动力市场施加某些类型的干预，如通过再分配政策（政府财政政策）强制进行再分配交易。

三、补充阅读材料

劳动经济学科的回顾与发展

一、劳动经济学科的历史回顾

劳动经济学是古老的经济学分支，脱胎于古典政治经济学的劳动经济学早在17世纪就已经产生，并一直是古典经济学派的研究重点。古典经济学家把劳动力和工资问题作为经济理论的重要问题，并对劳动力的价值及工资机制做过深入探讨。劳动经济学作为一门独立的学科产生于20世纪20年代。第一本劳动经济学教材为1925年出版的布拉姆（S. Bram）的《劳动经济学》。此后，美国芝加哥大学等高校陆续在经济学系课程中开设劳动经济学课程。进入40年代以后，美国芝加哥学派发动了一场“劳动经济学革命”，他们强调劳动力市场的自发调节作用，因而把劳动力市场的论述增加到

① 交易障碍：交易活动可能因为一些法律或者制度的障碍因素而不能发生。

② 外部性：买方和卖方都同意达成一项交易，但是这项交易的成本或收益却会被强加给并不属于这个交易决策当事人的第三方。

③ 公共物品：在经济学上是指那些能够同时供许多人享用，其供给成本却不随享用它的人数规模和地域范围变化而变化的物品。

劳动经济学中，并成为这门学科的主要内容。第二次世界大战之后，劳动经济学的研究范围进一步扩大，人力资本理论、性别和种族歧视、营养和健康、教育收益率、就业质量等问题陆续被纳入劳动经济学的研究范畴。

二、劳动经济学科的新变化及新问题

劳动经济学在近年来成为西方高校的主流研究领域，贝克尔（G. S. Becker）和罗默（P. M. Romer）等学者凭借人力资本等理论获得极高的学术声誉，极大地推动了劳动经济学科的发展。劳动经济学在发展过程中充分借鉴心理学、脑认知等学科领域的知识，丰富和拓展了自身的研究范式和视角，逐渐形成了多个交叉研究领域，具体来说包括以下三项内容。(1) 实验劳动经济学，劳动经济学研究的是广义上的政策调整带来的“自然实验”，近年来在研究上开始借鉴实验经济学的研究范式。(2) 发展劳动经济学，劳动经济学越来越偏重于和发展经济学、城市经济学结合，研究劳动力流动与产业集聚和与城市规模扩容的关系。(3) 技术劳动经济学，研究技术进步，尤其是互联网和人工智能的出现对劳动力的替代与补充作用。

资料来源：李飚．中国劳动经济学 70 年：学科发展历程与前景展望［J］．经济学参考，2019（20）．

【本章小结】

劳动经济学是应用经济学的一个重要分支，劳动经济学主要研究劳动力市场的组织、运行和结果，现实和潜在的劳动力市场参与者的决策，与就业和劳动报酬有关的公共政策等。随着劳动就业市场化改革的推进和民生问题的凸显，劳动经济问题越来越受到劳动者、用工单位和政府的关注，劳动经济学也成为经济学科中发展最快的分支之一。

实证经济学和规范经济学是劳动经济学的两种主要分析方法。实证经济学实际上是一种对人的经济行为进行研究和分析的一种理论。它建立在两个假说之上，一是资源稀缺性；二是人是有理性的。实证经济学会告诉我们两个或者多个变量实际的状况，究竟是如何相互作用的，即通常我们所说的“实际是什么”，但它并未告诉我们这究竟是“对”还是“错”，或者说，对实际所发生情况的价值判断。规范经济学的价值尺度以互惠原则作为基础和出发点。劳动力市场的很多交易行为是在互惠原则的驱动下发生和展开的，但并不是说所有互惠的行为都会自动产生。

劳动经济学致力于劳动经济理论与政策实践的研究，已经形成了有特色的研究成果。劳动经济学的特色在于，将劳动经济学理论与中国劳动就业的实践相结合，较多地研究中国劳动力市场的效率、劳动就业与劳动者保障、劳动关系、工资与收入分配等问题；综合运用当代经济学、统计学与计量经济学的理论与方法，通过定性与定量方式研究现实中的劳动经济问题。

伴随着市场经济的深入发展，特别是中国劳动力市场的不断发展和完善，劳动经济学在中国的重要性将得到进一步提升。就业、失业、劳动争议和收入分配差距等问题在中国日益凸显，能否有效地解决劳动问题，不仅关系着劳动者自身的利益，也关系着中国经济社会的发展。此外，中国的特殊国情使劳动经济学的理论及其运用有着更为巨大的社会需求和发展前景。因此，研究具有中国特色的社会主义劳动经济学就成为非常重要的任务。

复习思考题

（一）单项选择题

1. 劳动力是指（　　）。

A. 人的劳动力　　B. 具有劳动能力的“人”

C. 简单的生理劳动　　D. 劳动

2. 劳动经济学的研究对象是稀缺的（　　）资源配置问题。

A. 信息　　B. 技术　　C. 土地　　D. 劳动

3. 用规范研究方法研究经济现象的出发点和归宿是（　　）。

A. 客观事实　　B. 价值判断

C. 经济现象自身的运动规律　　D. 经济现象运动的内在逻辑

4. 规范研究方法要说明的是（　　）。

A. 研究对象或现象“是什么”的问题

B. 如何认识研究对象或现象的客观事实

C. 研究对象或现象“应该是什么”的问题

D. 揭示研究对象或现象内在构成要素及其之间的普遍联系

（二）多项选择题

1. 劳动经济学的研究对象有（　　）。

A. 劳动力市场现象　　B. 劳动力市场运行规律

C. 劳动关系　　D. 人力资本

2. 劳动经济学的前提假设有（　　）。

A. 劳动力资源是稀缺的

B. 劳动者都是追求效用最大化的理性主体

C. 劳动力在任何条件下都愿意劳动

D. 劳动与其提供者不可分割

（三）判断题

1. 劳动力资源是指生活在一定社会和区域的人的总和。（　　）

2. 未达到劳动年龄而实际参加工作的人不算作劳动力资源。（　　）

3. 劳动力市场配置的基本机制包括供求机制、价格机制，但不包括竞争机制。（　　）

4. 劳动经济学的研究对象是劳动力市场及其运行结果。（　　）

（四）名词解释

1. 劳动力。

2. 劳动力市场。

3. 实证经济学。

4. 规范经济学。

（五）简答题

1. 简述劳动力市场的特点。

2. 简述如何体现劳动经济学的价值。

3. 简述劳动经济学的形成与发展阶段。

4. 简述劳动经济学的研究对象。

5. 简述劳动作为一种经济资源的相对重要性体现在何处。

6. 举例说明运用规范经济学或者实证经济学研究现实劳动经济问题的价值。

【实训项目】

（一）实训目标

1. 认识劳动力市场。

2. 认识劳动力资源的稀缺性。

3. 把握劳动经济学研究方法。

4. 锻炼资料检索整理能力，提高阅读能力。

（二）实训项目和要求

1. 所在地区劳动力市场概况调查

了解所在地区总人口、就业劳动人口与产业分布情况，失业人口情况，行业就业人员工资情况，依据调查撰写所在地区劳动力市场分析报告。

2. 阅读材料

高端人才缺，一线技术人才也缺！上海加快建设金字塔型人才结构

2022 年 1 月 20 日，上海市市长龚正做政府工作报告时提出，上海今年将大力建设高水平人才高地。

其中，依托国家实验室、大科学设施、高水平大学和科研院所、张江国家自主创新示范区、华为青浦研发中心等创新平台，大力集聚战略科技人才、一流科技领军人才和创新团队，培养青年科技人才、卓越工程师和高技能人才。

同时，深化人才发展体制机制改革，建立以创新价值、能力、贡献为导向的人才评价体系，建立健全科技成果转化激励机制，积极稳妥下放岗位设置、职称评审、科研管理、经费支配等权限，进一步向用人主体授权、为人才松绑。加强全市人才计划整合，加快形成梯次合理的金字塔型人才结构。

弥补基础研究人才缺口

上海市人大代表、复旦大学党委书记焦扬认为，“建设高水平人才高地”将为上海建设具有全球影响力的科创中心提供有力支撑。2021 年 11 月，上海市召开人才工作会议，强调下好人才“先手棋”，加强基础研究人才“后备军”建设，人才工作战略谋划和政策创新不断加强，但仍然存在短板和不足。

其中，基础研究人才总量供给不足。以人工智能领域为例，按相关部门测算，2025 年，上海市人工智能人才队伍规模要达到 40 万人，才能基本建成具有全球影响力的人工智能创新发展人才高地。目前，上海市高校人工智能相关学科专业在校生规模只有 4 万人左右，以每年近六成毕业生留沪来测算，高校人才培养供给远远无法满足产业人才的大规模需求。

焦扬表示，高水平顶尖基础研究人才也稀缺。人才供给存在结构性短板，即高端需求强劲，但从事基础、底部理论研究，攻关核心关键领域的顶尖人才较少。在人工智能和集成电路领域，目前人才供给最多的是“数字蓝领”，需要长周期培养的科学家型和算法研究型人才较少。特别是在集成电路领域，高端人才基本都为海外引进，自主培养的本土人才供给严重不足。另外，基础研究人才培养体系与产业需求的契合度也不够高。

因此，焦扬建议从三方面入手，一是进一步完善基础研究紧缺人才的招生、培养、就业、落户等机制。比如，参照五个新城和自贸区新片区的就业落户政策，针对基础研究领域制定差异化的人口导入和人才引进政策。二是以超常规方式支持高校加快培

养一批基础研究拔尖人才。比如，设立“拔尖人才储备计划”，制订专项培养计划，整合全市教育资源针对性地培养指导。三是以产教融合提升人才培养的市场匹配度。

立法规范外籍高层次人才

在1月20日晚举行的“推进浦东新区高水平改革开放，打造社会主义现代化建设引领区”专题审议会上，上海人大代表、上海出入境边防检查总站总站长任云超提出，2019年，在上海工作的外国人数量为21.5万，占全国的23.7%，上海引进海外留学人员1.3万余名，办理外国人各类居留许可13万份，外国高端人才确认函400多份，位居全国第一。

但与全球人才集聚地相比，上海目前针对外国人才引进的法律制度、保障体系还不够完善。任云超建议，建立以向用人单位充分授权为导向的外籍高层次人才引进地方性法规，围绕“永久居留推荐机制”等热点问题，科学设计相应条文，实现对外籍人才引进工作的规范、引导和管控。

他表示，还要出台人才住房（租房）、子女教育等配套生活品质保证政策，推动高端人才团队培养、使用联动建设，创新留住人才的配套宽松政策和资金支持机制，统筹布局人才高地建设。同时，也要进一步规范外国人来沪工作管理。

一线技术人才也短缺

随着市场上对于研发创新人才的需求越来越大，紧缺的不仅仅是领军人物或高端人才，活跃在一线的实验或操作技术人员也同样存在缺口。

上海人大代表、中国科学院上海药物研究所药物安全评价中心主任任进提出，生物医药领域的专业技能人才需求旺盛，但部分事业单位受限于收入等问题，在现实中遭遇了招工难。因此，建议加大对职业技术学校的支持力度，加快培养职业专门人才，政府应鼓励支持多办这样的职业技术学校，多支持职业技术学校的建设和发展，增加学校招生额度。同时，应加大对女性科技工作者的支持力度，在课题申请、荣誉评审等方面打破年龄限制。

资料来源：https://cj.sina.com.cn/articles/view/1733360754/6750fc720200111qs

（1）认真阅读以上材料。

（2）小组讨论：中国劳动力高端人才和一线技术人才需求情况及劳动力发展趋势预测。

（3）小组代表陈述观点：劳动经济学研究的对象是什么？

（4）教师对各小组讨论结果进行归纳和点评。

3. 辩论赛——该不该提高个税起征税点

（1）阅读网页材料

http://finance.sina.com.cn/china/2018-10-30/doc-ihnaivxq9262331.shtml

（2）运用实证分析法和规范分析法准备相关材料。

（3）按照辩论赛赛事要求和程序展开辩论。

4. 阅读训练——经济学名人名著选读：亚当·斯密

（1）认真研读亚当·斯密的生平及著作资料，尤其是学习他的劳动经济学思想。

（2）小组派代表陈述主要收获。

（3）教师予以点评。

项目二

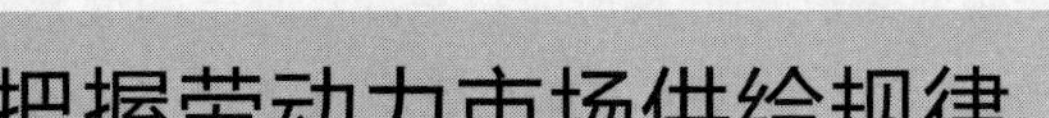

把握劳动力市场供给规律

【项目说明】

本项目主要从人口与劳动力供给、劳动参与率、劳动力供给曲线、劳动力供给弹性、劳动供给时间选择、劳动力的测量等几个方面考察劳动力的供给。

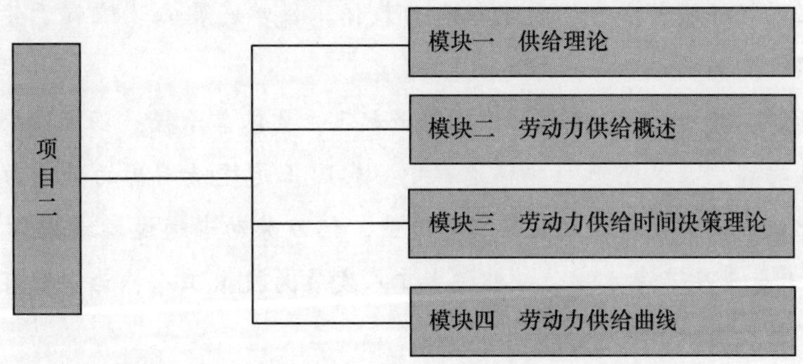

【项目导入】

一、主题案例

近9亿劳动力：我国人力资源基础雄厚

劳动力是宝贵的资源和财富。2018 年末，我国 16 岁至 59 岁劳动年龄人口为 89 729 万人，占总人口的 64.3%。

“2012 年以来，我国劳动年龄人口减少了 2 600 余万人，首次降至 9 亿人以下，但充足的劳动力供给依然是中国经济发展的巨大潜力所在。”中国宏观经济研究院经济体制与管理研究所综合研究室主任郭冠男说。

郭冠男认为，从劳动力供给规模看，近9亿劳动力规模在全球范围内名列前茅，比绝大部分国家的人口总量还要多。而且，我国正处在城镇化发展的加速期，按照城镇人口每年增加一个百分点的速度计算，农村剩余劳动力转移至少还将持续20年，数量庞大的农村剩余劳动力将持续不断地为工业化和服务业发展提供丰富的劳动力资源。

从劳动力供给质量看，当前我国劳动年龄人口平均受教育年限达到10.5年，相当于高中二年级文化水平。根据《国家中长期教育改革和发展规划纲要（2010—2020年)》，到2020年，主要劳动年龄人口平均受教育年限将提高到11.2年，新增劳动力平均受教育年限将提高到13.5年，相当于大学一年级水平。“劳动力整体受教育程度的明显提升，有利于提高劳动者的技能，推动我国‘人口红利’向‘人才红利’释放，使劳动力资源为经济社会的发展提供强有力的支撑。”郭冠男说。

“9亿劳动力无疑是中国经济保持稳健增长的最大潜力之一。”北京师范大学统计学院教授李昕说，劳动力与资本共同构成生产中最重要的投入要素。相对于资本要素，劳动力在中国经济增长与发展中起到了更为关键的作用。技术进步与科学发展决定了一个国家潜在的经济增长水平。技术以人为载体，科学发展必须依赖于劳动力生产率水平的不断提升。

李昕分析说，20世纪80年代，中国经济起飞主要依靠承接“亚洲四小龙”的劳动力密集型产业转移。在这轮产业转移进程中，我国正是凭借丰富的劳动力资源和其他要素成本的比较优势，发展劳动密集型制造业。亿万劳动者通过“看中学”与“干中学”，不断提升劳动生产率水平，从非技术工人发展为技术工人，为中国经济起飞与高速增长做出了巨大贡献。

当前，我国正从工业大国迈向服务业大国。2012年，服务业占GDP比重首次超过工业。2018年，服务业对GDP增长的贡献更是将近60%。服务业已成为拉动我国经济增长的最重要力量。

“服务业发展需要大量的劳动力支持。数据显示，制造业与建筑业劳动力需求在2013年达到1.48亿就业峰值后不断下降，然而，服务业同期年均新增劳动力需求高达1 309万人。”李昕表示，过去，庞大的劳动力资源支撑了我国成为制造业大国；未来，劳动力大军在我国服务业发展中同样将扮演着十分重要的角色。

值得注意的是，我国劳动年龄人口规模略有缩小，劳动力的受教育程度总体偏低，老年人口比重的上升加重了劳动年龄人口负担。专家建议，当前应科学制定应对措施，实施人口均衡发展、积极应对人口老龄化和老龄社会等一系列国家战略，发挥好现有劳动年龄人口和就业人口的作用，优化人口和劳动年龄人口结构，提高人口和劳动年龄人口素质，用好人力资源、人才资源，实现人口和社会经济持续协调健康发展。

资料来源：https://economy.southcn.com/node_b34a431ed6/a004cdc289.shtml

二、学习目标

1. 理解劳动力市场的含义，辨析与劳动相关的概念。
2. 了解劳动经济学的发展历程。
3. 识别劳动经济学的研究对象。
4. 辨别劳动经济学的研究方法。

模块一　供给理论

一、供给与供给曲线

1. 供给的含义

供给是指厂商（或生产者）在某一特定时期内，在一定价格水平上愿意而且能够出售的商品量。供给必须满足两个条件：一是有出售的欲望，二是有供给能力，两者缺一不可。

2. 供给表

供给是与一定的价格水平相联系的。厂商愿意并且能够出售的商品量，是随价格的变化而变化的。厂商在不同价格水平下对某商品的供给量可以用表 2-1 表示，这种表示商品价格与供给量之间对应关系的表，称为商品供给表。

表 2-1　　某商品供给表

价格—供给量组合	A	B	C	D	E
价格（元）	2	3	4	5	6
供给量（单位数）	0	200	400	600	800

3. 供给曲线

供给曲线是表明商品价格与供给量之间关系的曲线。当把供给表中的数据在坐标中描绘出来，就得到该商品的供给曲线，如图 2-1 所示。从图 2-1 中可以看出，供给曲线是一条向右上倾斜的曲线，它的斜率是正值，表明价格与供给量呈同方向变动。

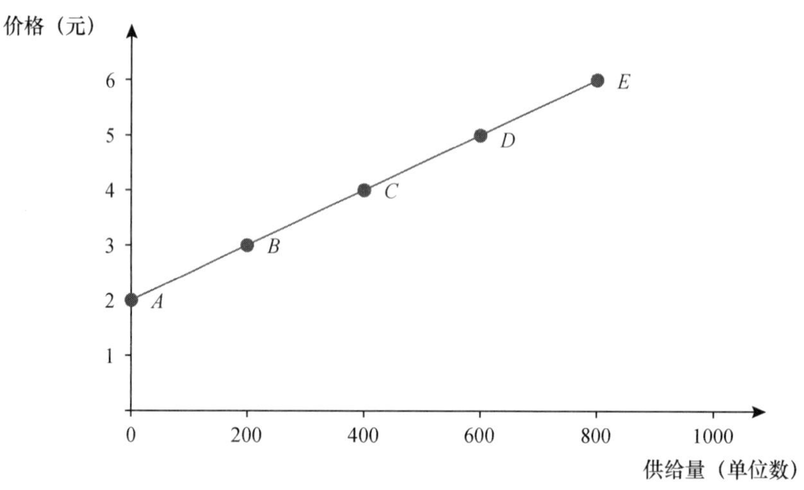

图 2-1　某商品的供给曲线

4. 供给定理

一种商品的供给数量受到多种因素的影响，把商品的供给量与价格之间的关系加以概括，即供给定理：在其他因素不变的条件下，供给量随价格的上涨而增加，随价格的下降而减少，供给量与价格存在同方向变化的关系。供给定理是在假定价格以外的因素不变的前提下，商品本身价格与供给量之间的关系。

二、影响供给的其他因素

1. 生产的成本

在商品自身价格不变的条件下，生产成本上升会减少利润，从而使得商品的供给减少；相反，生产成本下降会增加利润，从而使得商品的供给增加。

2. 生产的技术水平

在一般情况下，生产技术水平的提高可以提高劳动生产率，降低生产成本，增加生产者的利润，生产者会提供更多的供给。

3. 相关商品的价格

在替代商品之间，当一种商品需求随另一种商品价格的上升而增加，这种商品需求的增加会引起供给增加；反之，当一种商品需求随另一种商品价格的降低而减少，这种商品需求的下降会引起供给减少。

4. 生产者对未来的预期

如果生产者对未来的预期是乐观的，如预期商品的价格会上涨，生产者会减少对现期的供给而增加未来的供给；如预期商品的价格会下降，生产者会增加对现期的供给而减少未来的供给。

5. 政府税收和扶持政策

政府提高税收，实际上会提高产品的成本，生产者的负担加重，供给就会减少，反之亦然。

三、供给量与供给的变动

供给量的变动是指在其他条件不变的情况下，商品本身价格变动所引起的供给量的变动。供给量的变动表现为供给量在同一条曲线上的移动，如图 2-2 所示。

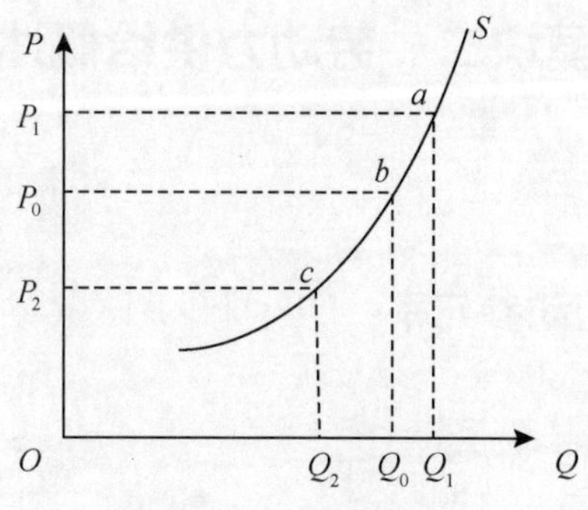

图 2-2　供给量的变动

在图 2-2 中，当价格 P_0 上升为 P_1 时，供给量从 Q_0 增加到 Q_1，在供给曲线 S 上则是从 b 点向右上方移动到 a 点。当价格 P_0 下降为 P_2 时，供给量从 Q_0 减少到 Q_2，在供给曲线 S 上则是从 b 点向左下方移动到 c 点。

供给的变动是指在商品本身价格不变的情况下，其他因素变动引起的供给量的变动，供给的变动表现为供给曲线的移动，如图 2-3 所示。

我们可以看出“供给量的变动”和“供给的变动”仅一字之差，但含义明显不同。供给量的变动是同一条直线上点的变动，而供给的变动则是供给曲线的平移。

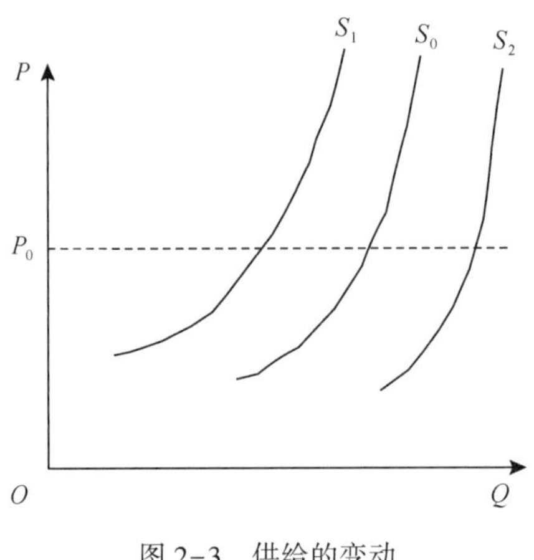

图 2-3　供给的变动

模块二　劳动力供给概述

一、劳动力供给及劳动参与率

1. 劳动力供给的基本概念

在劳动经济学中，劳动力供给从性质上说，是指劳动力的供给主体（劳动者个人，在某些情况下可以是家庭）在一定的劳动条件下自愿对存在于主体之中的劳动力使用权的出让；从量的角度来说，是指一个经济体（大至一个国家，小至一个企业，甚至一个雇请了保姆的家庭）在某一段时期内，可以获得的劳动者愿意提供的劳动能力的总和。

2. 劳动力参与率

劳动力参与率，是经济活动人口（包括就业者和失业者）占劳动年龄人口的比率，是用来衡量人们参与经济活动状况的指标。根据经济学理论和各国的经验，劳动力参与率反映了潜在劳动者个人对于工作与闲暇的选择偏好，它一方面受到个人保留工资、家庭收入规模，以及性别、年龄等个人人口学特征的影响；另一方面受到社会保障的覆盖率和水平、劳动力市场状况等社会宏观经济环境的影响。

$$\text{总人口劳动力参与率}=\frac{\text{劳动力人口}}{\text{总人口}}\times 100\%$$

$$法定年龄人口劳动力参与率=\frac{劳动力人口}{法定劳动年龄人口}\times 100\%$$

$$年龄（性别）劳动力参与率=\frac{某年龄(性别)劳动力人口}{与分子同范围人口}\times 100\%$$

劳动力参与率只是测量和反映人口参与劳动程度的指标，它本身并不是影响人口参与劳动的因素，而是由社会、家庭的经济因素影响劳动力参与的选择和决策，再通过劳动力参与率的变化影响劳动力供给。此外，由于劳动力参与率指标能准确反映劳动力参与的变动，所以它成为分析劳动力供给变动的工具。

3. 影响劳动力参与率的因素

（1）教育发展因素

劳动者受教育时间的长短对劳动力参与率有直接的影响。从动态上看，劳动者受教育时间增加，会相应减少就业的时间，从而降低劳动力参与率。反之，受教育时间缩短，把用于教育的时间用于就业，会提高劳动力参与率。近年来，中国劳动年龄人口中受教育的比例有所升高，劳动者进入劳动力市场的平均年龄增大，劳动力参与率也呈现出下降的趋势。

（2）年龄、性别因素

从性别上看，总劳动力参与率可以根据性别分为男性劳动力参与率和女性劳动力参与率。近年来，随着各国女性劳动力参与率的提高，总劳动力参与率也有所提高。

在劳动力参与率中，还呈现出随着年龄的不同而不同的特征。这主要是由于不同年龄的人群有不同的劳动偏好和社会责任，从而使不同年龄段的劳动力参与率各不相同。

（3）收入增长因素

收入因素对劳动力参与率的影响有两方面。一方面，劳动者单位就业收入的增加会加大闲暇的机会成本，从而诱使一些原来没有加入就业队伍的人开始选择工作，促使劳动力参与率的提高。特别是对于一些家庭收入水平不高的人来说，收入因素将会是决定增加劳动力供给的主要因素。这种影响就是收入增长对劳动供给的收入效应。另一方面，收入的增加又可能会使得一些家庭收入水平较高的劳动者退出劳动力队伍，从而降低劳动力参与率，体现出收入增长对劳动供给的替代效应。收入的增加对个人劳动力参与抉择的影响是两方面的，这两种效应对个人影响的强弱将最终影响个人参与劳动的决策，从而影响总体的劳动力参与率。

（4）宏观经济因素

在宏观经济中，经济周期波动、繁荣与衰退的交替等对劳动力参与率会产生各种影响。产业结构也是影响劳动力参与率的因素之一。如在二十世纪六七十年代西方各国的高速增长时期，各国第三产业增长较快，从而产生了大量的劳动力需求，带动了这些国家总体劳动力参与率的上升。

（5）社会保障制度因素

社会保障制度对劳动力参与率有直接的影响作用。普及型社会保障制度会降低劳动力参与率，就业关联式社会保障制度会刺激劳动力参与率的提高。长期以来，我国实行就业、工资、福利三位一体的社会保障政策。在这种政策下，劳动者只有就业才能享受保险、各种福利等诸多待遇，其结果必然会刺激劳动力供给增加。

二、劳动力供给与劳动力供给弹性

1. 劳动力供给函数、供给表与供给曲线

如果把影响劳动力供给的各种因素作为自变量，把劳动力供给作为因变量，则可用函数关系来表示影响劳动力供给的因素与劳动力供给之间的关系，这个函数称为劳动力供给函数。

$$S=f(X_1, X_2, X_3, \cdots, X_n)$$

影响劳动力供给的因素 X_i 有很多，且各因素与劳动力供给的关系极为复杂。在此只考虑劳动力供给与市场工资率之间的关系。假设其他条件不变，市场工资率是影响劳动力供给的唯一因素，以 W 代表市场工资率，则可以把劳动力供给函数表示为：

$$S=f(W)$$

同时，还可以用劳动力供给表和供给曲线表示劳动力供给。用来表明市场工资率与劳动力供给量之间的表格称为劳动力供给表，其形式见表 2-2。

表 2-2　劳动力供给表

工资率 W（元/小时）	劳动力供给量 S（人）	组合
1.5	150	a
2	200	b
2.5	280	c
3	380	d
3.5	500	e
4	700	f

可以看到，当工资率上升的时候，劳动力供给量是上升的。如工资率由 2 元/小时增加到 4 元/小时，劳动力供给量从 200 人升到 700 人。

进一步假设工资率与劳动力供给量无限可分，则可以把工资率与劳动力之间的关系描述为劳动力供给曲线，如图 2-4 所示。

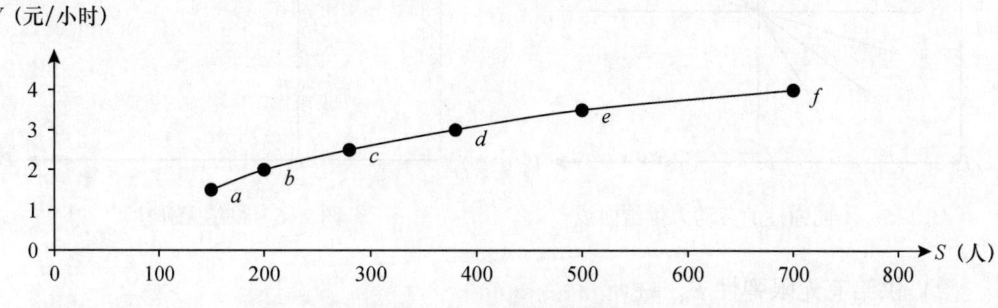

图 2-4　劳动力供给曲线

劳动力供给表和供给曲线是用表格和图像的形式来表示劳动力供给的概念。从劳动供给表和供给曲线中可以看到，工资率从 1.5 元/小时依次提高到 4 元/小时，随着工资率的提高，市场劳动力供给量也随之变高，劳动力供给曲线是一条从左下向右上倾斜的曲线。应当说明的是，劳动力供给曲线是一条平滑曲线而不是一条折线，原因是假定工资率和供给量无限可分。

在假定其他条件不变的情况下，劳动力供给与工资率呈现如下关系：工资率提高，劳动力供给增加。

2. 劳动力供给弹性

从劳动力供给与工资率的关系中可以看到，当工资率变化时，劳动力供给量相应地发生变化。我们将工资率变动对劳动力供给量的变动的影响程度定义为劳动力供给的工资弹性，简称劳动力供给弹性。

其计算公式是劳动力供给量变动的百分比与工资率变动百分比的比值。设 E_S 为劳动力供给弹性，$\Delta L/L$ 表示供给量变动的百分比，$\Delta W/W$ 表示工资率变动的百分比。

$$E_S=\frac{\Delta L/L}{\Delta W/W}$$

通常在考察市场劳动力供给时，劳动力供给弹性值分布在 0—+∞。根据劳动力供给弹性的不同取值，一般将劳动力供给弹性分为五类，如图 2-5 所示。

（1）供给无弹性 $E_S=0$

在这种情况下，在劳动力市场分析的实际可行范围内，无论工资如何变动，劳动力供给都不增加也不减少；这条曲线还具有另外一层含义，即该经济社会的劳动力已经充分就业，如图 2-6 所示。

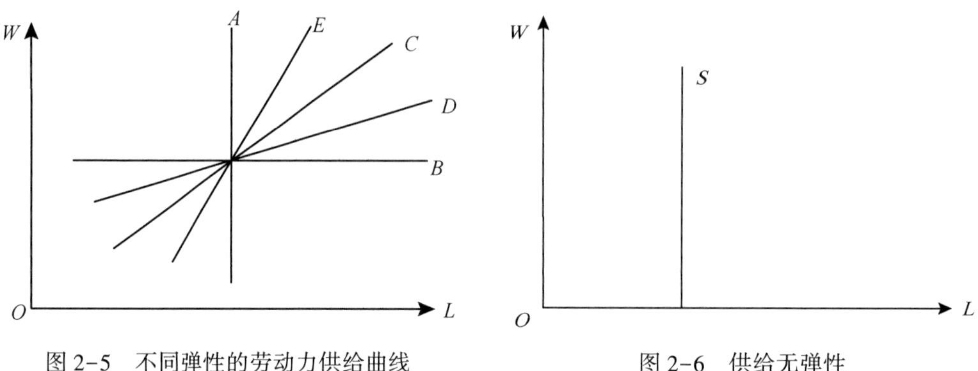

图 2-5　不同弹性的劳动力供给曲线　　　　图 2-6　供给无弹性

（2）供给有无限弹性 $E_S \to +\infty$

在实际中，这意味着在某一工资水平时有无穷的劳动力供给，如图 2-7 所示。

（3）供给缺乏弹性，即 $0<E_S<1$

供给量变动的百分比小于工资率变动的百分比。这时劳动力供给曲线是一条向右上倾斜且较为陡峭的曲线，如图 2-8 所示。

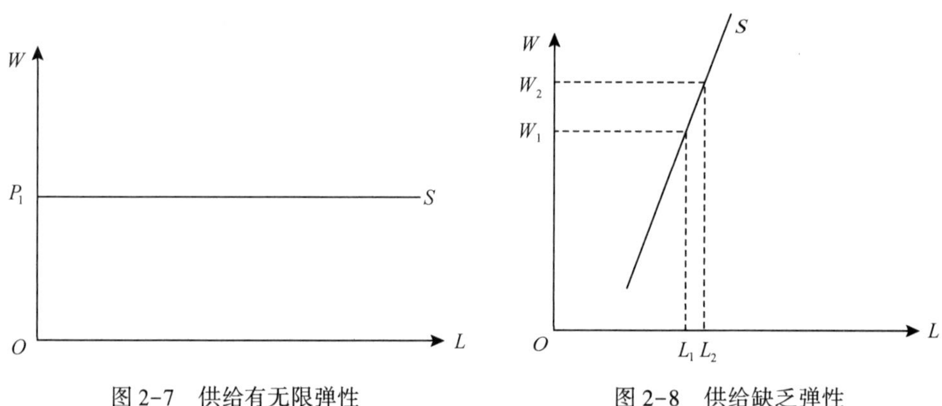

图 2-7　供给有无限弹性　　　　图 2-8　供给缺乏弹性

（4）供给富有弹性，即 $E_S>1$

供给量变动的百分比大于工资率变动的百分比。这时劳动力供给曲线是一条向右上倾斜且较为平坦的曲线，即只要增加很少的工资，就会有很多的人愿意提供服务，如图 2-9 所示。

（5）供给单位弹性，即 $E_S=1$

在这种情况下，工资率与供给量同比例变动。这是一种非常偶然的情况。这时劳动力供给曲线是与横轴夹角为 45°并向右上倾斜的曲线，如图 2-10 所示。

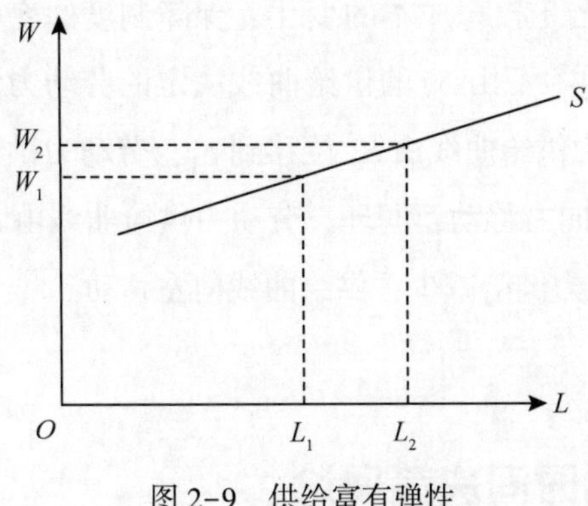

图 2-9　供给富有弹性

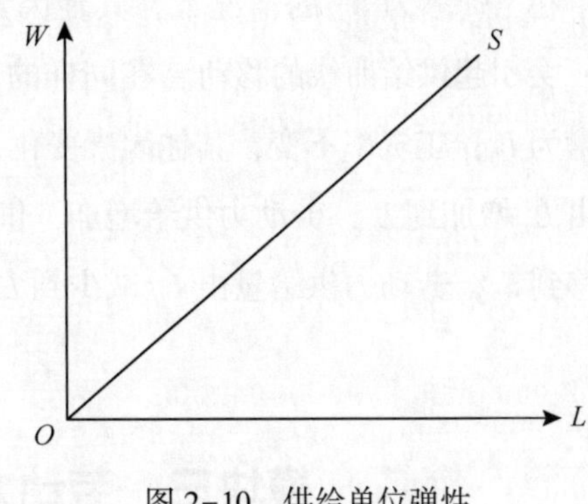

图 2-10　供给单位弹性

3. 劳动力供给量与劳动力供给的变动

工资率是影响劳动力供给变动的因素，除此之外，其他多种经济、社会因素也对劳动力供给产生影响。因此在考察劳动力供给时，需要注意区分劳动力供给量的变动和劳动力供给的变动。

（1）劳动力供给量的变动

劳动力供给量的变动是指在其他条件不变的情况下，仅由工资率的变动引起的劳动力供给量的变动，表现为劳动力供给量在同一条劳动力曲线上的移动。

如图 2-11 所示，横轴为劳动力供给量 L，纵轴为工资率 W，S 为劳动力供给曲线。当工资率为 W_0 时，劳动力供给量为 L_0，在供给曲线 S 上为 a 点。工资率由 W_0 下降到 W_1 时，供给量由 L_0 下降到 L_1，在供给曲线 S 上由 a 点向左下移向 c 点。工资率由 W_0 上升到 W_2 时，劳动力供给量由 L_0 增加到 L_2，在供给曲线上由 a 点向右上移动到 b 点。

（2）劳动力供给的变动

劳动力供给的变动是指在工资率不变的情况下，由于其他因素变化而引起的劳动力供给的变动。劳动力供给的变动表现为整条劳动力供给曲线的移动，如图 2-12 所示。

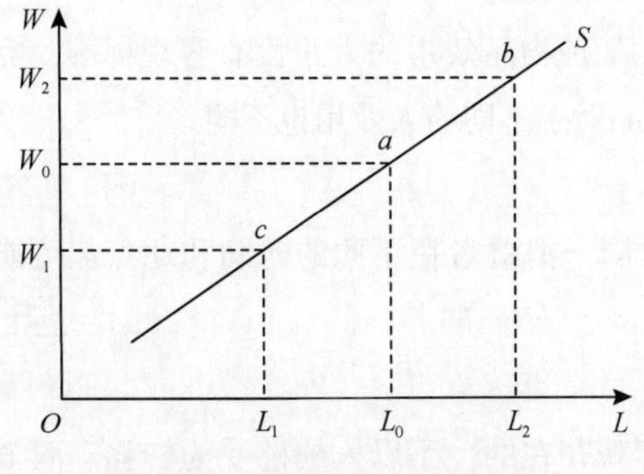

图 2-11　劳动力供给量的变动

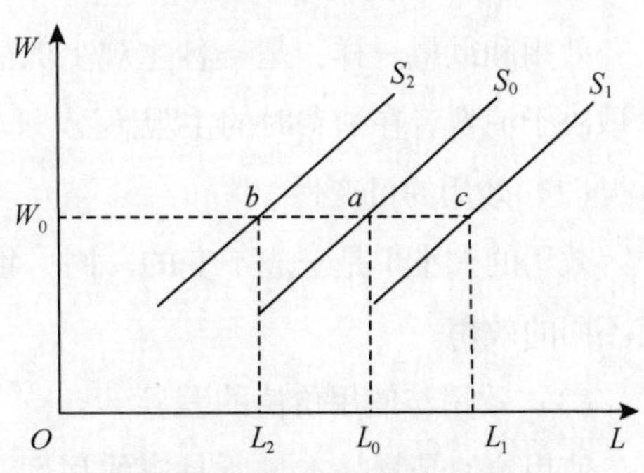

图 2-12　劳动力供给的变动

在工资率为 W_0 的情况下，其他因素的变化（教育成本的变化、保障制度的变化等）会引起供给曲线的移动。在同样的工资率 W_0 下由 S_0 的供给曲线决定的劳动力供给量为 L_0；工资率不变，其他因素变化，劳动力供给曲线由 S_0 位移到 S_1，劳动力供给量由 L_0 增加到 L_1，劳动力供给增加，供给曲线向右移动；同理，劳动力供给曲线由 S_0 位移到 S_2，劳动力供给量由 L_0 减少到 L_2，劳动力供给减少，供给曲线向左移动。

模块三　劳动力供给时间决策理论

一、效用理论与约束条件下最大效用的主体均衡理论

1. 欲望与效用

欲望是指一种缺乏的感觉与求得满足的愿望。欲望具有无限性、层次性和欲望满足对象可替代性的特征。欲望的无限性是指人们的欲望是无止境的，一种欲望满足之后又会产生新的欲望。欲望的层次性是指尽管人的欲望是无限的，但也有轻重缓急之分，有不同的欲望层次，人们总是在满足或部分满足较低层次的欲望之后，又会产生较高层次的欲望。欲望满足对象可替代性是指人某一方面的欲望满足对象是可以相互替代的，也就是可以用不同的商品满足同一消费欲望，完成同一消费功能。

欲望虽然是无限的，但却可以有不同的满足程度。欲望的满足程度可以用效用大小来衡量。效用是指消费者从消费某种物品中所得到的满足程度。满足程度越高，效用越大；满足程度越低，效用越小。效用具有以下三个特点。

（1）效用的主观性

效用和欲望一样，是一种主观上的感受，某种物品效用的大小没有客观标准，完全取决于消费者在消费时的主观感受。同一物品对于不同的人效用也不同。

（2）效用的可变性

效用的大小不是一成不变的，同一物品对同一消费者在不同的时间和地点都可能有不同的效用。

（3）效用与使用价值的差异

使用价值是物品本身所具有的属性，是客观存在的，不以人的感受为转移。而效用强调消费者的主观感受。

对于如何衡量消费者的满足程度，一些经济学家认为可以用具体的数字来表示，因此可以计量并加总求和；另一些经济学家则认为效用作为一种心理现象，是不能用具体数字来表示的，而是一个次序概念，即可用第一、第二、第三等来说明效用。

2. 基数效用论

（1）总效用与边际效用

基数效用论认为效用是可以计量并可以加总求和的。基数效用论采用的是边际效用分析法。

基数效用论将效用分为总效用和边际效用。总效用是指消费一定量某种物品所得到的总满足程度。总效用函数表示为：

$$TU=f(Q)$$

其中，TU 表示总效用；Q 表示商品消费量。

边际效用是指某种物品的消费量每增加一单位所增加的满足程度。边际效用函数表示为：

$$MU=\frac{\Delta TU}{\Delta Q}$$

可用表 2-3 来说明总效用、边际效用及其相互关系。

表 2-3　　　　商品效用表

消费量（Q）	总效用（TU）	边际效用（MU）
0	0	—
1	10	10
2	18	8
3	24	6
4	28	4
5	30	2
6	30	0
7	28	-2

某一商品的消费从 0 增加到 1，消费者获得的满足为 10 个单位，这时总效用从 0 增加到 10，边际效用为 10；消费量从 1 到 2 时，总效用增加到 18，边际效用为 8，以此类推，消费量达到 5 时，消费者的消费达到饱和点，之后，总效用不再增加，边际效用为 0。

根据表 2-3 中的消费量、总效用和边际效用数据，可以画出消费者的总效用曲线和边际效用曲线，如图 2-13 所示。图中纵轴 TU 表示总效用，横轴 Q 表示消费量，总

效用 *TU* 随消费量增加而以递减的速度增加，达到消费饱和点时，总效用不再增加，曲线为水平状。图 2-14 纵轴 *MU* 表示边际效用，横轴 *Q* 表示消费量，边际效用 *MU* 随消费量的增加而递减。

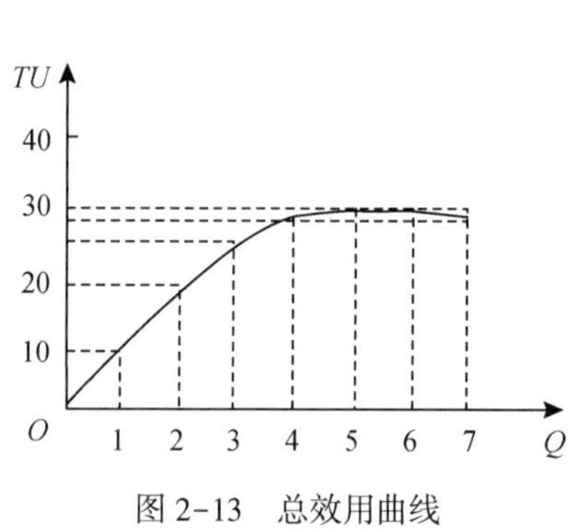

图 2-13　总效用曲线

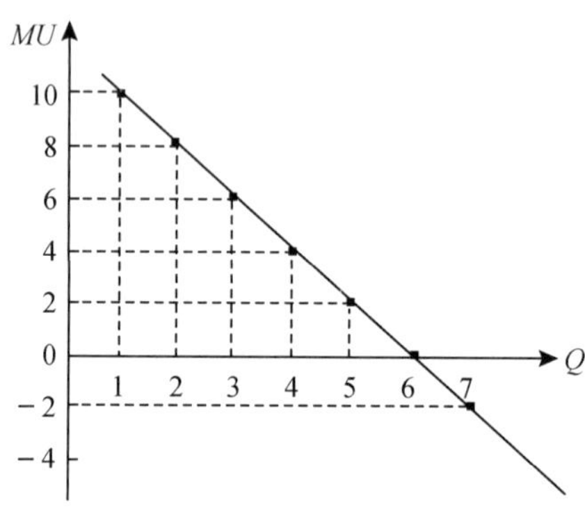

图 2-14　边际效用曲线

总效用 *TU* 与边际效用 *MU* 的关系为：当边际效用 *MU* 为正值时，总效用增加；当边际效用 *MU* 为负值时，总效用减少；当边际效用 *MU* 为零时，总效用达到最大。

（2）边际效用递减规律

在一定条件下，随着消费者对某种商品消费量的增加，消费者从该商品连续增加的每一消费单位中所得到的效用增量（边际效用）是递减的。

对于边际效用递减的原因，经济学家认为可从以下两个方面说明。

1）生理或心理原因。消费者在消费相同的商品时，从连续增加的消费量中所感受的满足程度和对重复刺激的反应是递减的。如果对该商品的消费次数增加，消费者所感受到的满足程度就会减少，即边际效用递减。

2）物品用途本身的多样性。假设一种商品具有多种用途，这些用途的重要性不同，消费者总是先用于最重要的用途，而后用于次重要的用途。

3. 序数效用论

序数效用论认为，效用作为一种心理现象无法计量，也不能加总求和，是一个次序的概念，只能表示出满足程度的高低与顺序。序数效用论采用的是无差异曲线分析法。

（1）无差异曲线

无差异曲线是用来表示给消费者带来完全相同效用的两种商品的不同数量组合的一条曲线。

例如，假设某消费者最近为了减肥，每天只吃苹果和香蕉两种食物。如果苹果的消费量用 X_1 表示，香蕉的消费量用 X_2 表示，假定该人为了每天获得 12 个效用单位，他可以选择的两种商品的数量组合从理论上说有无数种。为简便起见，假如一个消费者从 1 份苹果和 12 份香蕉所得到的满足和从 2 份苹果和 6 份香蕉，或者从 3 份苹果和 4 份香蕉，或者从 4 份苹果和 3 份香蕉等得到的满足程度相同。这样就认为消费者对上述两种商品不同组合间具有无差异性。在既定偏好下，使消费者获得相同效用的两种商品的不同数量组合的列表称为无差异表，见表 2-4。

表 2-4　　　　　　　　　　　　无差异表

X_1	X_2	总效用
1	12	12
2	6	12
3	4	12
4	3	12

根据表中的数据可以得出无差异曲线，如图 2-15 所示。

无差异曲线是在一定收入和价格水平下得出的，它代表某一特定的消费水平或满足水平。由于人们收入水平不同，消费水平或满足水平也不同，所以会产生若干条无差异曲线，如图 2-16 所示。

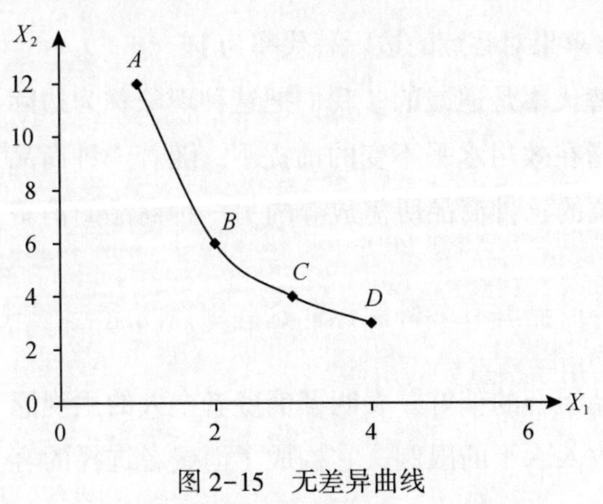

图 2-15　无差异曲线

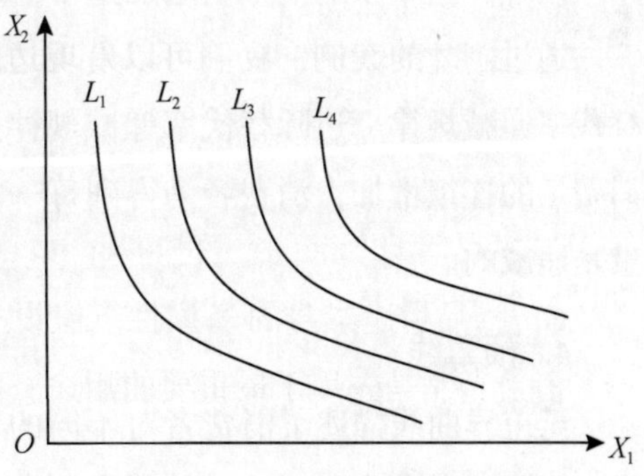

图 2-16　若干条无差异曲线

无差异曲线具有以下四个主要特征。

1）无差异曲线是一条向右下方倾斜的线，斜率为负。表明为实现同样的满足程度，增加一种商品的消费，必须减少另一种商品的消费。

2）同一平面上可以有无数条无差异曲线。同一条曲线代表相同的效用，不同的曲线代表不同的效用。无差异曲线距离原点越远所代表的消费者的满足程度越高。

3）任何两条无差异曲线不能相交。

4）无差异曲线通常是凸向原点的，这就是说，无差异曲线的斜率的绝对值是递减的。这是由边际替代率递减规律所决定的。

（2）边际替代率

边际替代率（*MRS*）是指在维持效用水平不变的前提下，消费者增加一单位某种商品的消费数量时所需要放弃的另一种商品的消费数量。

商品 1 对商品 2 的边际替代率的定义公式为：

$$MRS_{12}=-\frac{\Delta X_2}{\Delta X_1}$$

我们以某消费者的效用函数为例，该人的效用表见表 2-4。

为了维持效用水平不变，当苹果的消费量从 1 个增加到 2 个时，香蕉的消费量需要从 12 个减少到 6 个，则边际替代率为：

$$MRS_{12}=-\frac{\Delta X_2}{\Delta X_1}=-\frac{6-12}{2-1}=-\frac{-6}{1}=6$$

当苹果的消费量从 2 个增加到 3 个时，香蕉的消费量需要从 6 个减少到 4 个，则边际替代率为：

$$MRS_{12}=-\frac{\Delta X_2}{\Delta X_1}=-\frac{4-6}{3-2}=-\frac{-2}{1}=2$$

同理，当苹果的消费量增加到 4 个时，苹果对香蕉的边际替代率为 1。

通过刚才的案例，我们可以发现边际替代率是递减的。我们把这种现象称为边际替代率递减规律。边际替代率递减规律是指在效用水平不变的前提下，随着一种商品消费量的连续增加，消费者为得到每一单位的这种商品所需放弃的另一种商品的消费量是递减的。

4. 预算线

无差异曲线描述了消费者对不同的商品组合的偏好，表明了消费者个人的主观愿望。但消费者在购买商品时总要受到自己收入水平的限制，它构成了消费者选择的客观约束条件。

预算线又称为预算约束线、消费可能线，表示在消费者收入和商品价格给定的条件下，消费者的全部收入所能购买到的两种商品的不同数量的各种组合。预算线表明了消费者行为的限制条件，这种限制意味着购买商品所花的钱不能大于收入也不能小于收入。大于收入是在既定条件下无法实现的，小于收入则无法实现效用最大化。这种限制条件可以写成：

$$M=P_XQ_X+P_YQ_Y$$

M 是消费者的收入；Q_X、Q_Y 分别是 X、Y 商品的数量；P_X、P_Y 分别是 X、Y 商品的价格。

假设某消费者拿着 100 元人民币去超市购买两种商品——苹果和香蕉。苹果和香蕉的价格都是 10 元/千克。如果消费者把 100 元的收入全部花费在苹果和香蕉这两种商品之上，那么其可供选择的商品消费组合有无数种情况。为简化起见，表 2-5 只是列出了 A、B、C、D 四种消费组合。

表 2-5　　　　商品消费数量表

消费组合	消费数量	
	苹果（千克）	香蕉（千克）
A	2	8
B	4	6
C	6	4
D	8	2

如果分别以苹果和香蕉数量为横纵轴，那么 A、B、C、D 四种消费组合分别对应直角坐标系上 A、B、C、D 四个点。连接 A、B、C、D 四个点形成的直线就是预算线，如图 2-17 所示。

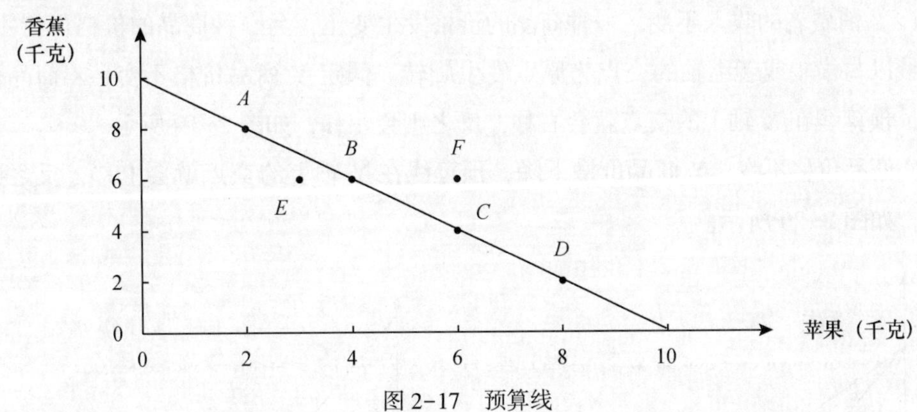

图 2-17　预算线

预算线把平面坐标图划分为三个区域：

在预算线以内区域中任意一点（如 E 点），$10\times3+10\times6<100$，表示消费者的全部收入在购买该点的商品组合以后还有剩余；

在预算线以外区域中任意一点（如 F 点），$10\times6+10\times6>100$，表示消费者的全部收入花完都不可能购买到的商品组合；

在预算线上任意一点（如 B 点），$10\times4+10\times6=100$，表示消费者全部收入刚好花完所能购买到的商品组合。

综上所述，只有预算线上和预算线内的商品组合点才是消费者在既定收入和商品价格之下能够购买到的商品组合。

预算线是消费者收入和商品价格既定条件下的消费支出组合线，如果消费者的收入和商品的价格改变了，则预算线就会变动。

（1）两种商品的价格不变，消费者的收入发生变化，预算线的位置会发生平移，如图 2-18 所示。

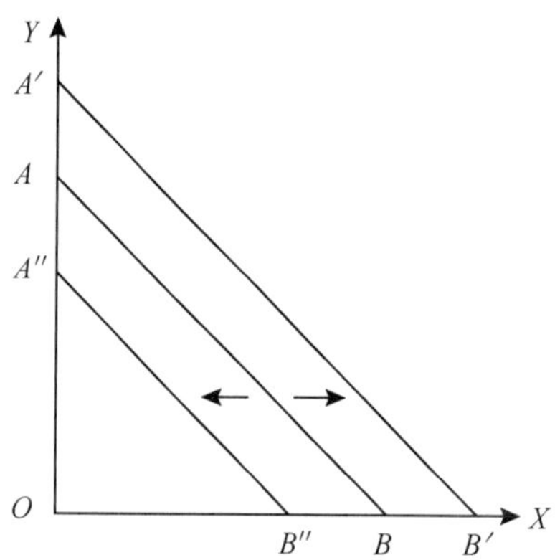

图 2-18　收入变化引起的预算线变化

（2）消费者的收入不变，一种商品的价格发生变化，另一种商品的价格保持不变，预算线以与横轴或者纵轴的交点为原点发生旋转。假定 Y 商品价格不变，X 商品价格下降，预算线在 X 轴上的交点就会右移，反之则会左移，如图 2-19 所示。

X 商品价格不变，Y 商品价格下降，预算线在 Y 轴上的交点就会上移，反之则会下移，如图 2-20 所示。

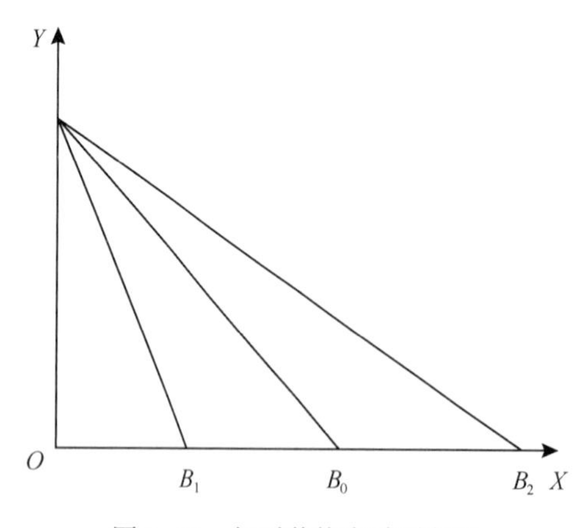

图 2-19　相对价格变动引起的预算线变动（一）

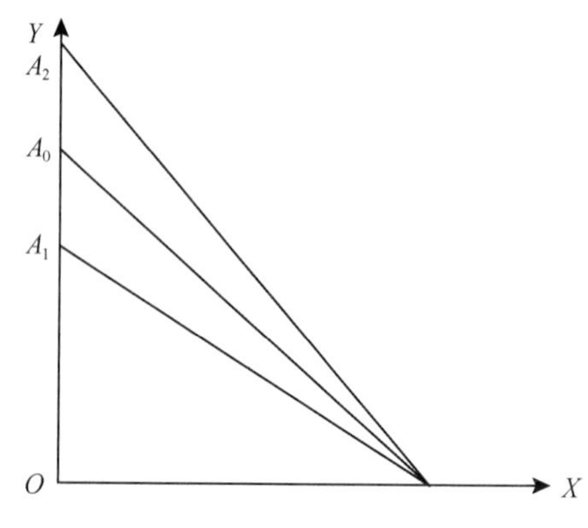

图 2-20　相对价格变动引起的预算线变动（二）

5. 消费者均衡

假定消费者偏好给定，消费者收入和两种商品的价格也给定，那么消费者应当如何选择最优的商品组合，才能获得最大的效用呢？序数效用理论将无差异曲线和预算线相结合来分析消费者追求效用最大化的购买选择行为。

如图 2-21 所示，偏好给定的消费者拥有无限的欲望，从而拥有无数条无差异曲线，比如 U_1、U_2、U_3；但是由于资源约束，在收入和两种商品的价格既定的条件下，消费者面临唯一的一条预算约束线 AB。

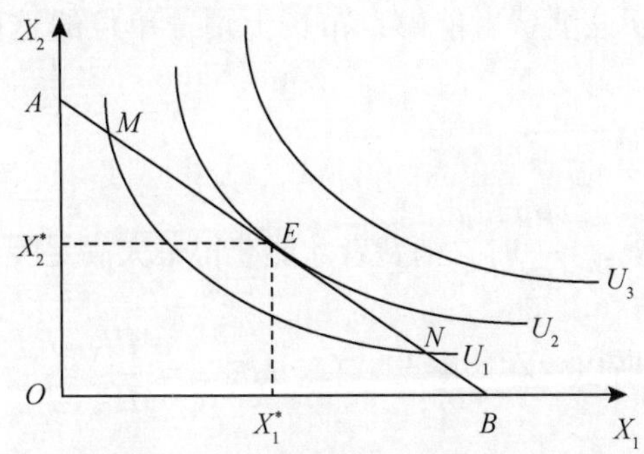

图 2-21　无差异曲线与预算线相结合

无差异曲线 U_3 代表的效用水平高于 U_2 和 U_1，但是它与预算线 AB 相离，没有任何交集。这说明消费者在既定收入水平下无法实现效用水平 U_3。

无差异曲线 U_2 和 U_1 与预算线 AB 有交集。其中，无差异曲线 U_1 与预算线 AB 相交于 M、N 两点，无差异曲线 U_2 与预算线 AB 相切于 E 点。这说明消费者在既定收入水平下能够实现效用水平 U_1 和 U_2。

预算线 AB 上的 M、N、E 三点对应的商品组合虽然都花费了消费者相同的收入，但是 M、N 两点对应的消费组合代表的效用水平 U_1 要低于 E 点对应的消费组合代表的效用水平 U_2。因此，U_2 就是消费者在既定收入水平下能够实现的最大效用水平，消费者均衡点是无差异曲线 U_2 与预算线 AB 的切点 E，最优商品组合是均衡点 E 对应的商品组合（X_1^*，X_2^*）。

（1）均衡条件的推导

作为无差异曲线 U_2 上的 E 点，其导数在几何上等于无差异曲线 U_2 在 E 点的切线的斜率。因为无差异曲线 U_2 在 E 点的切线与预算线 AB 相重合，所以无差异曲线 U_2 上 E 点的导数等于预算线 AB 的斜率，即：

$$\frac{dX_2}{dX_1}=-\frac{P_1}{P_2} \text{ 或 } -\frac{dX_2}{dX_1}=\frac{P_1}{P_2}$$

又因为 $MRS_{12}=-\frac{dX_2}{dX_1}$，所以消费者效用最大化的均衡条件是：

$$MRS_{12}=\frac{P_1}{P_2}$$

（2）均衡条件的含义

消费者均衡条件的含义是：在一定的预算约束下，消费者为了实现最大的效用，应该选择最优的商品组合，使得两种商品的边际替代率等于两种商品的价格之比。也可以这样理解：在消费者的均衡点上，消费者愿意用一单位的某种商品去交换的另一种商品的数量，应该等于该消费者能够在市场上用一单位的这种商品去交换得到的另一种商品的数量。

（3）均衡条件的说明

为什么说只有当 $MRS_{12}=\frac{P_1}{P_2}$时，消费者才能获得最大满足呢？

因为 $MRS_{12}=\frac{MU_1}{MU_2}$，所以，在均衡点 E 有：$MRS_{12}=\frac{MU_1}{MU_2}=\frac{P_1}{P_2}$。我们来分析当 $MRS_{12}\neq\frac{P_1}{P_2}$时，消费者是否实现效用最大化。

首先，在 M 点，因为 $MRS_{12}=\frac{MU_1}{MU_2}>\frac{P_1}{P_2}$，所以$\frac{MU_1}{P_1}>\frac{MU_2}{P_2}$。这说明消费者把同样的一元钱购买第一种商品所得到的满足程度要大于购买第二种商品所得到的满足程度。这样，消费者可以通过增加第一种商品的购买，减少第二种商品的购买来增加总效用。

其次，在 N 点，因为 $MRS_{12}=\frac{MU_1}{MU_2}<\frac{P_1}{P_2}$，所以$\frac{MU_1}{P_1}<\frac{MU_2}{P_2}$。这说明消费者把同样的一元钱购买第一种商品所得到的满足程度要小于购买第二种商品所得到的满足程度。这样，消费者可以通过增加第二种商品的购买，减少第一种商品的购买来增加总效用。

最后，在 E 点，因为 $MRS_{12}=\frac{MU_1}{MU_2}=\frac{P_1}{P_2}$，所以$\frac{MU_1}{P_1}=\frac{MU_2}{P_2}$。这说明消费者把同样的一元钱购买第一种商品所得到的满足程度要等于购买第二种商品所得到的满足程度。这样，消费者再也不能够通过调整两种商品的购买量来继续增加总效用。也就是说，当 $MRS_{12}=\frac{P_1}{P_2}$时，消费者已经实现了效用最大化。

二、个人劳动力供给决策

我们现在用无差异曲线和预算线来分析劳动力的供给决策问题，如图 2-22 所示。

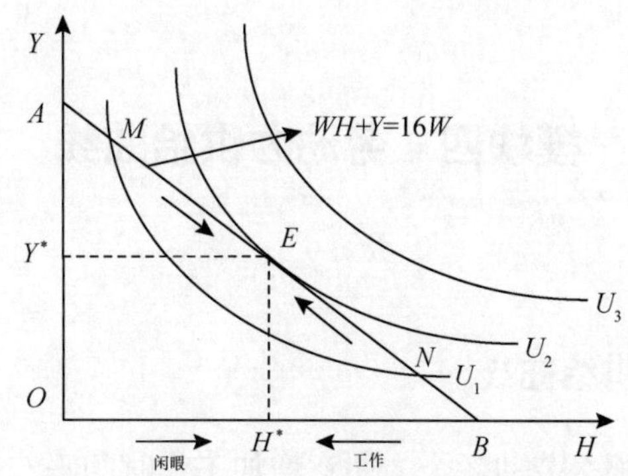

图 2-22　无差异曲线和预算线分析劳动力供给决策

一天只有 24 小时，如果劳动者每天吃饭、睡觉等维持生命活动所必需的时间是 8 小时，那么劳动者每天可以自由支配的时间就只剩下 16 小时。劳动者每天可以自由支配的时间主要分为两种类型：闲暇时间和工作时间。闲暇可以给劳动者带来直接效用，而工作所获得的劳动收入可以通过购买商品给消费者带来间接效用。于是，劳动者的效用是闲暇时间和劳动收入的函数，即 $U=U(H, Y)$。因此，劳动力的供给问题实际上是劳动者个人对自己所拥有的时间资源在闲暇和工作之间进行分配，以实现效用最大化。

无差异曲线（U_1，U_2，U_3）是指能够给劳动者个人带来相同效用水平（或满足程度）的所有闲暇时间和劳动收入之间的组合点的轨迹。

预算线（AB）是指在给定闲暇价格、收入价格和资源总量的条件下，劳动者个人可以获得的闲暇时间和劳动收入的所有组合点的轨迹。如果劳动者个人每天可以自由支配的时间是 16 小时，闲暇价格以闲暇的机会成本工资率 W 来衡量，收入价格很显然是 1，那么劳动者每天的资源总量就是 $16W$，预算线方程为：$WH+Y=16W$。

根据前面的均衡分析，U_2 就是劳动者在既定资源总量（$16W$）下能够实现的最大效用水平；均衡点是无差异曲线 U_2 与预算线 AB 的切点 E；最优时间分配组合是均衡点 E 对应的分配组合（H^*，Y^*），此时劳动者的闲暇时间是（H^*），工作时间是（$16-H^*$）；均衡条件是闲暇时间对劳动收入的边际替代率等于闲暇价格和劳动收入价格之比，即 $MRS_{HY}=W$。

模块四　劳动力供给曲线

一、个人劳动力供给曲线

如果工资率提高，那么劳动者个人愿意增加工作时间吗？这是一个看似简单但实际很复杂的问题。

1. 总体效应

我们首先来分析工资率的变化对劳动供给的总体效应，如图 2-23 所示。

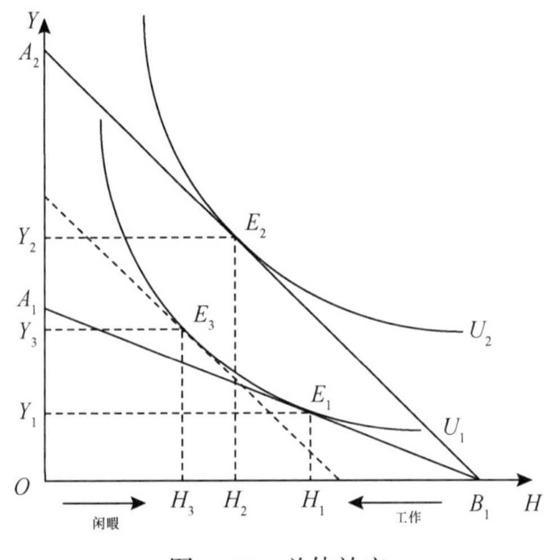

图 2-23　总体效应

当工资率是 W_1 时，预算线是 A_1B_1，均衡点是预算线 A_1B_1 与无差异曲线 U_1 的切点 E_1。此时，劳动者的闲暇时间是 OH_1，工作时间是 B_1H_1。

当工资率从 W_1 提高到 W_2 时，因为预算线 A_1B_1 的方程是 $WH+Y=16W$，横截距是 16，纵截距是 $16W$，所以随着工资率的提高，预算线的横截距不变，纵截距增加，预算线从 A_1B_1 变为 A_2B_1。

新的均衡点是预算线 A_2B_1 与更高效用水平的无差异曲线 U_2 的切点 E_2。此时，劳动者的闲暇时间从原来的 OH_1 减少到 OH_2，工作时间从原来的 B_1H_1 增加到 B_1H_2，净增加 H_1H_2。

因此，在其他条件不变的情况下，劳动供给时间与工资率正相关。工资率提高会使劳动者增加工作时间，减少闲暇时间；反之，工资率降低会使劳动者减少工作时间，增加闲暇时间。

2. 替代效应与收入效应

在刚才的分析中，工资率提高导致劳动供给增加的总体效应实际上是收入效应和替代效应共同作用的结果。

（1）替代效应

工资率提高的替代效应是指如果工资率提高，则工作的效用水平提高，闲暇的机会成本增加，从而导致消费者用工作来替代闲暇，即增加工作时间，减少闲暇时间。

在图 2-23 中，与预算线 A_2B_1 相平行的直线与无差异曲线 U_1 相切于点 E_3。替代效应可以用从 E_1 点向 E_3 点的移动来反应，表示工资率从 W_1 提高到 W_2 时，在效用水平不变的条件下，纯粹由工资率的变化所引起的工作时间的变化。

由于替代效应，劳动者减少闲暇时间，增加工作时间，劳动供给时间净增加 H_1H_3。

（2）收入效应

工资率提高的收入效应是指如果工资率提高，则劳动者收入增加，收入的边际效用降低，从而导致消费者用闲暇来替代收入，即增加闲暇时间，减少工作时间。

在图 2-23 中，收入效应可以用从 E_3 点向 E_2 点的移动来反应，表示工资率从 W_1 提高到 W_2 时，在工资率不变和收入增加的条件下，纯粹由收入的变化所引起的工作时间的变化。

由于收入效应，劳动者增加闲暇时间，减少工作时间，劳动供给时间净减少 H_2H_3。

综上所述，当工资率从 W_1 提高到 W_2 时，替代效应使劳动者的工作时间净增加 H_1H_3，收入效应使劳动者的工作时间净减少 H_2H_3，由于替代效应 H_1H_3 大于收入效应 H_2H_3，总效应净增加 H_1H_2。

3. 个人劳动力供给曲线

通过刚才的分析，我们可以发现：工资率的变化对劳动供给的影响最终取决于收入效应和替代效应的相互关系。如果工资率提高产生的替代效应大于收入效应，则劳动力会增加供给时间；反之，如果工资率提高产生的替代效应小于收入效应，则劳动力会减少供给时间。

经验事实表明，当工资率较低且收入较少时，工资率提高产生的替代效应大于收入效应，劳动供给随工资率的提高而增加；当工资率提高到较高水平且收入也在较高水平时，工资率提高产生的替代效应小于收入效应，劳动供给随工资率的提高而减少。

由此可见，个人劳动力供给曲线是一条向后弯曲的曲线。如图 2-24 所示，在工资率低于 W_2 时，个人劳动力供给曲线 S 斜率为正，表示个人劳动时间随着工资率的提高而增加；在工资率高于 W_2 时，个人劳动力供给曲线 S 斜率为负，表示个人劳动时间随着工资率的提高而减少。

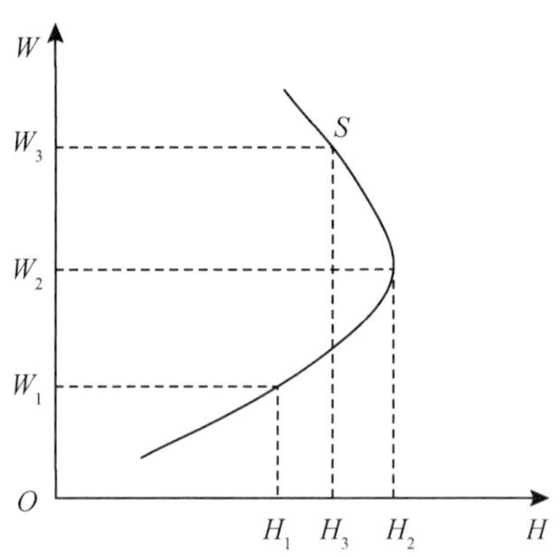

图 2-24　个人劳动力供给曲线

二、以家庭为单位的劳动力供给

上一节讨论了个人在时间分配上的劳动—闲暇选择的简单劳动供给模型。经济学家认识到，简单的劳动闲暇模型存在着不足，就业与否很大程度上是以家庭为单位进行决策的。例如，妻子的就业会受到丈夫的收入、子女的年龄、家庭成员的健康状况等的影响。时间分配的家庭生产理论是以加里 · 贝克尔的新家庭经济学为理论基础。与认为个人直接从物品和闲暇中获得效用不同，新家庭经济学认为，家庭实际上是将时间和各种购买的商品结合起来以生产家庭商品来获得效用的。闲暇和物品不再作为效用的直接来源，时间和物品都作为家庭生产的投入品来看待。

家庭成员将各自的时间分配到市场工作、非市场工作和闲暇上，以追求自身效用最大化。但每个人进行决策时要考虑其他人可能的行为和反应。家庭劳动供给决策的目的是配置每个家庭成员的时间，以使整个家庭的效用最大化。根据道格拉斯—有泽法则：丈夫的收入越高，妻子的劳动力参与率越低；妻子本人能够得到的市场工资率越高，其劳动参与率越高。

假设一个家庭试图决定夫妻双方谁留在家中照看孩子。这对夫妻必须回答两个问题：谁从事家庭工作效率更高？谁从事市场工作效率更高？从事家庭工作效率的高低取决于一定时间内谁能生产出更多的商品。从事市场工作效率的高低取决于谁能在从事有报酬的工作中带来更多的商品。

家庭也可以选择夫妻双方都出去工作，因为许多家务劳动都可以通过购买服务来实现。构成夫妻双方是否都出去工作的基本考虑是夫妻双方的市场劳动效率和家庭生产率的比较。如果夫妻双方进行市场工作，所得收入大于家庭生产的成本，夫妻双方都参加市场劳动必然是收益最大化的选择。

对于那些有成年孩子的家庭，从家庭联合劳动供给决策的角度看，父母的工作安排及家庭收入状况将会对孩子的劳动供给决策产生影响。如果父母没有工作或者家庭收入很低，为了整个家庭的生活，成年孩子将会更多地从事市场劳动。反之，如果父母的工作很好或者家庭收入很高，成年孩子可能就会选择不工作而想享受闲暇。当今时代出现越来越多的“啃老族”，其实就是父母和成年孩子之间联合劳动决策的一个结果。

【本章小结】

供给是指厂商（或生产者）在某一特定时期内，在一定价格水平上愿意并且能够出售的商品量。在劳动经济学中，劳动力供给从性质上说，是指劳动力的供给主体（劳动者个人，在某些情况下可以是家庭）在一定的劳动条件下自愿对存在于主体之中的劳动力使用权的出让；从量的角度说，是指一个经济体（大至一个国家，小至一个企业，甚至一个雇请了保姆的家庭）在某一段时期内，可以获得的劳动者愿意提供的劳动力的总和。劳动力参与率，是经济活动人口（包括就业者和失业者）占劳动年龄人口的比率，是用来衡量人们参与经济活动状况的指标。劳动供给受到教育发展、年龄、性别因素、收入增长、宏观经济、社会保障制度等因素的影响。

分析个人的劳动供给可以从不同角度进行。一种方法是集中研究不同工资率下劳动者愿意工作的时间，即建立一条个人劳动力供给曲线。此外，也可以从劳动者是否愿意提供市场劳动的角度来加以研究，即劳动力参与率的问题。本章通过劳动—闲暇模型考察劳动者怎样决定工作时间，以推导个人劳动力供给曲线。

家庭生产模型以与传统理论将家庭视为消费单位不同的思路，将家庭视为一种生产单位，家庭劳动供给决策的目的是配置每个家庭成员的时间，以使整个家庭的效用最大化。根据道格拉斯—有泽法则：丈夫的收入越高，妻子的劳动力参与率越低；妻子能够得到的市场工资率越高，其劳动参与率越高。

复习思考题

（一）单项选择题

1. 根据均衡的条件，劳动者在资源约束的条件下获得最大效用必须满足的条件是工资率（　　）。

A. 大于边际替代率　　B. 小于边际替代率

C. 等于边际替代率　　D. 等于边际技术替代率

2. 衡量、测度人口参与社会劳动程度的指标是（　　）。

A. 就业率　　B. 失业率

C. 劳动力供给弹性　　D. 劳动力参与率

3. 一般来说，劳动力供给曲线是一条（　　）。

A. 从左上向右下倾斜的曲线　　B. 从左上向右下倾斜的折线

C. 从左下向右上倾斜的折线　　D. 从左下向右上倾斜的曲线

4. 在市场经济中，劳动力供给的决策主体是（　　）。

A. 劳动者家庭或个人　　B. 政府或公共部门

C. 行业工会　　D. 企业或雇主

5. 下列对无差异曲线的特征表述正确的是（　　）。

A. 离原点越远的无差异曲线所表示的效用越低

B. 同一平面上任意两条无差异曲线不会相交

C. 无差异曲线斜率为正值、凸向原点

D. 即使主体偏好不同，无差异曲线的形状也不会有区别

6. 在工资率维持较高水平并且收入也在较高水平时，随着工资率提高，劳动供给会减少，原因是（　　）。

A. 收入效应大于替代效应　　B. 收入效应小于替代效应

C. 收入效应大于规模效应　　D. 替代效应小于规模效应

7. 下列最能准确体现“劳动力供给”含义的是（　　）。

A. 中国具有 13 亿以上人口

B. 张三家里 18 岁以上成员有 3 人

C. 李四今年大学毕业，正在寻找工作

D. 王五来到人才市场应聘，要求最低工资不低于 1 万元/年

8. 引起劳动力供给量变动的最重要的因素是（　　）。

A. 生产技术革新　　B. 资本规模变化

C. 市场工资率变动　　D. 企业经营范围变动

9. 劳动力供给的含义是指（　　）。

A. 在一定市场工资率条件下，劳动者个人或家庭愿意并且能够提供的劳动时间

B. 在一定市场工资率条件下，政府规定劳动者的劳动总时间

C. 一定时期内，一国或地区生产某种使用价值时运用的体力和智力的总和

D. 一定时期内，一国或地区劳动人口的总和

（二）多项选择题

一般来说，影响劳动力参与率的因素主要有（　　）。

A. 宏观经济状况　　B. 人口性别构成

C. 家庭的和谐程度　　D. 教育事业的发展状况

（三）判断题

1. 劳动力的本质含义是指人的劳动能力。（　　）

2. 劳动力参与率是衡量、测度人口参与社会劳动程度的指标，其含义是劳动力在一定范围内人口的比率。（　　）

3. 劳动力供给量的变动是由工资率的变动所引起的，表现为在同一条供给曲线上位置的变化。（　　）

4. 劳动力供给的变动是指由工资以外的因素引起的劳动力供给数量的变化，表现为劳动力供给曲线位置的移动。（　　）

5. 劳动时间所能带来的劳动收入与闲暇的各种配置组合，给主体（家庭或个人）带来的效用可以用无差异曲线来描述。（　　）

6. 无差异曲线的斜率，既是与无差异曲线上任何一点相切的直线的斜率，也是无差异曲线在该点的边际替代率。（　　）

7. 无差异曲线是一条斜率为负值、凸向原点的曲线。（　　）

8. 在同一平面上存在无数条无差异曲线，同一条无差异曲线表示的效用相同，不同的无差异曲线表示的效用不同。（　　）

9. 在同一平面上，任意两条无差异曲线不相交。（　　）

10. 主体均衡的条件，即主体在资源约束的条件下获得最大效用必须满足的条件，是工资率等于边际替代率，即：W=MRS。（　　）

（四）名词解释

1. 劳动力供给。

2. 劳动力供给的工资弹性。

3. 无差异曲线。

4. 个人预算线。

（五）计算题

1. 假设在某一类劳动力市场中，当工资率为 20 元/小时时，劳动力供给为 12 000 人；当工资率提高到 30 元/小时时，劳动力供给为 15 000 人。

要求：

（1）计算该类劳动力的供给弹性。

（2）判断该类劳动力的供给弹性类型。

2. 在某一劳动力市场，当工资率为 10 元/小时时，劳动力供给为 10 万人；当工资率为 12 元/小时时，劳动力供给为 11 万人。根据上述资料，计算劳动力供给弹性。

3. 表 2-6 是某地区某年末人口统计数据（单位：万人）

表 2-6　某地区某年末人口统计数据　（单位：万人）

年龄段	男性		女性	
	人口数	劳动力人口	人口数	劳动力人口
15~25 岁	22	8	21	6
25~35 岁	28	27	28	26
35~45 岁	32	31.6	33	30.8
45~55 岁	30	28.7	29	26.2
55~65 岁	37	34.1	37	1.5

根据表中数据：

（1）分别计算 15~25 岁年龄段和 25~35 岁年龄段的总人口劳动力参与率。（结果保留两位小数）

（2）比较（1）中两个年龄段劳动力参与率的高低情况并分析可能存在的原因。

【实训项目】

（一）实训目标

1. 加深对劳动力市场的认识。

2. 加深对劳动力供给的认识。

（二）实训项目和要求

1. 人工智能时代劳动力供给情况调查

（1）运用调查工具展开所在地区“人工智能”对劳动力供给影响情况调查。

（2）依据调查撰写所在地区人工智能对劳动力供给影响的报告。

2. 经济学沙盘模拟

（1）依据沙盘案例背景展开模拟。

（2）撰写经济学沙盘模拟报告。

项目三

劳动力需求

【项目说明】

本项目主要从劳动力需求、劳动力需求曲线、劳动力需求弹性、企业短期和长期劳动力需求决策等几个方面介绍劳动力需求，知识结构如下：

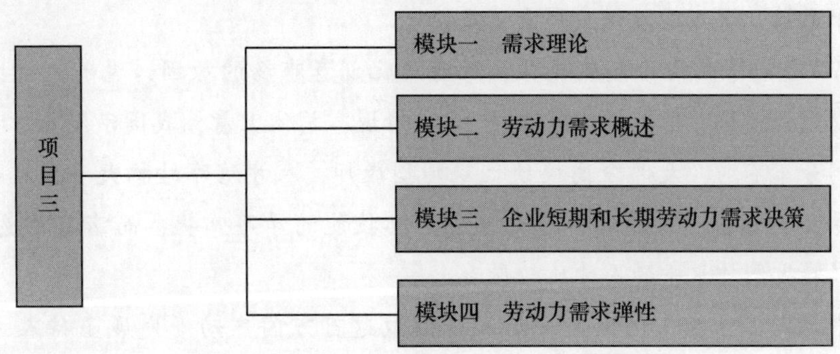

【项目导入】

一、主题案例

1 500 亿市值背后人才缺口达百万，国产动漫发展亟待人才续航

“动漫人才培养的局限带来一个现实：一方面动漫生产机构有人才稀缺的呼声，另一方面动漫专业毕业生有就业的呼声，进而在观众对国产动漫需求得不到满足的过程中，面对日韩动漫二次元文化的来袭，迫使国产动漫也出现了大量日韩风格的二次元表达。”日前，在腾讯视频联合共青团中央网络影视中心及相关高校举行的“闪光新国

漫践行文化强国梦”全国大学生国漫创造季系列活动启动仪式上，中国传媒大学艺术学部副部长贾秀清一语道出动漫业界和学界的忧虑。

《2017中国在线动漫市场白皮书》显示，截至2017年，中国动漫产业达到1 500亿元，占整体大文娱产业的24%。“在互联网时代，动漫的作用和价值被成倍放大，直接影响95后、00后群体。动漫作品只有与优秀传统文化相结合，才能承担起更加重要的文化使命和社会责任，成为引导青年受众向上向善的精神文化产品。”共青团中央网络影视中心主任何成锋说。

作为一种大众艺术，国产动漫须根植于民族文化基因和受众文化心理，才能塑造中国形象，讲好中国故事，然而在现实中，国产动漫市场的人才供需矛盾已不容回避。有数据显示，目前国内处于核心研发环节的动漫人才不足5万人，动漫人才缺口高达100万人。

“能够长期稳定输出高品质国产动漫的动画公司数量不多，这方面我们缺的就是人才。”视美影业总制片人、动画导演朱珂对此深有感触。国产动漫产业投入的加大、互联网平台的加入、移动终端的大面积普及，都使市场对国产动漫的需求大幅增加。在强大的需求面前，国产动漫供应严重不足。

“我国动漫制作机构的发展现状，既有文化创意市场的原因，也有人才方面的原因，目前动漫人才培养依然任重道远。”贾秀清说，总体上看，我国动漫人才高等教育师资力量仍分布不均，大部分高校缺乏双师型教师，人才培养结构大多因校制宜，与行业需求结合不紧密，人才培养方向侧重工具技能的学习掌握，而富有创意、策划、管理能力和精尖制作水平的人才比较匮乏。

资料来源：《1 500亿市值背后人才缺口达百万国产动漫发展亟待人才续航》，http://baijiahao.baidu.com/s?id=1604493599618853632

二、学习目标

1. 理解劳动力需求、劳动力需求曲线、劳动力需求弹性等概念。
2. 掌握企业短期劳动力需求的决定理论。
3. 掌握企业长期劳动力需求的决定理论。

模块一 需求理论

一、需求与需求曲线

1. 需求

需求是指在某一特定时期内，对于每一种可能的价格，消费者愿意而且能够购买的商品量。需求必须满足两个条件：一是有购买的欲望，二是有支付能力，两者缺一不可。

2. 需求表

消费者在不同价格水平下对某商品的需求量可以用表 3-1 表示，这种表示商品价格与需求量之间对应关系的表，称为商品需求表。需求表清楚地表示了商品的价格和需求量之间的关系。

表 3-1 某商品需求表

价格—需求量组合	A	B	C	D	E
价格（元）	1	2	3	4	5
需求量（单位数）	500	400	300	200	100

3. 需求曲线

需求曲线是表明商品价格与需求量之间关系的曲线。当把需求表中的数据在坐标中描绘出来，就得到该商品的需求曲线，如图 3-1 所示。从图 3-1 中可以看出，需求曲线是一条向右下倾斜的曲线，它的斜率是负值，价格与需求量呈反向变动。

4. 需求定理

一种商品的需求量受到多种因素的影响，把商品的需求量与价格之间的关系加以概括，即需求定理：在其他因素不变的条件下，某商品的需求量与价格之间呈反向变动，商品价格上涨，需求量减少；商品价格下降，需求量增加。需求定理是假定价格以外的其他因素不变的前提下，商品本身价格与需求量之间的关系。

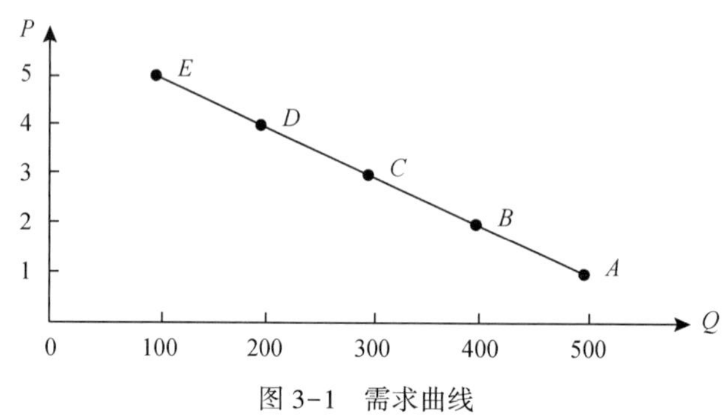

图 3-1　需求曲线

二、影响需求的其他因素

1. 相关商品的价格

当一种商品本身的价格保持不变，而与它相关的其他商品的价格发生变化时，这种商品本身的需求量也会发生变化。商品主要分为替代品和互补品。

替代品是指那些功能相似、可以相互替代以满足人们同种需要的商品。如大米和小麦，当大米的价格上升而小麦价格不变时，人们往往会减少对大米的购买，从而使小麦的需求增加。

互补品是指那些需要相互补充才能满足人们某种需要的商品。如汽车和汽油，当汽油价格上涨时，在汽车价格不变的情况下会使人们对汽车的需求数量减少。

2. 消费者的收入水平

对于一般商品来说，当消费者的收入水平提高时，会增加对商品的需求量。但对低档商品而言，消费者的收入水平与商品的需求量可能呈反方向变化。

3. 消费者偏好

消费者的偏好是指消费者对商品的喜好程度，而这一程度取决于消费者对商品的主观心理评价。消费者越喜好一种商品，他们对该商品的需求量就会越大。

4. 消费者对该商品未来价格的预期

一般来说，消费者预期某种商品的未来价格会上升，他们可能会在价格上升前购买更多的这种商品，这种商品的需求量就会增加；相反，消费者预期某种商品的未来价格会下降，他们可能会在价格下降前更少地购买这种商品，这种商品的需求量就会减少。

5. 其他因素

时间变化、人口数量的变动、政府的政策、消费者对于自己未来的预期等都会影响商品的需求数量。

三、需求量的变动与需求的变动

需求量的变动是指在其他条件不变的情况下，商品本身价格变动所引起的该商品需求量的变动。需求量的变动表现为需求量在同一条需求曲线上的移动，如图 3-2 所示。

在图 3-2 中，当价格从 P_0 上升为 P_1 时，需求量从 Q_0 减少到 Q_1，在需求曲线 D 上则是从 b 点向左上方移动到 a 点。当价格从 P_0 下降为 P_2 时，需求量从 Q_0 增加到 Q_2，在需求曲线 D 上则是从 b 点向下方移动到 c 点。

需求的变动是指在商品本身价格不变的情况下，其他因素变动引起的需求量的变动，表现为需求曲线的移动，如图 3-3 所示。在图 3-3 中，价格是 P_0，由于其他因素变动（如收入变动）引起需求曲线的移动，从而导致需求量的变动。

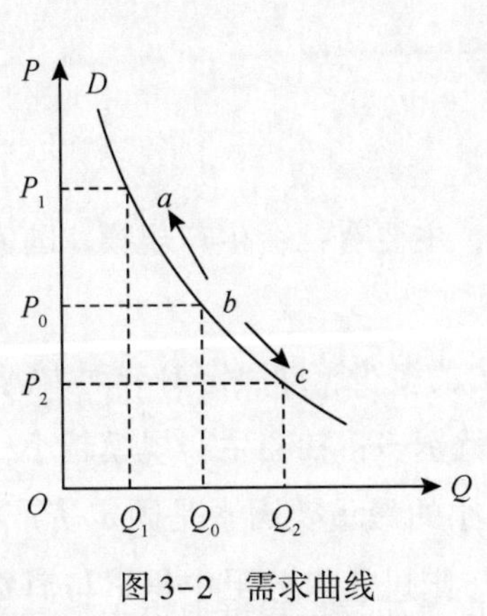

图 3-2　需求曲线

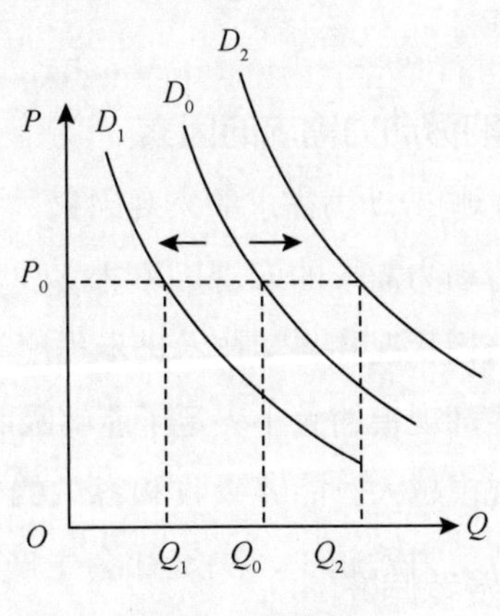

图 3-3　需求曲线

我们可以看出需求量的变动是同一条直线上点的变动，而需求的变动是需求曲线的平移。

模块二　劳动力需求概述

一、劳动力需求是一种派生需求

1. 劳动力需求的含义

劳动力需求，是指企业在某一特定时期内，在某种工资率下愿意并能够雇用的劳动量。劳动力需求是企业雇用意愿与支付能力的统一。

劳动力需求产生的直接基础是人们对产品（服务）的需求，所以，劳动力需求是一种派生需求。在市场经济中企业之所以雇用劳动力，是因为劳动力与其他生产要素相结合，就能够提供市场所需要的产品和服务。很显然，一个社会对产品和服务的需求（即总需求）越大，在一定的技术条件下，企业对劳动力的需求会相应增大；反之则减少。

2. 影响劳动力需求的因素

（1）影响劳动力需求的宏观因素

影响劳动力需求的宏观因素很多，具体说，主要有社会生产规模、国家的经济体制、经济结构状况和科学技术进步程度等。

社会生产规模的大小决定了能够吸收劳动力的多少，即决定着劳动力需求的数量。社会生产规模越大，能够吸收和容纳的劳动力就越多；社会生产规模越小，能够吸收和容纳的劳动力就越少。决定社会生产规模大小的最重要因素是固定资产投资规模，而固定资产投资规模又受到国民收入总体水平、国民收入分配中积累与消费的比例关系以及基本建设投资结构等方面的影响。一般而言，在国民收入总体水平高、积累高、基本建设投资结构合理时，固定资产的投资规模就越大，吸收和容纳的劳动力就越多，社会劳动力需求的数量就越大。

国家通过经济体制调节社会劳动在国民经济各部门、各地区的分配，使生产资料和劳动力资源实现最佳配置，从而促进生产力的发展，扩大社会劳动力需求。

经济结构对劳动力需求的影响分别表现为产业结构和所有制结构对劳动力需求的影响。首先，不同产业对劳动力需求的影响由不同产业生产技术构成所致。在投资固定的情况下，劳动密集型产业投资对劳动力吸收系数较大，而资金密集型产业投资对劳动力吸收系数较小。其次，在本质上，所有制结构对劳动力需求的影响也是由生产的技术构成不同而带来的。一般来说，国有企业吸纳一个劳动力所需要的资金要比集体企业多。民营企业可以使用费用较低的劳动力替代部分资金，再通过各种途径利用社会资产存量与自身积累，生产具有相当规模的社会产品，形成大量劳动力需求。最后，不断调整所有制结构，发展多种经济形式，也可以开拓生产资金的供应渠道，从而扩大社会吸纳劳动力的能力。

科学技术进步对社会劳动力需求具有双重影响。一方面，科学技术进步引起劳动生产率的提高和资本有机构成的改变，不仅使得安置新增就业人口所需的资金增加，而且原有的固定资产也需要较多的资金更新改造。因此，等量的固定资产所能提供的就业岗位呈现出减少的趋势，这样，就产生了对劳动力的排斥作用。另一方面，科学技术进步会促进劳动力需求的增加。其一，科学技术进步促使物质生产部门分工更加细化、劳动生产率大幅提高，这样，在工资增速低于劳动生产率增速的情况下，等量劳动可以产出更多的剩余产品，从而为扩大再生产提供更多的积累资金，这就为扩大劳动力需求奠定了雄厚的物质基础。其二，科学技术进步导致更多的新兴部门的产生，社会劳动领域越来越广泛，劳动力需求也会随之增加。其三，科学技术进步促进生产力发展，社会消费水平提高，使消费结构发生变化，这会促进第三产业的发展，从而使社会劳动力需求增加。

（2）影响劳动力需求的微观因素

从微观方面看，影响劳动力需求的因素主要有企业的生产规模、生产技术状况、管理水平和利润率等。

企业劳动力需求是从企业生产经营活动中产生出来的派生需求，所以企业的生产规模在很大程度上影响着劳动力的需求。一般而言，企业的生产经营规模越大，所设岗位会越多，对劳动力的需求量就越大；反之亦然。

企业技术状况的改进和管理水平的提高，使得企业对有创造力的高级人员的需求量增加，同时也会促进企业经济效益的提高、生产规模的扩大，从而不断增加对劳动力的需求。

理论上，企业的雇用规模以获取最大化利润为决策准则，而利润又取决于边际劳动生产率。当边际劳动生产率为正时，企业会增加劳动力需求；当边际劳动生产率为负时，企业就会减少劳动力需求；当边际劳动生产率为零时，企业就会停止对新增劳动力的需求。

二、劳动力需求表与劳动力需求曲线

1. 劳动力需求表

我们把企业在雇用劳动力时愿意支付的工资率定义为劳动需求价格。在市场经济条件下，劳动需求量与价格水平之间存在着相互依存的关系，如果用表格的形式来描述劳动需求价格与劳动力需求量之间的数量关系，就可以得到企业劳动力需求表。

以某企业的劳动力需求表为例（见表3-2），当工资率为3元/时时，企业劳动力需求量为5 000人，当工资率为3.5元/时时，劳动力需求量为4 600人，当工资率为5.5元/时时，企业劳动力需求量为2 400人；当工资率为6元/时时，劳动力需求量为1 800人。

表3-2　　某企业的劳动力需求表

工资率（元/时，W）	劳动力需求量（人，L）
3	5 000
3.5	4 600
4	4 000
4.5	3 500
5	3 000
5.5	2 400
6	1 800

在表3-2里面，我们可以看到每一个工资率水平对应一个劳动力需求量；还可以看到，当工资率下降的时候，劳动力需求量是上升的。

2. 劳动力需求曲线

进一步假设工资率与劳动力需求量的变动无限可分且连续，则可用劳动力需求曲线来描述刚刚这个例子。如图3-4所示，横轴为企业劳动力需求量，纵轴为工资率，曲线 D 为企业的劳动力需求曲线。

从劳动力需求表和需求曲线中可以看到，当工资率由3元/时依次提高到6元/时时，随着工资率的提高，企业劳动力需求量相应减少，劳动力需求曲线 D 是一条从左上向右下倾斜的曲线。

这条劳动力需求曲线说明了在其他条件不变的情况下，劳动力需求量和工资率之间呈反向关系。

企业雇用劳动力，按一定的劳动价格支付工人工资，这个价格同时也是企业使用

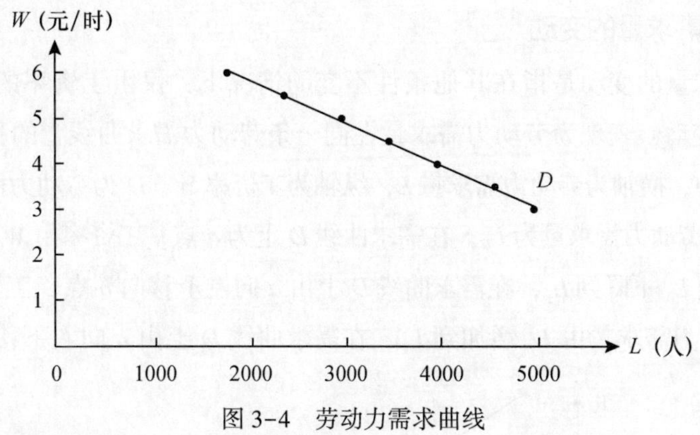

图 3-4 劳动力需求曲线

或消费劳动力的成本。当劳动力消费的结果，即生产的产品价值小于成本时，对劳动力的消费不能产生剩余价值。只有生产产品的价值大于生产成本时，才能使企业剩余增加，尽管劳动力需求是一种派生需求，但企业在雇用劳动力上也同样遵从市场经济规律，即只有当劳动力的使用产生的总收入大于或等于因使用而产生的成本时，企业才能有或扩大劳动力需求的意愿和行为。因此，在假定其他条件不变的情况下，劳动力需求与工资率呈现如下关系：工资率提高，企业对劳动力需求减少；工资率降低，企业对劳动力需求增加。

三、劳动力需求量与劳动力需求的变动

1. 劳动力需求函数

劳动力需求是劳动力市场最重要的经济现象之一，同时也是最重要的变量之一，它的变动不仅受制度结构的影响，而且还受多种经济因素的影响，如生产的技术条件、其他生产要素价格、总需求水平等。如果把影响劳动力需求的各种因素作为自变量，把劳动力需求作为因变量，则可以用函数关系揭示劳动力需求与影响因素之间的关系，这个函数称为劳动力需求函数。以 D 表示劳动力需求，以 X_i 表示影响因素，则劳动力需求函数为：

$$D=f(X_1, X_2, \cdots, X_i, \cdots, X_n)\ (i=1, 2, \cdots, n)$$

影响劳动力需求的因素有很多个，且各因素与劳动力需求关系极为复杂，在这里我们只考虑劳动力需求与工资率之间的关系。假设其他条件不变，工资率作为影响劳动力需求的唯一变量，用 W 表示，则可把劳动力需求函数表示为：

$$D=f(W)$$

上式表明劳动力需求 D 是工资率 W 的函数。

2. 劳动力需求量的变动

劳动力需求量的变动是指在其他条件不变的情况下，仅由工资率的变动引起的劳动力需求量的变动，表现为劳动力需求量在同一条劳动力需求曲线上的移动。

在图 3-5 中，横轴为劳动力需求量 L，纵轴为工资率 W，D 为劳动力需求曲线。当工资率为 W_0 时，劳动力需求量为 L_0，在需求曲线 D 上为 a 点。工资率由 W_0 提高到 W_1 时，劳动力需求量由 L_0 下降到 L_1，在需求曲线 D 上由 a 向左上移向 b 点。工资率由 W_0 下降到 W_2 时，劳动力需求量由 L_0 增加到 L_2，在需求曲线 D 上由 a 向右下移动到 c 点。

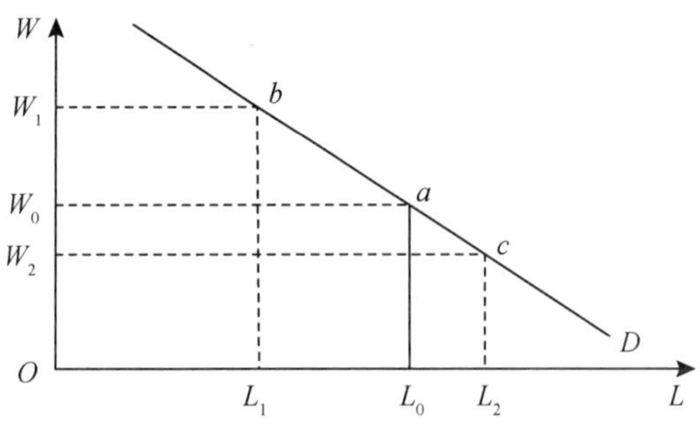

图 3-5　劳动力需求量的变动

3. 劳动力需求的变动

劳动力需求的变动是指在工资率不变的情况下，由于其他因素变化而引起的劳动力需求变化。劳动力需求的变动表现为整条劳动力需求曲线的移动。

在图 3-6 中，工资率为 W_0，由于其他因素的变化而引起需求曲线位移。在同样的工资率 W_0 的情况下，由 D_0 的需求曲线决定的劳动力需求量为 L_0；工资率不变，其他因素变化，劳动力需求曲线由 D_0 位移到 D_1，劳动力需求量由 L_0 降低到 L_1；需求曲线由 D_0 移到 D_2，劳动力需求量由 L_0 增加到 L_2。可见，在工资率不变的条件下，需求曲线向左下方移动，劳动力需求量减少；需求曲线向右上方移动，劳动力需求量增加。

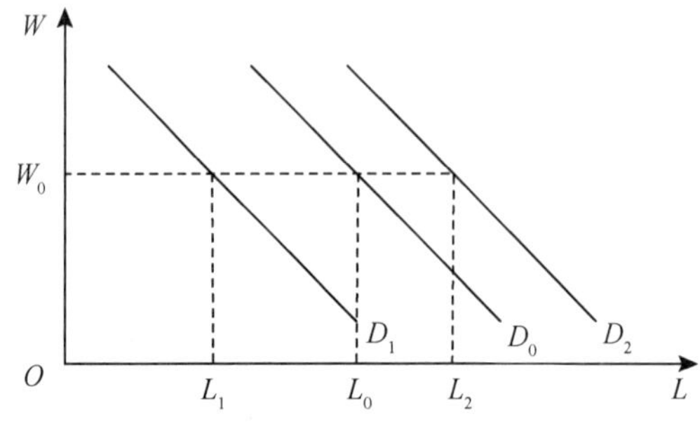

图 3-6　劳动力需求的变动

模块三　企业短期和长期劳动力需求决策

一、企业短期劳动力需求决策

1. 关于劳动力需求的假设

在分析考察劳动力需求时，可以从不同的角度进行。在不同的市场条件下，劳动力需求的目标也不一样。但是不管在何种条件下，劳动力需求分析的框架都是一样的，都是先做一些假设，这些基本假设包括市场环境假设、企业利润最大化假设、生产技术假设、生产时期假设等。

（1）市场环境假设

市场状况分为完全竞争市场、完全垄断市场、不完全竞争市场和寡头垄断市场四种，在不同的市场状况下，影响劳动力需求的特征是不同的，这里关于劳动力需求分析是在完全竞争市场下进行的。在完全竞争市场下，劳动力市场有众多的供给者和需求者，他们都是市场价格的接受者；资源完全自由流动，企业和劳动者均可以自由地进入或退出某个行业；市场主体具有完全信息，且获得信息的成本为零。一家企业多雇用或少雇用几个劳动者，一些人进入或退出劳动力市场，均不影响市场的工资率，即市场工资率不变。

（2）企业利润最大化假设

在市场经济中，不同时期企业的生产目标往往存在着显著差异。但在理论上为了讨论的方便，一般假设企业的生产目标是为实现利润最大化，同时也不对利润进行严格的经济学定义，它是指总收益减去总成本的差。

（3）生产技术假设

现实中，企业的生产过程是伴随着技术进步而不断改进的。因此，在理论上，当其他条件不变的情况下，随着时间的推移，企业的供给曲线向右上方移动，其根本原因就是技术进步。技术进步意味着用既定的资源投入，能够获取更多的产出。所以，技术是影响产量的重要因素之一。但是，为了在比较纯粹的条件下研究企业劳动力需求的决定原理，我们假设技术对产出水平没有影响。

（4）生产时期假设

在理论上，企业的生产时期可以分为三类。其一，市场时期。在这个时期产品已经生产出来，能够随时出售。这个时期的特点是：只有交换，没有生产。其二，短期。在这个时期内其他的生产要素是不变的，唯一可变的生产要素是劳动力投入。其三，长期。这是指所有生产要素都可以进行调整的时期，不仅劳动力投入可以调整，资本也可以调整，新的企业也可建立。

2. 边际产量递减规律

所谓边际产量递减规律，是指在技术水平和其他要素投入量不变的条件下，连续等量地增加一种可变要素的投入量，当该可变要素投入量小于某一特定值时，增加该要素投入量带来的边际产量是递增的；当这种可变要素投入量连续增加并超过这一特定值时，增加该要素投入量所带来的边际产量是递减的，又称边际报酬递减规律或边际收益递减规律。

下面我们从分析企业的生产函数开始对劳动力需求进行研究。

（1）生产函数

生产函数是指在一定技术水平下，生产过程中所使用的各种要素的数量与所能生产的最大产出之间的关系。这里假设考察的是短期生产情况，在生产过程中只使用劳动力 L 和资本 K 两种生产要素，且劳动力是同质的，资本是固定不变的。这样，生产函数可用以下公式来表示：

$$Q=f(L,\ K)$$

在上式中，L 表示劳动力数量，K 表示资本数量。所以，企业的短期总产量是可变投入（L）和固定投入（K）的函数。

（2）总产量、平均产量和边际产量

短期总产量 Q 取决于一个可变要素 L 的投入。由总产量和劳动力投入的关系，还可以得到平均产量和边际产量的概念。平均产量就是指平均每单位劳动力投入所生产的产量。边际产量是指增加一个单位的劳动力投入而增加的产量。设总产量为 Q，可变的劳动要素投入为 L，平均产量为 AP，边际产量为 MP，则有：

$$AP=\frac{Q}{L}$$

$$MP=\frac{\Delta Q}{\Delta L}$$

在其他生产要素不变时，由劳动力投入的增加所引起的产量变动可以分为三个阶段。

第一阶段，边际产量递增阶段。在开始时，固定不变的生产要素没有得到充分的利用，劳动投入不断增加可以使固定不变的生产要素得到充分利用，从而使边际产量递增。

第二阶段，边际产量递减阶段。固定不变的生产要素已接近充分利用，可变的劳动要素对固定不变的生产要素的利用趋向于极限。

第三阶段，总产量绝对减少阶段。此时，固定不变的生产要素已经得到充分利用，潜力用尽，已经容纳不了过多的可变要素，两者的结合比例已经完全恶化。再增加可变的劳动要素，只会降低生产效率，使总产量减少。

在图 3-7 中，横轴为劳动力投入 L，纵轴为产量 Q，对应三种产量的曲线分别为 TP、MP 和 AP。从图 3-7 中可以看到如下关系：

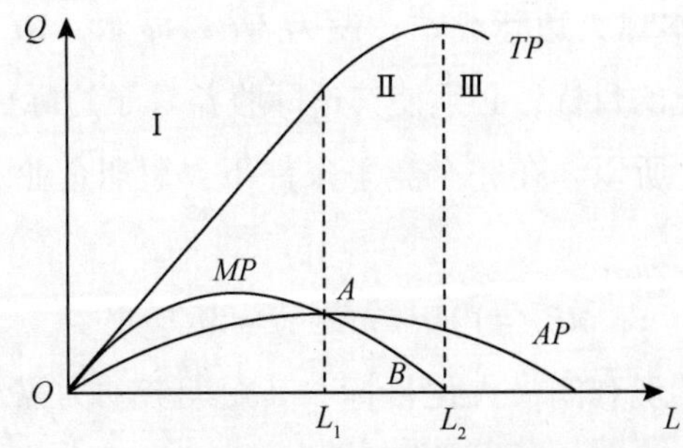

图 3-7 总产量、平均产量、边际产量及其相互关系

1）总产量曲线 TP、平均产量曲线 AP 和边际产量曲线 MP 都是先上升而后下降的；

2）边际产量曲线与平均产量曲线相交于平均产量曲线的最高点 A；

3）当边际产量为零时，总产量达到最大，当边际产量为负数时，总产量减少。

3. 边际收益与边际成本

对追求利润最大化的企业来说，它们真正关心的并不是新增加一个单位的劳动力所能够给它们带来的总产出增加量，而是这些产出增加量能够产生的货币价值。换言之，这些新增的产量销售出去之后能够给企业带来多少销售收入。在经济学中将增加一单位劳动力所增加的产量，进而带来的收益的增加量定义为边际产品收益 MRP。劳动力的边际产品收益取决于两个因素，一是劳动力的边际产出数量，二是从新增加的每一单位产出中实际能够获得的收益。

边际产品价值 VMP 是指在其他条件不变的前提下，厂商增加一单位要素投入所增加的产品的价值。它为一种投入品的边际产量（也就是额外一单位投入品所导致的额外产出）乘以产品的价格，即 $VMP=P\times MP$，表示在完全竞争条件下，厂商增加使用一个单位要素所增加的收益。

在完全竞争的市场，产品价格不变，劳动力的边际产品价值等于劳动力的边际产品收益。劳动力的边际产品收益为 MRP，劳动力的边际产品价值为 VMP，产品的价格为 P，则有：

$$MRP = VMP = MP \cdot P$$

即在完全竞争的市场结构中，资本等生产要素不变，唯一可变的生产要素为劳动力的投入，那么，由于增加单位劳动力而给企业增加的收益为劳动力的边际产品价值，它等于劳动力的边际产量乘以价格。

短期企业唯一可变的生产要素是劳动力投入，故可变的成本就是工资。增加单位劳动力投入所增加的成本称为边际成本，设为 MC。显然，$MC = W$。由经济学原理可知，企业实现利润最大化的目标，必须使其边际收益等于边际成本，即 $MRP = MC$，因为 $MRP = VMP$，$MC = W$，所以，在完全竞争条件下，短期企业劳动力需求决定的原则是：

$$MRP = VMP = MP \cdot P = MC = W$$

也就是说，企业为实现利润最大化目标，其短期劳动力需求的决定必须遵循劳动力的边际产品收益等于工资率的原则。即：

$$VMP = W$$

4. 完全竞争企业短期劳动力需求曲线

劳动力的需求函数反映了企业对劳动力需求的数量与劳动力价格之间的关系。完全竞争企业的劳动力需求曲线是指在其他条件不变时，企业对劳动力的需求量 L 与劳动力价格（工资率）W 之间的关系。根据前面的推导和分析，完全竞争企业要实现利润最大化，必须满足如下条件：$MP \cdot P = W$。由于 MP 可以看成是劳动力数量的函数，即 $MP = MP(L)$，所以，$MP(L) \cdot P = W$。

由于产品价格 P 是常数，上式就在两个变量间确定了一个函数，即确定了从劳动价格 W 到劳动数量 L 之间的一个函数关系。这就是完全竞争企业对劳动力的一个需求函数。

如图 3-8 所示，当实际工资水平为 $(W/P)_0$ 时，厂商雇用 E_0 位雇员，厂商的劳动力需求与其劳动力边际产品收益曲线是相吻合的。现在假定某厂商最初雇用的工人数量为 E_2，且 E_2 高于 E_0。那么在实际工资水平为 $(W/P)_0$、雇用量为 E_2 的情况下，劳动力的边际产品收益将低于实际工资率，从而厂商为雇用最后一个劳动力所支付的实际边际成本高于该劳动力的边际产出。其结果是，该厂商如果要增加利润就必须降低雇用水平。类似地，如果该厂商最初雇用 E_1 位雇员，而 E_1 低于 E_0，那么在实际工资水平为（W/P）$_0$、雇用量为 E_1 的情况下，劳动力的边际产品收益就会高于实际工资率，从而任一新增劳动力所带来的边际产品都将超过其边际成本。因此，厂商可以通过扩大雇用量来提高利润水平。

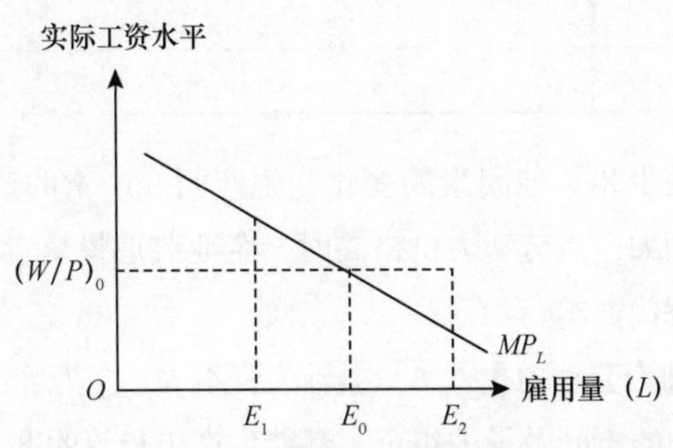

图 3-8　短期的劳动力需求

由此可知，短期的劳动力需求曲线之所以是向下倾斜的，是因为边际产品收益曲线是向下倾斜的，而边际产品收益曲线向下倾斜又是因为劳动力的边际产品收益是递减的。劳动力需求曲线和边际产品收益曲线实际上是一致的。

二、完全竞争下的长期劳动力需求分析

在长期条件下，企业的雇用量和企业的资本量都会发生变化。在同一产出水平下可以有多种不同的劳动力和资本的组合。此时劳动力需求量取决于以下条件：不论通过增加劳动力还是通过增加资本来增加产量，用于增加单位产量的货币资本都应相等。

1. 等产量线

我们假设企业在生产过程中需要两种投入要素：劳动力和资本，且可以相互替代，所以，生产同样数量的产品，就会有无数种劳动力和资本的投入组合。等产量线，是指用于生产同一产出数量的劳动力和资本的所有组合点的连线。与等产量线相对应的生产函数为：

$$Q=f\ (K,\ L)$$

其中，Q 为产量，L 为劳动力投入，K 为资本。

假设某厂商用劳动力和资本两种生产要素生产一种产品，劳动力和资本有 a，b，c，d 四种组合方式，这四种组合都可以生产出相同的产量，见表 3-3。

表 3-3　　同一产量下不同要素的组合表

组合方式	资本（K）	劳动（L）
a	6	1
b	3	2
c	2	3
d	1	6

随着企业的技术进步和其他因素的变化，生产同一产量的产品，企业可以选择不同的生产要素组合。例如，当劳动力价格高时，企业会选择用资本替代劳动力；反之，企业会选择用劳动力替代资本。

在图 3-9 中，横轴为劳动力投入 L，纵轴为资本 K，Q 为等产量线。等产量线上任何一点表示资本与劳动的不同数量的组合，都能生产出相等的产量。

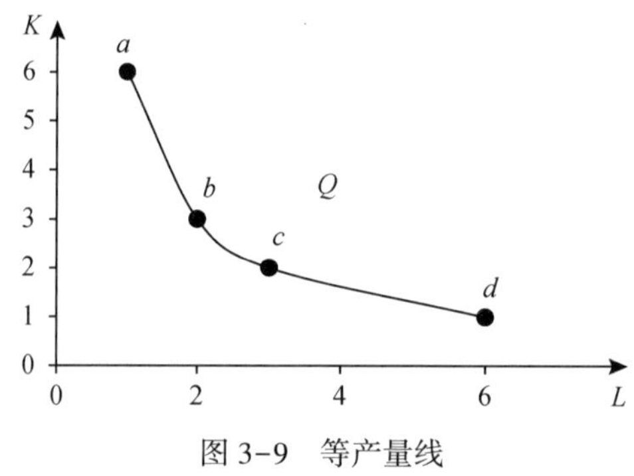

图 3-9　等产量线

等产量线具有以下特征。

（1）等产量线是一条向右下倾斜的曲线，斜率为负。表明在技术不变的条件下，产量一定时，一种生产要素投入减少，另一种生产要素投入就必须增加。

（2）在同一坐标平面内，可以有无数条等产量线。离原点越近的等产量线代表产量水平越低，离原点越远的等产量线代表产量水平越高。

（3）在同一坐标平面内，任意两条等产量线不能相交。

（4）等产量线是一条凸向原点的线，这是由边际技术替代率递减导致的。

2. 边际技术替代率

同一条等产量线上，可变的劳动力投入和资本投入可以相互替代而维持产量不变，劳动力投入和资本投入相互替代的比率称为边际技术替代率，以 $MRTS$ 表示。边际技术替代率是在保持相同产出水平时，减少一种生产要素投入的数量，与增加的另一种生产要素投入的数量比。所以有：

$$MRTS=\left|-\frac{\Delta K}{\Delta L}\right|$$

一般情况下，劳动力对资本的边际技术替代率是递减的。这是因为，根据边际收益递减规律，随着劳动量的增加，它的边际产量在递减。这样，每增加一定数量的劳动所能替代的资本量越来越少，即 ΔL 不变时，ΔK 越来越少。边际技术替代率也就是等产量线的斜率，等产量线的斜率决定了其是一条凸向原点的曲线。

此外，边际技术替代率还可以用两个可变投入要素各自变动所引起的边际产品之间的比例来表示。设 MP_L 为劳动力的边际产量，MP_K 为资本的边际产量。ΔL 和 ΔK 表示劳动力投入和资本投入的微量变动，那么在产出水平不变的情况下，由劳动力投入增量，与其引起的产出增量 MP_L 的乘积，必然等于由资本投入负增量与其所引起的产出负增量 MP_K 的乘积，即：

$$MP_L\times\Delta L=\left|-MP_K\times\Delta K\right|$$

整理得：

$$\left|-\frac{\Delta K}{\Delta L}\right|=\frac{MP_L}{MP_K}\quad 即\ MRTS=\frac{MP_L}{MP_K}$$

因此，劳动力和资本的边际技术替代率也可以等于两个可变投入要素的边际产量之比。

3. 等成本线

等成本线是指在总支出和要素价格已知的前提下，厂商能够买得到的两种要素 L 和 K 的所有可能组合的集合。它反映了厂商实现一定产出水平的成本约束。设资本 K 的价格为 R，劳动力 L 的价格（即工资率）为 W，总成本为 C，有：

$$C=R\times K+W\times L$$

式中，$R\times K$ 表示资本投入成本；$W\times L$ 表示劳动力投入成本。

如果已知 C，R 和 W，容易求出资本投入与劳动投入各自的数量：

$$K=\frac{C}{R}-\frac{W}{R}\times L$$

$$L=\frac{C}{W}-\frac{R}{W}\times K$$

根据上式，可以画出等成本曲线，如图 3-10 所示。图中横轴为劳动投入 L，纵轴为资本投入 K。在 C、R、W 给定时，设 $L=0$，则由 $\frac{C}{R}$ 可以确定纵轴的 a 点，资本投入的最大量为 Oa；设 $K=0$，则由 $\frac{C}{W}$ 可以确定横轴的 b 点，劳动力投入的最大量为 Ob，连接两个最大投入量点 a、b 的直线即为等成本线。等成本线上任意一点所表示的劳动力和资本投入组合的成本相同。等成本线以内的任意一点，所投入的劳动力和资本组合成本都小于企业总成本，说明企业的资源没有得到充分利用；等成本线外的任何一点的劳动力和资本组合成本都大于企业总成本，说明企业无力进行相应的要素购买。等成本线就是用来表示企业在要素价格给定的条件下，用一定的货币可能购买到的两种投入的最大量界限，它实际上反映了企业实现一定产出水平的成本约束。

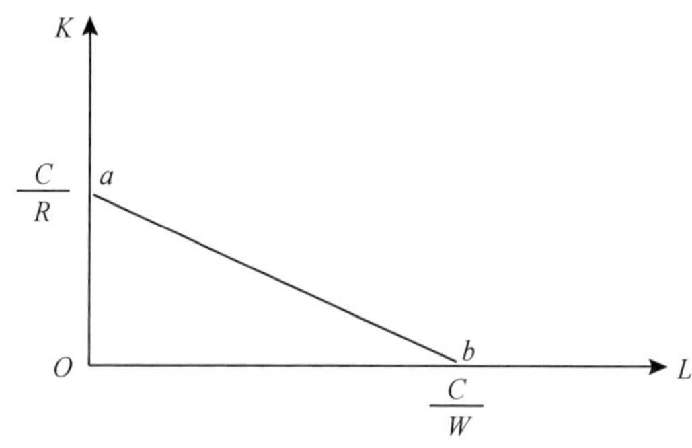

图 3-10　等成本线

总成本和要素价格已定，增加劳动力投入 L 就要减少资本 K；反之亦然。所以，有下述等式成立：

$$|-R\times\Delta K| = W\times\Delta L$$

式中，ΔL 为劳动力投入增量，$-\Delta K$ 为资本投入负增量。整理得：

$$\left|\frac{-\Delta K}{\Delta L}\right| = \frac{W}{R}$$

即等成本线的斜率等于劳动力和资本的相对价格比。

与等产量线无数一样，等成本线也有无数条。不同的等成本线对应于不同的总成本。等成本线距原点的位置和形状，取决于总成本 C 的数量和劳动力与资本的相对价格比 $\frac{W}{R}$。

4. 企业长期劳动力需求的决定

企业长期劳动力需求的决定，实质上就是企业最佳生产方式的选择。最佳生产方式，就是定量产出下成本最小的方式，也可以说是定量成本下产出最大的方式。因此，判断生产方式是否最优，其标准是投入与产出的关系对比，而不是技术先进与否。企业长期劳动力需求，受到企业追求利润最大化目标的制约，因而最佳生产方式的权衡决定了企业劳动力需求水平的选择。等产量线反映了各种产出水平劳动力和资本投入的多种组合，等成本线则规定了企业可能达到某一产出水平的成本约束，因此，劳动力需求的决定需要将等产量线与等成本线结合起来分析。

（1）定量产出目标下实现成本最小时的劳动力需求决定

结合图 3-11，在已知 R 和 W 的条件下，C_1、C_2 和 C_3 对应三种总成本的等成本线，且 $C_1<C_2<C_3$。现在等产量线 Q_1 也给定，显然，C_2 为成本最小；C_2 与 Q_1 相切于 e 点，它既能满足 Q_1 产出水平的需要，又可使成本最小。

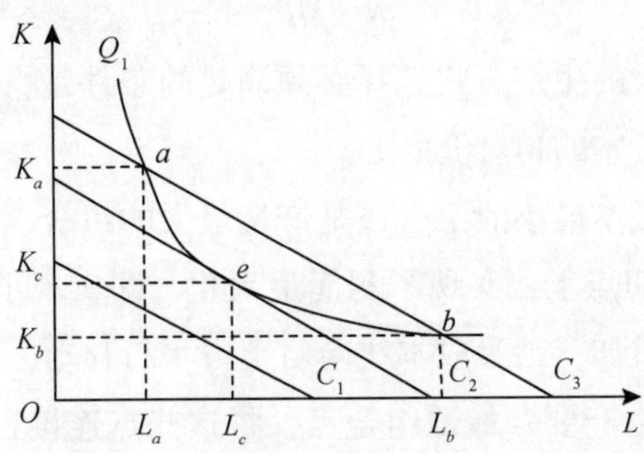

图 3-11　定量产出下成本最小的生产方法

e 点是等成本 C_2 与等产量线 Q_1 的切点，也是直线 C_2 和曲线 Q_1 上的点，所以，等成本线 C_2 的斜率，与等产量线过该点切线的斜率相等，即劳动力和资本的相对价格比等于劳动力和资本的边际技术替代率，所以有：

$$\frac{W}{R}=MRTS=\frac{MP_L}{MP_K}\text{即}\frac{W}{R}=\frac{MP_L}{MP_K}$$

即定量产出下成本最小的生产方式选择必须满足的条件是：劳动力和资本投入的边际产量之比等于劳动力和资本的相对价格比。

（2）定量总成本目标下实现产出最大时的劳动力需求决定

结合图 3-12，R 和 W 已知，Q_1、Q_2 和 Q_3 为对应于三种产量水平的等产量线，且 $Q_1<Q_2<Q_3$。给定总成本 C_1，显然，Q_2 的产出水平最高。Q_3 的产出水平虽然大于 Q_2，

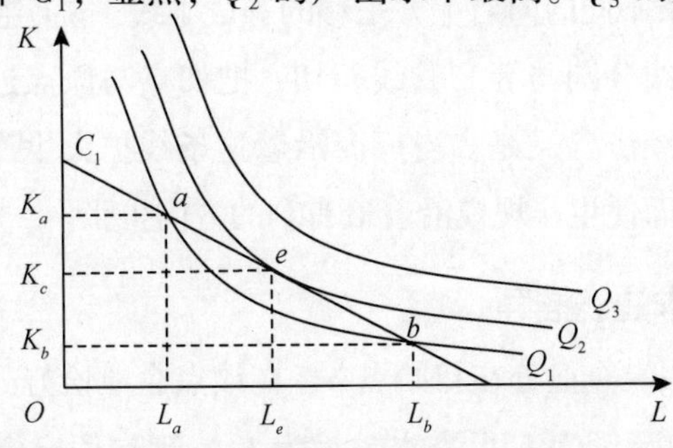

图 3-12　定量总成本下产出最大的生产方法

但在给定的成本约束下，无法支付 Q_3 产出水平所需要的劳动力和资本的投入量。等产量线 Q_1 与等成本线 C_1 相交于 a、b 两点，给定的总成本足够满足 Q_1 产出水平所需的投入，如（K_a，L_a）或（K_b，L_b）组合，但产出水平比 Q_2 小，故不是最佳的生产方法。唯一可选择的是与 C_1 相切的等产量线 Q_2 的产出水平，其切点即均衡点为 e。在 e 点上能使给定的总成本 C_1 达到最高的产出水平。同理，存在如下等式：

$$\frac{W}{R}=\frac{MP_L}{MP_K}$$

即定量总成本下最大的生产方式选择必须满足的条件是：劳动力和资本投入边际产品之比等于劳动力和资本的相对价格比。

由此可见，无论是成本最小的组合还是产量最大的组合，都是等产量线与等成本线切点的组合。在这个切点上，实现了利润最大化，即实现了生产要素的最佳配置。如果生产者的货币成本增加，则等成本线向右上方平行移动，不同的等成本线与不同的等产量线形成不同的生产要素最适组合点，将这些点连接在一起，就得出扩张线，如图 3-13 所示。

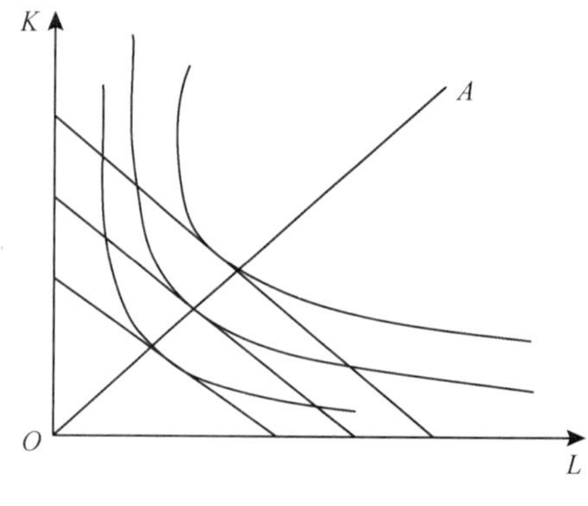

图 3-13　生产扩张线

在图 3-13 中，三条不同的向右上方平移的等成本线，说明生产者的货币成本在增加。三条不同的等成本线分别与等产量线相切。把切点与原点连接起来的线就是生产扩张线。生产扩张线的经济含义是，当厂商沿着这条线扩大生产时，可以始终实现生产要素的最佳配置，从而使生产规模沿着最有利的方向扩张。

5. 长期劳动力需求曲线推导

如图 3-14 所示，假定企业处在初始点 a，在该点企业恰好处于利润最大化点，此时的工资率为 W_0，劳动数量为 L_a，资本数量为 K_a。现在假定资本价格和产品价格不变，工资率从 W_0 上升到 W_1，企业针对工资率的变化作出如下调整。

一方面，企业如果仍然在原有的产量水平上生产，则将会采用更加资本密集的生产方法，以使得总成本下降。例如，企业可能在 b 点进行生产。这种调整使得企业的劳动使用量从 L_a 降低到 L_b，而资本的使用量从 K_a 上升到 K_b，即企业用资本替代劳动。

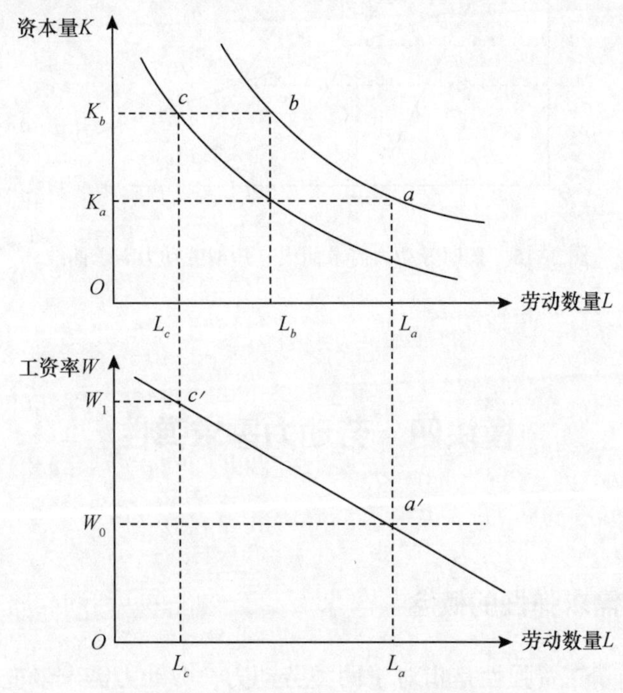

图 3-14　长期劳动需求曲线的推导

另一方面，由于工资率的提高，企业使用劳动的边际成本将上升，从而导致企业生产更少的产量，产量的下降将会导致使用的劳动力数量下降。在图中表现为从 b 点到 c 点的移动。此时，劳动数量从 L_b 下降到 L_c。

从上面的讨论中，我们发现长期劳动力需求曲线是由 a' 和 c' 这样的点组合而成。在这些点上企业既实现了生产成本最小化，又实现了利润最大化。组合点（W_0，L_a）和（W_1，L_c）都是长期劳动力需求曲线上的点，连接这两个点可以得出长期劳动力需求曲线。长期劳动力需求曲线与短期劳动力需求一样也是向右下方倾斜的。

如图 3-15 所示，长期劳动力需求曲线 D_L 同许多短期劳动力需求曲线 D_{S_1}、D_{S_2}、D_{S_3} 等相交。可见，短期劳动力需求曲线相对更为陡峭，而长期劳动力需求曲线则较为平坦，即长期劳动力需求曲线具有更大的弹性。这是长期劳动力需求曲线与短期劳动力需求曲线的重要区别。

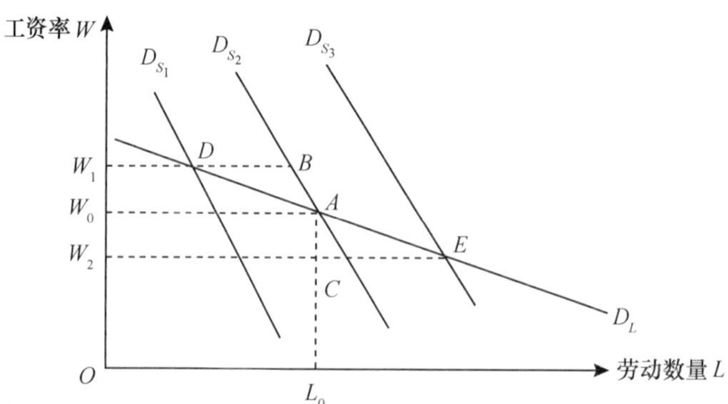

图 3-15　长期劳动力需求曲线与短期劳动力需求曲线

模块四　劳动力需求弹性

一、劳动力需求弹性的概念

劳动力需求自身工资弹性是指对于同类劳动力，劳动力需求量变动对于工资率变动的反应程度，它相当于劳动力需求量变动的百分比和工资率变动的百分比的比值，一般用 E_d 表示。计算公式如下：

$$E_d=\frac{\Delta D}{D}\bigg/\frac{\Delta W}{W}$$

由于劳动力需求曲线是向右下方倾斜的曲线，即工资率变动方向同劳动力需求变动方向是相反的，工资率上升，劳动力需求量随之减少，工资率下降，劳动力需求量随之增加，因而劳动力需求自身工资弹性的值为负。它的取值一般在 $-\infty$ 和 0 之间，即 $-\infty<E_d<0$。在通常情况下，一般关注它的绝对值。

根据劳动力需求自身工资弹性的绝对值的大小，可以把劳动力需求曲线划分为五种类型，如图 3-16 所示。

需求无弹性，即 $|E_d|=0$。工资率不论如何变化，劳动力需求量固定不变。无弹性的劳动力需求曲线是一条与横轴垂直的线。

需求有无限弹性，即 $|E_d|\to\infty$。工资率不变，或者更准确地说其变动的百分比为零，而劳动力需求量变动的百分比的绝对值大于零。有无限弹性的劳动力需求曲线与横轴平行。

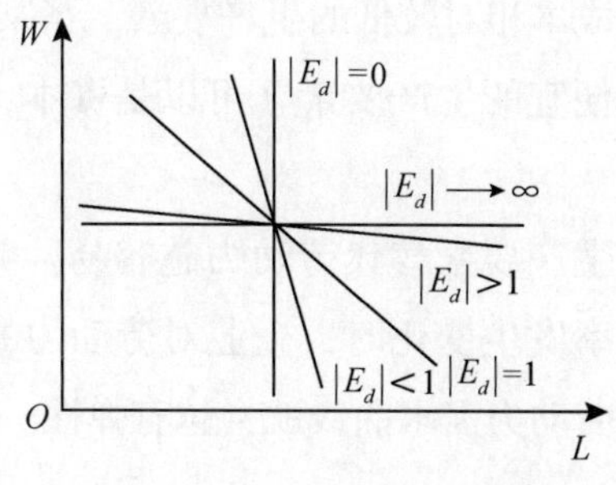

图 3-16　劳动力需求曲线

单位需求弹性，即 $|E_d|=1$。此时，工资率变动的百分比与需求量变动的百分比的绝对值相等。这时的劳动力需求曲线是与横轴的夹角为 45°并向右下方倾斜的曲线。

需求富有弹性，即 $|E_d|>1$。这种劳动力需求曲线是一条向右下方倾斜且较为平坦的曲线。

需求缺乏弹性，即 $|E_d|<1$。此劳动力需求曲线是一条向右下方倾斜且较为陡峭的曲线。

二、希克斯—马歇尔派生需求定理

了解了劳动力需求自身工资弹性的概念和计算，但是什么因素决定了劳动力需求的自身工资弹性呢？用两位英国著名经济学家约翰·希克斯和阿尔弗雷德·马歇尔的名字命名的希克斯—马歇尔派生需求定理回答了这个问题。根据派生需求定理，在其他影响劳动力需求的因素不变的情况下，影响劳动力需求工资弹性的因素被归纳为四条，如下所示。

1. 最终产品的需求弹性

劳动力产品需求的价格弹性是指产品价格变动 1%所导致的产品需求量变动的百分比。在其他条件相同的情况下，最终产品需求弹性越大，价格变动所引起的产品需求量变动越大。由劳动力的性质可知，劳动力需求是一种派生需求。当劳动力的工资率上升时，生产成本上升，产品价格也必然上升，从而引起产品需求量减少，进一步导致劳动力需求减少。产品的需求弹性越大，一定幅度的价格上涨引起的需求下降幅度越大，从而造成的产量下降幅度越大，就业量的减少也就越多。因此，产品的需求弹性越大，作为派生需求的劳动力需求的弹性也越大。

2. 其他生产要素替代劳动力的可能性

所谓生产要素的相互替代是指企业为节约成本，会减少使用那些成本相对较高的生产要素，而增加使用那些成本相对较低的生产要素。当某种劳动力的工资率上升时，企业更倾向于使用其他相对便宜的生产要素（可以是资本，也可以是其他类型的劳动力）对其进行替代。

其他条件相同时，其他生产要素替代劳动力越容易，劳动力需求的自身工资弹性就越高。也就是说，在工资率发生变化时，企业对劳动力的需求变化取决于其被替代的难易程度。替代越容易，劳动力需求曲线就会越有弹性。

3. 其他生产要素的供给弹性

其他生产要素的供给弹性类似于劳动力的供给弹性，是指某类生产要素的价格变动所导致的此类生产要素的供给量变动百分比。生产要素的供给弹性如果较大，那么这种要素的价格变动所引起的要素供给量变动也较大。

一旦一种劳动力的工资率上升，那么企业会试图用其他相对便宜的生产要素替代，劳动对其他生产要素的需求就会上升。如果这些生产要素的供给量必须在其价格有很大程度上升的情况下才有可能小幅度增加，即生产要素的供给缺乏弹性，短期内需求增加引起价格上升从而引起的供给量的增加就小，这样就会延迟或阻碍这些生产要素对劳动力的替代，使得从技术上来看可行但实际上难以进行。更进一步讲，如果其他生产要素的供给缺乏弹性，在需求量大时，其价格会很高，那么这些生产要素的价格变得相对昂贵，这样会使企业感到这种替代没有经济价值，从而进一步减少用这种生产要素来替代劳动力，这时的劳动力需求就是缺乏弹性的。

反之，如果此类生产要素的供给量很容易增加，即供给弹性较大，在同等程度的需求增加下，其价格上涨较少，使得在技术上可行的替代在实际上也可行，那么就会有大量的劳动力被替代下来，企业用其他生产要素替代当前劳动力的过程便很容易完成，就业量会较大幅度地下降。这时劳动力需求就是有弹性的。

所以，在其他条件相同的情况下，其他生产要素的供给弹性越小，劳动力需求的弹性越小；其他生产要素的供给弹性越大，劳动力需求的弹性也越大。

4. 人工成本在总成本中的比重

某种劳动力工资的增加将提高产品的成本和价格，导致产品的需求较少，从而使劳动力需求下降，而工资的下降会导致劳动力需求量的增加，工资变化使成本变动并最终使产品价格变动的程度取决于花费在工资上的成本，即人工成本在总成本中的比例。一般来讲，在其他条件相同时，总成本中人工成本的比重越大，劳动力的需求弹性也越大。例如，某种产品的人工成本占总成本比重为20%，如果劳动力工资率上升10%，其他条件不变，则总成本将增加2%（=20%×10%）。若其人工成本占总成本比重为60%，当工资率上升10%时，总成本将增加6%（=60%×10%）。由于在后一种情况下，工资率上升，企业被迫更多地提高产品价格，因而其劳动力需求量下降幅度就更大。因此，总成本中人工成本的比重越大，劳动力需求的自身工资弹性越高。

综上所述，我们可以得出这样的结论：在其他影响劳动力需求的因素相同的情况下，在以下四种情况发生时，劳动力需求更有弹性。

（1）该劳动力生产的产品具有较高的需求弹性；

（2）其他生产要素可以很容易地替代劳动力；

（3）其他生产要素的供给富有弹性，从而无须大幅度地提高其他生产要素的价格；

（4）人工成本占产品全部总成本的比重较大。

三、劳动力需求的交叉工资弹性

在前述的劳动力需求分析中，关于劳动力的一个基本假设是劳动力是同质的，没有质的差别。但企业往往使用多种类型的劳动力，并且不同类型的劳动力之间可以替代，因此，某种类型劳动力工资率的变动，会引起其他类型劳动力需求的变动。这种变动可以用劳动力需求的交叉工资弹性来表示。

现假设企业劳动力需求有A和B两类。设 $E_{A,B}$ 为劳动力需求的交叉工资弹性，$\Delta D_A/D_A$ 表示A类劳动力需求量变动的百分比，$\Delta W_B/W_B$ 表示B类劳动力工资率变动的百分比。用公式表示为：

$$E_{A,B}=\frac{\Delta D_A}{D_A}\bigg/\frac{\Delta W_B}{W_B}$$

同理亦有：

$$E_{B,A}=\frac{\Delta D_B}{D_B}\bigg/\frac{\Delta W_A}{W_A}$$

劳动力需求的交叉工资弹性的值是正还是负有着不同的意义。如果两种劳动力的交叉工资弹性为正值，则意味着一种劳动力的工资率提高会促使另一种劳动力的就业量增加，这说明两者之间是一种总替代关系。如果两种劳动力的交叉工资弹性值为负，则意味着一种劳动力的工资率提高会促使另一种劳动力的就业量减少，这说明两者之间是一种总互补关系。

两种劳动力之间是总替代关系还是总互补关系并不是固定的，它取决于一种劳动力的工资率上升所带来的替代效应或规模效应对另外一种劳动力的需求的影响。例如，假定年轻人和老年人在生产过程中是可以互相替代的，老年人工资率的下降对年轻人就业有负效应。那么，一方面，存在替代效应，即在产出一定的情况下，企业希望用老年人替代年轻人，减少年轻人的雇佣量；另一方面，存在规模效应，即老年人工资率的降低促使企业增加所有投入要素（包括年轻人）的使用。规模效应的大小取决于产品需求的价格弹性，产品需求的价格弹性越大，规模效应越大。这样，如果老年人工资率下降的规模效应小于替代效应，则年轻人的就业减少，两个群体之间是总替代关系；如果规模效应大于替代效应，则老年人工资率下降导致年轻人就业上升，两个群体之间是总互补关系。

【本章小结】

需求是指在某一特定时期内，对于每一种可能的价格，消费者愿意而且能够购买的商品量。需求必须满足两个条件：一是有的欲望，二是有支付能力，两者缺一不可。

劳动力需求是一种派生需求。劳动力需求受到多种因素的影响，包含厂商所使用的技术、厂商的经济目标、时间的长短以及社会制度环境等。

企业对劳动力的需求取决于企业使用劳动力要素的原则，即增加一单位劳动力所增加的边际成本与该单位劳动力所带来的边际收益应该相等。然而，企业在不同的市场结构下对劳动力的需求是不同的，原因是不同市场结构下的使用劳动力要素的边际成本和边际收益不同。在完全竞争的条件下，企业长期和短期的劳动力需求曲线是不同的。短期劳动力需求曲线相对更为陡峭，而长期劳动力需求曲线则较为平坦。

劳动力需求的自身工资弹性指对于同类劳动力，劳动力需求量变动对于工资率变动的反应程度，它相当于劳动力需求量变动的百分比和工资率变动的百分比的比值。“希克斯—马歇尔派生需求定理”认为在保持其他条件不变的情况下，以下四种情况对劳动力需求的自身工资弹性有很大影响：第一，最终产品的需求弹性；第二，其他生产要素替代劳动力的可能性；第三，其他生产要素的供给弹性；第四，人工成本在总成本中的比重。

复习思考题

（一）单项选择题

1. 劳动的边际产量是指增加一个单位的劳动要素投入而增加的（　　）。

A. 产量　　B. 收入　　C. 产品价值　　D. 工资投入

2. 等成本线的斜率取决于（　　）。

A. 劳动投入的数量　　B. 资本投入的数量

C. 科技投入的数量　　　　　　　　D. 劳动与资本要素的价格

3. 如果工资率不论如何变化，劳动力需求量始终固定不变，则劳动力需求（　　）。

A. 缺乏弹性　　B. 无弹性　　C. 为单位弹性　　D. 富有弹性

4. 如果某种劳动力需求的工资弹性大于1，说明该劳动力需求弹性是（　　）。

A. 无弹性　　B. 无限弹性　　C. 富有弹性　　D. 缺乏弹性

5. 在其他条件不变时，下列关于劳动力需求说法正确的是（　　）。

A. 劳动力需求随工资率提高而减少

B. 劳动力需求随工资率提高而增加

C. 无论工资率如何变化，劳动力需求始终减少

D. 无论工资率如何变化，劳动力需求始终增加

6. 企业经营中的"长期"的含义是（　　）。

A. 仅资本投入可变　　　　　　B. 劳动投入可变，资本投入不可变

C. 其他因素不变，仅有劳动投入可变　　D. 所有生产要素都是可变的

7. 如果两类劳动力存在总互补关系，则这两类劳动力需求的（　　）。

A. 自身需求弹性为负值　　　　B. 自身需求弹性为正值

C. 交叉工资弹性为负值　　　　D. 交叉工资弹性为正值

8. 反映劳动力需求量变动对工资率变动的反应程度的指标是（　　）。

A. 劳动力需求的交叉弹性　　　　B. 劳动力需求的自身工资弹性

C. 劳动力供给的自身工资弹性　　D. 劳动力供给的交叉弹性

9. 引起劳动力需求量变动的最重要原因是（　　）。

A. 工资率　　B. 技术进步　　C. 资本规模　　D. 企业的性质

10. 劳动的边际产品收益可以表述为（　　）。

A. 增加一单位劳动要素投入所增加的产量

B. 增加一单位劳动资料投入所增加的产品价值

C. 平均每单位劳动要素投入所带来的产品收益

D. 劳动的边际产量与产品价格的乘积

（二）多项选择题

1. 下列关于劳动力需求的表述，正确的是（　　）。

A. 工资率上升所产生的替代效应导致需求减少

B. 工资率上升所产生的规模效应导致需求增加

C. 工资率上升所产生的两种效应方向相同

D. 工资率上升所产生的两种效应方向相反

2. 劳动力需求（　　）。

A. 是一种派生需求　　B. 是有效需求

C. 是雇主对劳动力所有权的购买　　D. 取决于生产要素的替代能力

3. 等成本线反映了企业实现一定产出水平的成本约束，其斜率（　　）。

A. 等于零　　B. 为正值

C. 为负值　　D. 等于劳动和资本的相对价格比

4. 对“劳动力需求量的变动”的正确理解有（　　）。

A. 工资率上升引起劳动力需求量减少

B. 工资率上升引起劳动力需求量增加

C. 劳动力需求量变动是在其他条件不变的情况下，仅由工资率的变动引起的

D. 劳动力需求量变动表现为在同一条劳动力需求曲线上的移动

5. 决定劳动力需求工资弹性的因素有（　　）。

A. 其他生产要素替代劳动力的可能性　　B. 产品的需求弹性

C. 劳动成本占总成本的比率　　D. 资本的供给弹性

（三）判断题

1. 只要劳动力的边际收益大于其边际成本，企业就会增加雇用劳动力。（　　）

2. 所谓劳动力需求，是指在一定时期内，在某种工资率下雇主愿意雇用的劳动力数量。（　　）

3. 劳动力需求是生产活动需要引发的需求，是由于对物质产品和服务需要而引发的派生性需求。（　　）

4. 从考察时间来看，劳动力需求分长期需求与短期需求。其中，短期需求一般是指劳动力投入量低于一年的时期。（　　）

5. 劳动力长期需求是指企业的一切生产要素都是可变的时期。（　　）

6. 需求曲线表示的是劳动力需求价格和劳动力需求数量之间的关系。（　　）

7. 在技术水平变化的情况下，劳动力的边际生产力递减规律仍然成立。（　　）

8. 在其他生产要素不变时，由劳动力增加引起的产量变化可以分为三个阶段，其中第一阶段是边际产量递减、总产量继续增加阶段。（　　）

9. 企业根据利润最大化的原则决定最佳的劳动需求量，一般根据边际收入等于边际成本来确定。（　　）

10. 完全竞争条件下，劳动力市场的边际成本大于工资率。（　　）

(四) 名词解释

1. 劳动力的边际产量。

2. 劳动力的边际产品收益。

3. 劳动力需求。

4. 劳动力需求的自身工资弹性。

5. 等成本线。

(五) 计算题

1. 某一劳动力市场中存在 A、B 两类劳动力。当 B 类劳动力的工资率由 10 元/小时降低到 9 元/小时后，该类劳动力的需求量由 10 000 人增加到 12 000 人；同时，这种变化也使得 A 类劳动力的需求量由 5 000 人增加到 5 500 人。

要求：

(1) 计算 B 类劳动力需求的自身工资弹性。

（2）计算 A、B 两类劳动力需求的交叉工资弹性。

（3）判断 A、B 两类劳动力属于总替代关系还是总互补关系。

2. 假定某企业在一定时期的总成本（C）为 100 万元，主要用于购买劳动力（L）和专用设备（K）。目前劳动力市场的工资率（W）为每人 20 000 元/年，每台专用设备的成本（R）为 50 000 元/年。根据上述资料，计算该企业等成本线的斜率。

【实训项目】

（一）实训目标

1. 加深对劳动力市场的认识。
2. 加深对劳动力需求影响因素的认识。
3. 了解劳动力价格对劳动力需求的影响。

（二）实训项目和要求

1. 2019 年在新冠肺炎疫情的影响下，所在地区劳动力市场需求概况调查

（1）所在地区企业情况及劳动力需求情况调查。

（2）依据调查撰写所在地区劳动力需求情况报告。

2. 经济学沙盘模拟

（1）依据沙盘案例背景展开模拟。

（2）撰写经济学沙盘模拟报告——着重分析劳动力边际报酬递减规律。

项目四

洞悉劳动力市场均衡

【项目说明】

本项目主要对均衡的概念、劳动力市场均衡、劳动力市场的静态均衡、劳动力市场的动态均衡及劳动力市场的非均衡做介绍，帮助同学们准确地掌握劳动力供给方和需求方的发展趋势，以期实现劳动力供给与需求的均衡，保证劳动力供给的个人收益最大化和企业经济效益的最大化。知识结构如下：

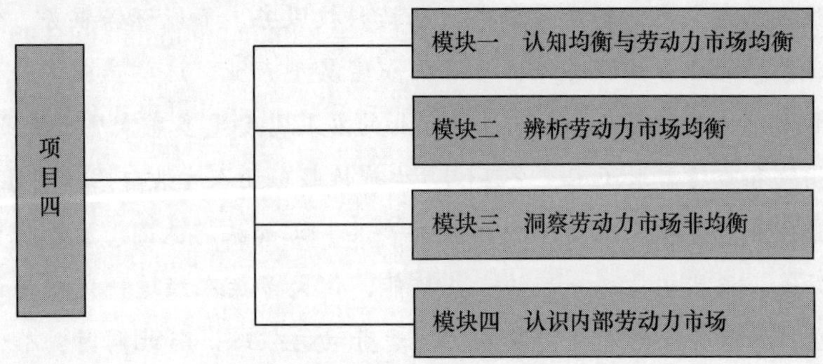

【项目导入】

一、主题案例

克服劳动力供给瓶颈，推动服务业发展

又是一年国庆长假，人们寻找诗和远方的消费模式开启。“吃住行游购娱”等一系列服务消费活动正是我国服务业发展的缩影。近年来，我国服务业发展已经进入“快

车道”。尽管受到疫情影响，服务业依然有力有序复苏，发展势头良好。统计数据显示，2021 年上半年服务业增加值占国内生产总值的比重为 55.7%，对国民经济增长的贡献率达 53.0%。

我国服务业加快发展的原因可以归结为三点。一是产业结构演进的内在规律。随着经济不断发展，第一产业、第二产业比重相对稳定，服务业的作用日益增加。第一产业和第二产业为服务业发展奠定了坚实基础，服务业的繁荣也反过来促进第一产业和第二产业的发展。二是居民收入的稳步提高。居民收入提高是服务业发展最为强劲的动力因素，也是服务业发展的“能量源”。居民收入持续增加，必然对各类生活性服务业产生更多需求，而居民对物质商品品质的追求，也会带动生产性服务业的发展。三是互联网信息技术的快速发展。互联网信息技术让服务消费可以随时随地且方便快捷地进行，尤其能够适应新冠肺炎疫情防控常态化下的需要，这也是服务业发展的“助推器”。

服务业发展前景广阔，这一点毋庸置疑。但也应看到，目前服务业发展还面临着劳动力供给瓶颈。不同于物质商品有形可见并可由机器规模化生产，服务商品多是无形的。服务的消费和生产过程具有统一性，由劳动者直接的脑力劳动和体力劳动来完成。劳动力要素是服务业发展的关键性生产要素，服务业发展自然受制于劳动力要素的供给状况。

生产性服务业为生产创新发展服务，包括科技服务、节能环保服务、信息化建设服务、金融服务、管理咨询服务等，多是知识密集型产业。这些产业专业性强，对劳动力的质量要求比较高。因而，生产性服务业的发展需要更多高素质、专业化的人才。但当前人才供给和市场需求还不完全匹配，生产性服务业人才缺口比较明显。

生活性服务业为方便人们生活供给服务商品，比如旅游休闲、康养保健、家政保洁、养老育幼等，虽然也要求一定的专业技能，但大多数人经过一定的培训就能够胜任。因此，生产性服务业的发展更多地受制于劳动力供给。与此同时，尽管很多人已经走出了生活服务就是“伺候人”的认识误区，摈弃了择业偏见，但由于劳动力数量整体减少，生活性服务业的用工紧张也依然比较明显。

当然，无论是解决生产性服务业专业人才缺乏还是缓解生活性服务业用工紧张，最重要的一个手段就是提高工资。高工资对劳动者而言是高收入，但对服务企业而言则是较高的劳动力成本。这就要求企业一方面要利用信息化、网络化和智能化手段，提高生产效率，强化经营成本控制；另一方面还要持续创新服务产品，给消费者提供良好的消费体验，进一步提高服务业增加值。如此，我国服务业方能走出劳动力供给不足和劳动力成本上升的两难困境，迎来新的发展天地。

资料来源：http://m.ce.cn/bwzg/202110/04/t20211004_36967732.shtml

二、学习目标

1. 掌握劳动力市场均衡的内涵。
2. 理解劳动力市场静态均衡形成的过程。
3. 掌握劳动力供求的变化对劳动力市场均衡的影响。
4. 理解垄断以及买方垄断条件下的劳动力市场均衡。
5. 理解劳动力市场非均衡状态。
6. 知悉内部劳动力市场。

模块一　认知均衡与劳动力市场均衡

一、均衡的概念

"均衡"原本是一个物理学概念，是指某一物体在同时受到两个或两个以上力的作用，但合力为零时所处的状态，或者合力等于零时，受力的物体所处的相对静止的状态。经济学借用"均衡"一词来指经济系统在承受各种外力的情况下得以保持平衡的一种经济状态。

1. 古典经济学描述的均衡

古典经济学认为，在均衡状态下，相互对立的任何一种力量在各种条件制约下不再具有改变现状的动机或能力。在均衡状态下，对立的行为主体的利益共同达到最大化。按照均衡市场的覆盖范围，古典均衡分析分为局部均衡分析和一般均衡分析，局部均衡是假定其他市场因素处于静止不变的状态下，只考察单个市场、单个商品价格与供求关系变化，研究单个市场均衡状态的实现与新旧均衡的变动。一般均衡考察的对象是在各种市场因素的影响下一个市场的均衡的建立与变动，主要考察所有市场、所有商品的价格和供求关系变化，它假定各个市场上各种商品价格与供求都是相互联系的，所以一种商品与供求的均衡只有在所有商品的价格与供求达到均衡时才能确定。根据对均衡的时间特性的不同规定，分为静态均衡分析与动态均衡分析。静态均衡分析抽象掉时间因素，设定变量的调整能够在可以忽略的瞬时内完成，其调整时间设为零。动态均衡分析则相反，认为经济变量调整中时间具有重要性，重点考察经济变量在不同时间的变动情况，以分析经济现象的变化过程。

2. 现代经济学描述的均衡

现代经济学继承和发展了古典均衡理论。现代经济学所说的均衡状态是指经济中各种对立的、变动的因素处于一种力量相当、相对稳定、不再变动的状态。现代经济学对均衡概念的第一次扩充，就是将这个概念应用于对各种经济形态的分析，将市场均衡条件一般化，用来概括包括非市场经济的各种状态；现代经济学对均衡概念的第二次扩充，是把只满足古典经济学均衡两个条件之一的经济状态也认定为均衡，如 20 世纪 30 年代凯恩斯宏观理论出现后，形成的“失业均衡”；现代经济学对均衡概念的第三次扩充是现代非均衡学派将凯恩斯的“失业均衡”，社会主义经济中的“被抑制的通货膨胀”等都概括为不同类型的“非均衡”，而不称为“均衡”。

二、劳动力市场均衡

劳动力市场均衡的含义

在第二章和第三章中分别分析了劳动力供给和劳动力需求的情况，我们知道，市场劳动力供给反映的是在其他条件不变的情况下，相对于某一既定的市场工资率，劳动者愿意而且能够提供的劳动力数量。而市场劳动力需求则是在其他条件不变的情况下，相对于某一既定的市场工资率，市场上的所有企业愿意而且能够雇用的劳动力数量。我们还知道，若其他条件相同，则市场工资率越高，劳动力需求量越少，但是劳动力供给反而越多；反之，市场工资率越低，劳动力需求量越大，劳动力供给却越少。显然，市场劳动力供给和市场劳动力需求都是工资率的一个函数，那么，我们能否找到一个能使市场上的劳动力供给和劳动力需求正好相等的某个市场工资率呢？如果能够找到这样一个工资率，我们便说劳动力市场达到了均衡，而这一工资率便称为均衡工资率。在这个时候，市场上既不存在失业，也不存在劳动力短缺，即市场上所有愿意在这一工资率水平上参加工作的人都能够找到工作，而企业的所有职位空缺也都有人填补。

借助劳动力供给曲线和劳动力需求曲线，我们便可以非常直观地了解劳动力市场均衡的含义。如图 4-1 所示，S 为劳动力供给曲线，D 为劳动力需求曲线，S 与 D 的相交之处 A 点即为劳动力市场均衡点，A 点所对应的 W_0 和 L_0 分别为均衡市场工资率和均衡就业量。在图中，我们还标出了两个不同于 W_0 的工资率，即 W_1 和 W_2，其中 W_2 高于 W_0，而 W_1 则低于 W_0。从图 4-1 中可以看出，在工资率处在低于均衡市场工资率的 W_1 水平上时，劳动力需求量超过劳动力供给量（两者之间的差额为图中 FE 线段在横轴上所对应的劳动力数量)，这时会存在劳动力短缺现象，企业必须在劳动力市场上展开竞争，而为了吸引更多的员工，企业就必须提高工资率，从而推动整体市场工资水平上升，在工资率上升之后，会出现两种情况：一是更多的人愿意进入这一市场来求职（从 F 点沿着劳动力供给曲线向 A 点扩张）；二是随着工资率的上涨企业需要雇用更少的员工（从 E 点沿着劳动力需求曲线向 A 点收缩）。最后，劳动力供求的共同变动结果是在到达 A 点后实现均衡，到这一点之后，劳动力供求双方没有再做进一步变动的必要。

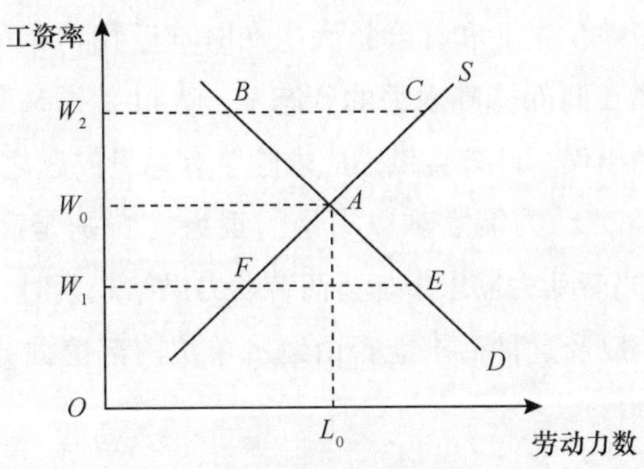

图 4-1　劳动力市场均衡示意图

然而，如果由于某些原因，工资率上升到 W_2，那么劳动力的供给量将超过需求量(供给过剩数量为图中线段 BC 在横轴上对应的劳动力数量)。此时，企业需要雇用的劳动力数量少于劳动力的供给数量，因此并非所有希望就业的人都能找到工作，于是就会出现劳动力过剩，一个职位空缺可能会有许多求职者来竞争。企业在这种情况下很快就会认识到，即使降低工资率，它们仍然能够得到足够数量的合格求职者来填补职位空缺，并且，如果工资率能有所下降，企业愿意雇用更多的人。随着工资率的下降，一些人为了获得工作岗位愿意接受已经降低的工资率，另一些人则会离开这一市场，要么是彻底退出劳动力市场，要么是到其他劳动力市场（甚至可能是到国外劳动力市场）上去求职。因此，随着工资率从 W_2 逐步下降，劳动力的供给和需求逐渐走向均衡，当工资率下降到 W_0 时，劳动力市场便达到了均衡状态，此时既无劳动力供给过剩，也不存在劳动力需求过剩。

劳动经济学最初研究的均衡是劳动力市场均衡，包含两方面的含义：第一，对立的力量即劳动力供给和劳动力需求在量上处于均等的状态，即变量均等；第二，决定供求的任何一种力量这时不具有改变现状的动机或能力，即行为最优。综上分析，依据劳动力供给与需求之间的关系，可以分为供大于求、供不应求、供求均衡三种类型。

（1）供大于求

供大于求即劳动力供给的数量大于对其需求数量的状态。这种类型表现为劳动力供给过剩，存在相当数量的失业或潜在失业人口。劳动力供过于求，不可避免地要造成社会劳动力资源的浪费。造成劳动力供过于求的原因很多，或者是物质资源的供给数量不足，或者是人口、劳动力资源数量增长过快，还可能是经济运转中的一些其他问题。

（2）供小于求

供小于求即劳动力供给的数量小于社会对其需求数量的状态。这种类型表现为一个国家或地区劳动力短缺，企业和社会扩大生产时难以找到充足的求职人员。在生产持续发展、经济增长率长期保持高水平的状态下，人口、劳动力资源相对或者绝对减少，可导致这种现象的出现。此外，供不应求除了有总量问题之外，还有结构性问题，即有可能出现特定部分劳动力需求难以满足的现象（特别是高质量、专业性人员短缺），需要注意的是，当劳动力需求增加，而劳动力供给趋紧时，应当分析这种扩大的需求有无虚假的成分，以及这种需求能否由经济单位内部挖掘劳动力潜力和社会重新进行资源配置来满足。

（3）供求均衡

供求均衡即劳动力供给的数量与社会对其需求量达到均衡的状态，要达到宏观上的这种均衡，实际上还包括质量、职业类别、地区分布等在内的多方面的均衡。劳动力供求均衡，可以达到良好的就业状态，也可以使劳动力得到比较充分的利用，并有利于劳动力自身的良性再生产。

从理论上说，一个国家或地区劳动力供求均衡的标志：第一是劳动力供给能够为社会全部吸收，第二是社会对劳动力的需求又能全部得到满足。但是，在现实经济生活中，这种理想状况是罕见的，供求均衡的标志就退而求其次，只要绝大部分劳动力都能得到就业岗位，不存在长期的大量失业人员；与此同时，不存在长期、大量缺乏劳动力的部门、行业，就是劳动力供求的均衡状态。而少量劳动力处于短期失业状态则是正常的，不能认为它是对供求均衡状态的破坏。同时，对劳动力的供求均衡，还必须在国民经济的动态过程中加以把握。劳动力的供给与需求都会随着时间的变化而发生变动，二者运动的方向、速度往往是不同的，这对劳动力的供求关系会产生进一步影响：可能扩大原有的不均衡状态；也可能使供求矛盾减轻，趋向于达到均衡；还有可能经过平衡点向新的不均衡状态转化（即由供不应求变为供过于求，或者由供过于求变为供不应求）。当然，还可能基本维持原有的均衡或不均衡状态。因此，对劳动力供求做静态和动态分析，就要对劳动力供求的短期和长期状况做出科学的估量，准确、合理、适时地进行调节，以缓和供求间的矛盾，求得它们之间的均衡。

模块二　辨析劳动力市场均衡

在劳动力市场，劳动力供给与需求相互作用，当供给与需求相等时，即实现了劳动力市场的均衡，下面分别分析劳动力市场静态均衡和劳动力市场动态均衡。

一、劳动力市场静态均衡

在完全竞争的劳动力市场上，劳动力供给和需求的相互作用是决定实际工资水平和劳动就业数量的唯一因素。在劳动力的供给量与需求量相等时，劳动力市场处于均衡状态，此时的工资率称为均衡工资率，此时的就业量即为均衡就业量。

根据上述可知，市场劳动力供给 S 和劳动力需求 D 与工资率 W 之间的经济关系是一种函数关系，即 $S=f(W)$，$D=f(W)$。

将劳动力供给曲线和需求曲线绘制在同一图上，可以解释静态均衡的形成。在图 4-2 中，横轴为就业量 L，纵轴为工资率 W，D 为劳动力需求曲线，S 为劳动力供给曲线，对应纵轴上的每一种工资水平，沿水平方向做出一条直线，该直线会与劳动力供给曲线 S 和劳动力需求曲线 D 相交，由交点向横轴做垂线就会形成与其相对应的劳动力供给量和需求量。供给曲线和需求曲线相交之处就是均衡工资 W_e 和均衡就业量 L_e。

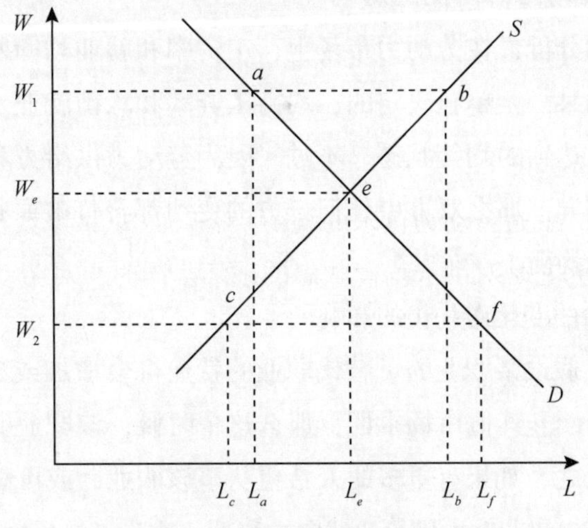

图 4-2　静态均衡的形成

如图 4-2 所示，当工资率为 W_1 时，企业可以雇佣到 L_a 的劳动力，企业处于均衡状态，但是，从劳动力供给方来看，却有 L_aL_b 的劳动力剩余，也就是说劳动力供给大于劳动力需求，在此种情况下为劳动力的买方市场，也就是说劳动力的需求者对市场中的劳动力价格具有支配力量，他们会要求降低现有的工资水平。虽然劳动力供给方不愿意看到工资水平的下降，但由于劳动力供给超量，竞争激烈，劳动者不得不接受劳动力需求者的要求。而工资率的下降会使劳动力的供给量下降，需求量增加，供求之间的差额逐渐缩小，必然使工资朝着 W_e 的方向运动，直至达到平衡状态。

当工资率为 W_2 时，以价格 W_2 作为供给价格的决策主体 L_c 可以实现就业，此时这部分劳动力实现了自身的均衡。但是，从需求方来看，市场的条件使企业不能实现自身需求，仍有用工缺口，从而形成劳动力的卖方市场，劳动力供给方对于劳动力价格具有支配力量，他们会要求提高劳动力的价格。劳动力的需求方虽然不愿意，但在需求过量、竞争激烈的压力下不得不接受劳动力供给方的价格要求，从而使得工资率上升，导致劳动力需求量的减少和供给量的增加，供求差额逐渐缩小，使其工资率向 W_e 移动，直至达到均衡状态。

在这样一种均衡状态下，劳动力供给方通过劳动的付出获得了效用的最大化，而需求方则满足了劳动的边际产品价值（边际产量收入）等于工资率，所以双方都没有改变这种状态的动力和要求，也就形成了一种相对静止、相对稳定的状态。

同理，劳动力供给曲线 S，需求曲线 D 除 e 点以外的任何情况都存在着调整的空间，只有 e 点才是均衡的，即：$S=f(W)$；$D=f(W)$；$S=D$；$W=W_e$。

劳动力供求变化对静态均衡的影响

根据我们前面的分析，在劳动力市场上，工资率和就业均衡水平并不是由劳动力供给和劳动力需求的某一方单独决定的，均衡工资率和均衡就业水平是双方在追求自身利益时，力量对比达到的均等状态。不过，因为劳动力供给方和劳动力需求方追求的利益目标存在着差异，那么双方中任何一方的变动都会打破原有的均衡状态，而在新的条件下重新实现均衡。

（1）劳动力供给的变化对均衡的影响

如图 4-3 所示，假设某职业的可替代职业的就业机会增加或工资提高，就可能导致一些人离开该市场，去其他市场求职，那么这个时候，该职业劳动力供给曲线将向左移动，成为 S_1。反之，如果有更多的人希望从事该职业，或可替代职业就业机会减少或工资下降，就可能使劳动力供给曲线向右移动，成为 S_2。

劳动力供给曲线变化后，W_0 不再是市场均衡工资率。在 W_0 这一点，或者存在劳动力短缺，或者存在劳动力剩余。显然，劳动力需求曲线不变，劳动力供给曲线右移，均衡工资率下降，均衡就业量增加；劳动力供给曲线向左移，均衡工资率提高，均衡就业量减少。

（2）劳动力需求的变化对均衡的影响

资本供给的变动、产品需求的变动、国家的经济政策以及其他非工资因素的影响，都可能造成劳动力需求的变动。如图 4-4 所示，随着产品需求的增加，劳动力需求曲线右移，劳动力需求增加，供给和需求不再相等，劳动力市场出现短缺，从而迫使雇主提高工资，工资上升到 W_1，就业水平增加到 L_1。需求曲线左移，则表现为劳动力剩余，雇主降低工资，市场均衡下降到 W_2，均衡就业水平降到 L_2。

显然，劳动力需求曲线右移，均衡工资率提高，均衡就业量增加；劳动力需求曲线左移，均衡工资率下降，均衡就业量减少。

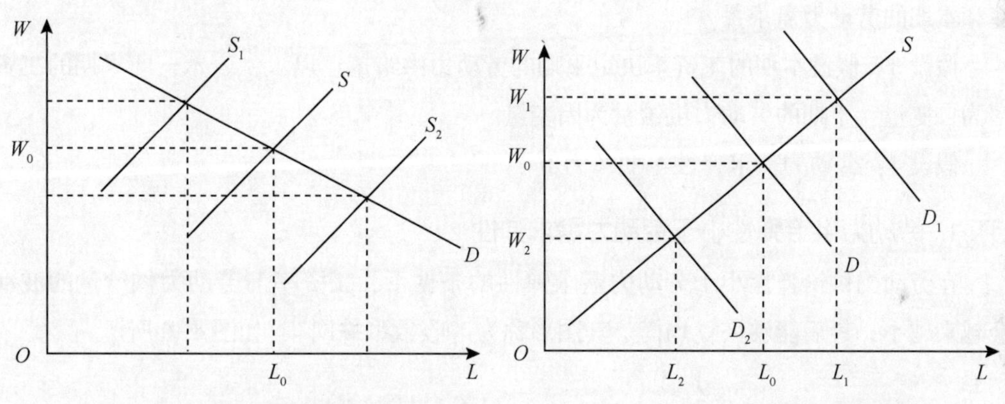

图 4-3　劳动力供给的变化对均衡的影响　　图 4-4　劳动力需求变动对均衡的影响

（3）劳动力供求双方同时变化对均衡的影响

图 4-5 表现为供给和需求同时变动的情况，图中劳动力需求曲线向左下方移动，

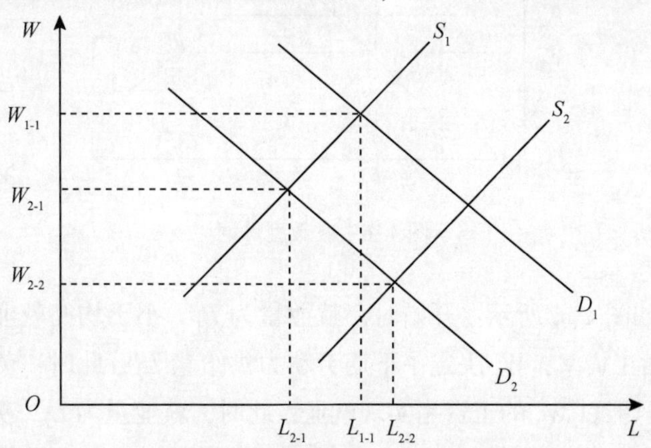

图 4-5　供给右移、需求左移的劳动力市场重新均衡

从 D_1 到 D_2，同时劳动力供给曲线向右下方移动，从 S_1 移动到 S_2。如果仅需求曲线向左下方移动，工资率从 W_{1-1} 降至 W_{2-1}，但由于供给曲线同时向右下方移动，工资率降至 W_{2-2}。

二、劳动力市场动态均衡

下一个时期的劳动力供给实际上是本期工资率的函数，随之形成与时间序列相关的均衡流动状态，即动态均衡。

假设 1：形成劳动力供给决策的时间称为本期，以 t 表示；执行或实现劳动力供给决策的时间为下一期，以 $t+1$ 表示，t 与 $t+1$ 期间，已经形成的劳动力供给决策不变。

假设 2：本期的劳动力需求量决定本期的工资率，分别以 W_t 和 D_t 表示本期的工资率和本期的劳动力需求量。

假设 3：假设本期的工资率决定下期的劳动力供给量，以 S_{t+1} 表示，即本期的工资率为自变量，下期的劳动力供给量为因变量。

假设 4：劳动力需求弹性不变，为 1。

1. 劳动力供给弹性小于劳动力需求弹性

在劳动力供给弹性小于劳动力需求弹性的条件下，工资率与劳动力供给量的波动会越来越小，最后能够恢复均衡。其图形称为“收敛型蛛网”，如图 4-6 所示。

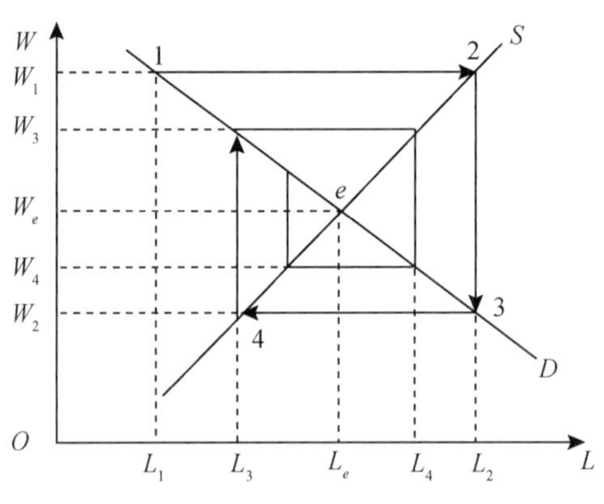

图 4-6　收敛型蛛网

其变动过程如图 4-6 所示：开始时，就业量为 L_1，小于均衡就业量；劳动力需求价格 W_1 高于均衡工资率，W_1 决定了下期劳动力供给量 L_2；此时，劳动力供给远远大于需求，因此，只能以 W_2 的工资率实现就业；此时，就业量为 L_2，劳动力需求价格为 W_2，此时决定的下期劳动力供给量为 L_3；在 W_2 水平下，需求大于供给，劳动供给者能以 W_3 实现就业。

在这样的循环变动中，工资率波动与就业波动逐渐趋近均衡点，最终实现均衡工资率和均衡就业量。

2. 劳动力供给弹性大于劳动力需求弹性

劳动力供给弹性大于劳动力需求弹性，表明工资率的变动对劳动力供给的影响大于对劳动力需求的影响，也就是说相对于工资率的变动，供给变动的反应程度大于需求变动的反应程度。在这种条件下，工资率波动对劳动力供给量的影响越来越大。因此，当劳动力市场失衡时，就业和工资率的波动距均衡点越来越远，无法恢复均衡。其图形称为“发散型蛛网”，如图 4-7 所示。

图 4-7 和图 4-6 相似。但曲线 S 比 D 更为平缓，使得工资和就业的波动幅度越来越大，均衡不可能再恢复。

3. 劳动力供给弹性等于劳动力需求弹性

劳动力供给弹性等于需求弹性，在这种情况下，工资和就业的波动，既不是收敛性的，也不是发散性的，而是在同一波动程度上变动起点的工资率和终点的工资率，从而形成一个循环。其图形称为“封闭型蛛网”，如图 4-8 所示。

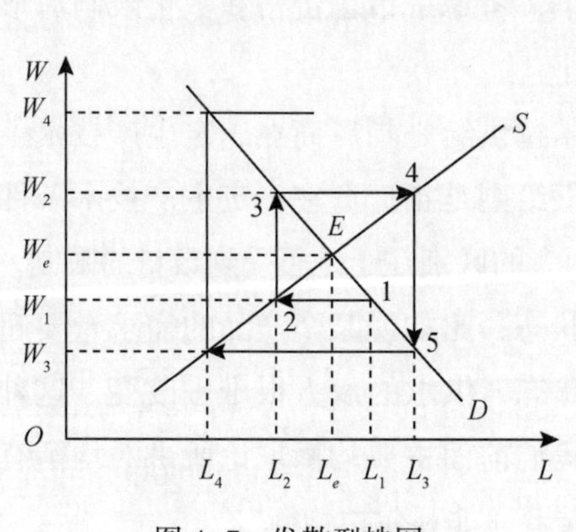

图 4-7　发散型蛛网

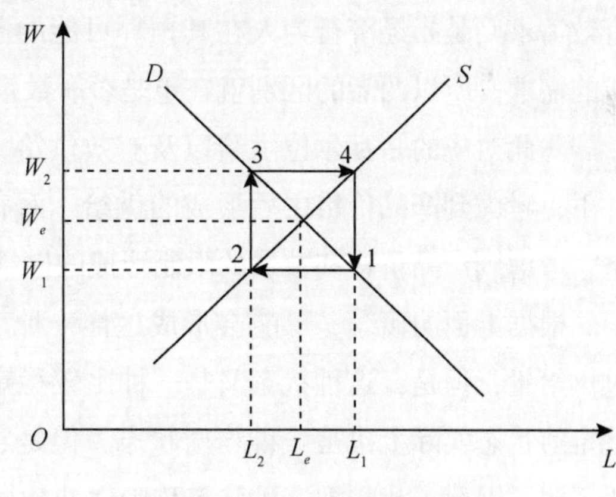

图 4-8　封闭型蛛网

模块三　洞察劳动力市场非均衡

前面关于劳动力市场的分析都是在分析劳动力市场的均衡状态，即都假设工资率有弹性，也就是说工资是可变的，它受供求关系的影响；劳动力供给和需求都是受到工资率的调节，而不受对方供给需求的限制。但是，我们知道，这种均衡状态其实是一种理想的状态，在现实的经济生活中很难实现。也就是在劳动力市场中，会经常出现劳动力短缺和劳动力过剩。那么，在这种情况下，市场会趋向和保持一种怎样的状态呢？这就是劳动力市场非均衡分析要完成的任务。

一、劳动力市场的非均衡状态

要弄清楚非均衡这一概念，首先必须引入以下两组概念：瓦尔拉需求以及有效需求。瓦尔拉需求是指以效用最大化为目标的经济行为人根据市场价格形成的需求，而有效需求则是指经济行为人在其预算可能的条件下，考虑了市场价格和数量限制后形成的需求。所以两者的区别就在于是否有数量限制。

与此对应的是瓦尔拉供给以及有效供给。瓦尔拉供给是指厂商在一定生产技术条件下，考虑到产品价格之后形成的供给，而有效供给则是指厂商在一定生产技术条件下，考虑到产品价格和数量的限制形成的供给。两者的区别在于是否受到数量的限制。

根据上面的概念，可能会形成这样一种市场状态，比如说某个产品的需求量要超过供给量，但是，这种状态又是一种比较稳定的状态，供求的双方很难去改变。这种稳定的状态实际上也是一种均衡状态，但是它和我们前面古典均衡理论所讲的均衡有所不同，因此，我们把这种状态称为“非均衡”或者“非瓦尔拉均衡”。

二、劳动力短缺与劳动力过剩

劳动力短缺是劳动力市场上劳动力需求多于劳动力供给，反之，则是劳动力过剩。改革开放以来，中国劳动力市场呈现的特点是劳动力过剩与劳动力短缺并存。劳动力过剩一方面体现在中国人口基数很大，尤其是拥有大量农村人口，导致农村人口过剩，另一方面，随着经济、技术的发展，技术替代和资本替代是大趋势，人工智能、机器人已经替代了部分劳动力，城市化水平越高，创新速度越快，替代性越强。但是同时也存在着劳动力短缺，体现为结构性劳动力短缺，如第三产业技能劳动力短缺。

模块四 认识内部劳动力市场

一、内部劳动力市场的内涵

关于内部劳动力市场的思想最早出现于20世纪40年代末和50年代初。但是，直到1971年，美国经济学家P. B. Doeringer和M. J. Piore出版了《内部劳动力市场与人力资源管理》一书，内部劳动力市场理论才被第一次明确提出并得到了系统阐述。在这部著作当中，作者指出有两类不同的劳动力市场，一类是工匠、手艺人等零工活动的市场，另一类是存在于组织中的劳动力市场。毫无疑问，前者通常“无组织，无纪律”，直接受市场力量的调节，而后者除了在初始雇佣时受到外部市场供求关系影响以外，其有关劳动配置、工资决定等活动都是在企业内部通过管理规则或惯例来进行的，而与外部市场无关。现实中，有近80%的劳动力都是处于这种企业内部的劳动力市场中。

那我们来看一下，什么叫内部劳动力市场，它的构成要素又是什么?

内部劳动力市场指的是存在于企业内部的劳动力市场，它实际上也就是企业内部的各种劳动合约与就业安排的制度总和，是企业内部的雇主与众多雇员之间形成的一种稳定的、以长期雇佣合约为主的劳动就业关系。

内部劳动力市场的概念由以下两个要素构成，即组织结构和组织原理。

每个企业都会有一定的组织结构，包括协调合作关系的横向联系，以及按照决策、指挥、命令系统的责任与权限排列起来的纵向联系。就像我们在讲组织结构设计时谈到的组织的部门化和组织的层级化。当然，在一些小型的企业中，组织内部的结构和各部门的职能可能界定得并不是很清楚，但是，一般来讲，企业都会通过这种组织的部门化和层级化确定内部的组织结构，这种结构可能是高耸式的，也可能是扁平式的。

组织形成的最本质的原理就是其成员属于组织。那么，组织与成员的结合就要受价格以外的各种因素的影响和制约。比如说组织如果从外部劳动力市场上雇用劳动者，可能主要会考虑劳动力价格的因素，但是，一旦劳动者进入这个组织内部，两者之间的关系就不仅仅受价格的影响，如管理环境、企业文化等。也就是说，人们一旦进入组织，他们在很大程度上就不再是市场“人”，而成为组织“人”，而且在组织中的时间越长，工作岗位越重要，组织“人”的属性越明显。

二、内部劳动力市场的成因

具体来说，导致内部劳动力市场产生的原因主要有四个方面，而这四个方面原因相互之间又有一定的关联性。

1. 存在劳动力替换的成本

内部劳动力市场理论认为劳动力替换的成本是影响劳动力市场运作的一个重要因素。劳动力替换成本有显性的也有隐性的，显性的比如我们在雇用劳动力时，需要发布招聘信息，对候选人进行笔试、面试等甄选，这些都需要我们支付一定的成本，而在解雇劳动力时，我们可能又要支付一定数额的补偿金；而隐性成本比如新雇用的劳动力对工作环境、人际关系的不适应所造成的生产效率低下等。研究表明，替换一名雇员的成本至少相当于其全年薪酬的30%，技能型岗位可达150%，管理和销售岗位为200%~250%。

由于存在着这些替换成本，企业对于劳动力的替换总是抱着谨慎的态度，这样，劳动力在不同企业间的流动性就降低了，从而也促成了企业内部劳动力市场的形成。

2. 岗位的特殊性

在现代经济中，随着分工的深化和各种岗位上人力资本和知识的专用性提高，很多岗位都对从业人员提出了特殊的要求。另外，从劳动力自身的角度来说，最优的择业行为一般是掌握几项特定的技能，然后在自己的技能范围内找寻合适的职业。这两方面的原因就使得从事不同职业的劳动力之间不具有充分的替代性。这样一来，当企业需要雇用劳动力时，就要耗费一定的成本进行搜寻。其次，企业对于新员工一般都要进行培训，这种培训也是一种人力资本投资，如果用外部劳动力市场的劳动力对本企业的老员工进行替换，这就会降低企业人力资本投资的收益，反过来说，保持较为稳定的劳动力队伍是企业提高人力资本投资回报的一种手段。

3. 劳动力市场的信息不对称性

信息不对称的情况不只表现在商品市场中，在劳动力市场上，信息不对称的情况也在不同程度上存在。其中，劳动者对于自身就业后的收益一般都能事先从劳动合同中得到了解，而企业一般总处于信息的劣势方，因为某个劳动力的生产效率和劳动态度都是事后才能了解的，即便是招募甄选过程再科学、再合理也是如此。因此，企业总是通过一定时间的观察才能对劳动力的生产效率和劳动态度做出评价，并决定劳动力的去留或升降。从这一角度来说，内部劳动力市场的存在也可以视为企业收集信息的一种需要。

4. 工会的作用

工会与内部劳动力市场之间的关系非常复杂，但有一点可以肯定，工会即使不是形成内部劳动力市场的决定因素，也至少是一种促进因素。

西方企业中的集体谈判合约使得在内部劳动力市场中起到重要作用的一些规则和程序正式化、成文化和凝固化。反过来说，在内部劳动力市场上有着较为稳定的职工队伍，而特定职工的职业技能也增强了职工的谈判能力，同时，企业内的规则和程序都对管理层行政权力的范围和特征有着清楚的界定，这些都有利于工会组织的形成。

三、内部劳动力市场的主要特征

与外部劳动力市场相比，企业内部劳动力市场具有以下几个主要特征。

1. 企业劳动关系的长期、稳定性

长期、稳定的雇佣关系在许多国家都存在，其中，日本大企业以“终身雇佣”而著称，是采用长期雇佣最典型的国家。即使在强调劳动力流动性的美国和英国，雇佣期限也并非像我们想象得那样短。在长期雇佣关系中，劳动者希望在现在的用人单位内度过其职业生涯的全程，并且许多人希望通过晋升，在用人单位中获取一个较高的职位，进而获得较高的报酬。

长期雇佣使企业和员工之间达成的一种默契，并形成一种惯例或企业文化，而非以明文规定的契约形式确定下来。因为一方面法律禁止企业签订不允许员工在长期内流动或辞职的雇佣合同，另一方面长期内的不确定性太大，劳动契约不可能把有关方面规定得那么准确、详细，企业和员工需要足够的灵活性来适应未来的变化。

而企业在长期雇佣方面所形成的信誉、惯例或企业文化，既允许员工辞职和企业解雇，同时对员工形成一种预期，即企业会遵守承诺，不会出现临时解雇或非工作绩效原因的解雇。由此来看，长期或终身雇佣有两个特征：一是雇佣关系从本质上讲是自由的，即长期内员工有辞职的自由，企业也有解雇的自由，但只要双方合作默契，雇佣关系就会长期持续；二是不保证终身雇佣，即企业不可能也不适宜用正式契约来保证对员工的长期或终身雇佣，而是通过一系列做法，使长期或终身雇佣形成一种信誉、惯例或企业文化。

当然了，对于长期雇佣或者终身雇佣这种做法，目前学术界和企业界都存在着一些争议。有人认为，终身雇佣制应该继续保持，因为这是对劳动者长期行为的直接激励，同时长期雇佣下的劳动者还受到另外一种形式的激励——职业激励。但是采用长期雇佣制也对用人单位产生一些影响，即用人单位的道德风险、人力资本投资和选择低分离倾向的劳动者。

2. 以企业内部晋升、内部流动为主的劳动力资源配置方式

这个特征实际上是长期、稳定的劳动合约的一种派生物。内部劳动力市场在职位安排上，设立等级制工作阶梯。所谓工作阶梯是根据技术难易程度和工作重要程度而将企业内的工作岗位分成不同等级。不同的工作岗位被赋予不同的重要性，并规定有不同的工资标准。企业的新成员进入企业的位置一般都是在这个等级制度（或称为工作阶梯）的最底层，以后再视其表现而决定是否晋升，以及晋升到工作阶梯的哪一级。企业对不同岗位的用人原则奉行“从低到高”的政策，即新招募的员工往往从事底层的工作，而较上层的工作岗位的空缺则从原有雇员中逐级提拔，一般很少直接从外部招聘，新雇用的劳动力主要用于补充较低层次岗位上人员的不足。外部劳动力市场上则不存在工作阶梯，每种特定岗位的就业都是直接由此种岗位的人力需求与供给关系决定的。同时，内部劳动力市场还普遍实行后备人才培养制度，注重企业内部的人才梯队建设，如 IBM 培养接班人的“长板凳计划”等；另外，实行内部劳动力市场制度的企业非常鼓励员工在企业内部流动。

3. 等级性资历工资的报酬制度

在报酬分配方面，内部劳动力市场实行等级性资历工资的报酬制度。所谓资历工资制度实际上包含了三个方面的内容。其一是差别工资制度，即工资与工作岗位相挂钩。一方面，对应每一级工作岗位都有一个固定的工资段。另一方面，在每个工资段内部又包含了从最低到最高的若干个工资等级。如果从下一级岗位被晋升到上一级岗位，会伴随着报酬的增长。其二是实行效率工资原则。所谓效率工资原则指的是雇主付给雇员的工资高于后者在外部市场上的机会工资或其现时的边际生产力。其三是采用延期付酬的惯例。比如说我们看到，某国有企业领导试行的年薪制中，其绩效年薪（税前收入）将实行一次性提取，分期兑现，绩效年薪的 70% 在年度考核结束后当期兑现，其余 30% 延期至任期考核结束，根据任期考核结果确定兑现金额。

内部劳动力市场上述三个特征之间存在着很强的互补性。其中长期雇佣是核心，其基本功能是实现人力资本在企业的累积，鼓励职工的长期行为，并为按工龄支付报酬和采用内部晋升方式提供了必要条件，而后两者则加大了职工中途离职的成本，反过来有利于长期雇佣惯例的维持。因此，三者结合在一起所发挥的作用大于单个机制孤立存在时的作用。

【本章小结】

劳动力市场均衡，是指在某一市场工资率下，劳动力需求正好等于劳动力供给这样一种状况。此时的工资率即为均衡工资率或市场出清工资率，在这一工资率下通过市场实现的就业量即为均衡就业量。

经济学中运用的均衡概念，一般含有两重含义：其一指某种经济现象所处的状态，其二指分析方法。

均衡状态是指经济中各种对立的、变动着的力量处于一种力量相当、相对稳定、不再变动的状态。市场均衡是经济学中最初的均衡的概念，经济学对均衡的第一个扩充就是将这个概念应用于各种经济形态，将市场均衡一般化，因此现在所说的均衡是指一般意义上的“经济均衡”。

均衡分析方法是揭示经济变量之间的关系，说明实现均衡的条件以及如何调整实现均衡的方法。

均衡分析分为局部均衡分析和一般均衡分析。局部均衡分析，就是假定其他情况不变，分析单个市场均衡的实现与变动。一般均衡分析，就是考察所有市场的均衡的建立与变动，在所有市场的供给、需求和价格的相互关系中研究一个市场的均衡问题。

均衡分析又分为静态均衡分析和动态均衡分析。静态均衡分析抽掉时间因素，变量的调整是瞬时完成的，其调整时间设为零。动态分析与此相反，经济变量的调整需要时间，着重考察经济变量在不同时间的变动情况。它要分析经济现象的变化过程。

复习思考题

（一）单项选择题

1. 劳动力市场均衡包含两方面的含义：变量均等和（　　）。

A. 选择最优　　B. 行为最优　　C. 效用最大　　D. 产量最高

2. “失业均衡”是由（　　）提出来的。

A. 亚当·斯密　　B. 蒙代尔　　C. 凯恩斯　　D. 庇古

3. 经济学中的均衡状态指的是（　　）。

A. 市场分析中假定各种力量都不变的状态

B. 经济运行中各种对立和变动的力量处于相当或稳定的状态

C. 经济运行中各种对立和变动的力量同时处于变动的状态

D. 运动着的物体受到的合力等于零时所处的相对静止状态

4. 企业在雇用劳动力时，愿意支付的工资率定义为（ ）。

A. 劳动力供给价格　　B. 劳动力需求价格

C. 劳动力均衡价格　　D. 劳动力价格

5. 劳动力需求曲线不变，劳动力供给曲线右移，则会出现（ ）。

A. 均衡工资率下降，均衡就业量增加

B. 均衡工资率上升，均衡就业量减少

C. 均衡工资率下降，均衡就业量减少

D. 均衡工资率下降，均衡就业量减少

6. 在劳动力市场上，均衡的形成由均衡工资率与（ ）决定。

A. 均衡供给量　　B. 均衡需求量　　C. 均衡就业量　　D. 一般供给量

（二）多项选择题

1. 劳动力市场作为一种特殊市场，它的运行体系包括（ ）。

A. 劳动力市场主体　　B. 劳动力市场的运行规律

C. 劳动力市场规则　　D. 劳动力市场的服务体系

2. 劳动力市场均衡的意义包括（ ）。

A. 充分就业　　B. 同质劳动力获同样工资

C. 体现工资差异　　D. 劳动力资源的最优分配

（三）判断题

1. 劳动力供需均衡是经常的、永久性的。（ ）

2. 劳动力需求曲线左移，均衡工资率下降，均衡就业量增加。（ ）

3. 劳动力市场均衡的第二个意义表现在即使是同质的劳动力，在不同的地区和行业也会有工资差异。（ ）

4. 静态均衡分析抽象掉时间因素，其调整时间设为零。（ ）

5. 一个国家或地区劳动力供求均衡的标志就是劳动力供给被社会全部吸收。（ ）

6. 劳动力市场均衡，工资率等于总的边际产品价值。（ ）

7. 内部劳动力市场与外部劳动力市场的关系是一种内部制度性与外部价格性的关系。（ ）

(四) 名词解释题

1. 均衡。

2. 非均衡。

3. 劳动力市场均衡。

4. 静态均衡。

5. 动态均衡。

6. 内部劳动力市场。

(五) 简答题

1. 什么是劳动力市场均衡?

2. 试分析劳动力供求变化对静态均衡的影响。

3. 劳动力市场的动态均衡状态是基于什么样的假设下进行分析的？

【实训项目】

（一）实训目标

1. 加深对劳动力市场均衡的认识。

2. 加深对劳动力市场非均衡的认识。

3. 加深对内部劳动力市场的认识。

（二）实训项目和要求

1. 所在地区某一行业劳动力状况调查

（1）调查所在地区某一个行业劳动力过剩与短缺状况。

（2）依据调查撰写调查分析报告。

2. 阅读材料：《2021中国劳动力市场发展报告》http：//baijiahao. baidu. com/s？id=1719660360527894344&wfr=spider&for=pc.

（1）认真阅读此报告。

（2）小组讨论：中国劳动力资源的现状与发展趋势。

（3）小组代表论述观点：基于中国劳动力资源现状与动态发展，作为一名大学生应做哪些准备予以应对。

3. 阅读训练——经济学名人名著选读：凯恩斯

（1）认真研读凯恩斯的生平及著作资料，尤其关于“失业均衡”的概念。

（2）小组派代表讲述主要收获。

（3）教师予以点评。

项目五

人力资本投资

【项目说明】

前面在研究劳动力供求时，基本上都是假定劳动力是同质的，实际上并非如此。这里有先天的原因，也有后天的原因。从后天的原因来看，医疗卫生保健、教育培训、劳动力流动等都会影响到劳动力的质量。在相同的劳动力数量下，劳动力素质越高，生产率水平也越高。本项目主要研究劳动力素质的提高问题，也就是人力资本投资问题，重点分析教育和培训两方面。知识结构如下：

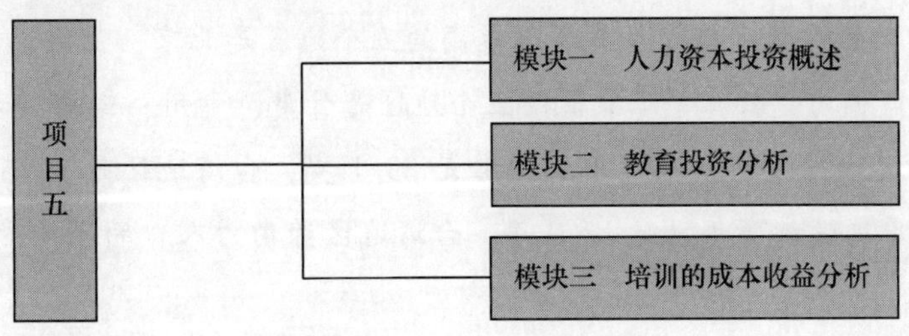

【项目导入】

一、主题案例

中国人力资本报告

改革开放以来，中国领导人逐渐意识到人力资本上的不足，从而越来越重视教育，对教育的投资力度大大增加，以此培养人才，带动人力资本的发展，从而促进国家经济的发展。在政府的重视和政策的支持下，中国高校规模从1990年开始稳步扩大。

第十届中国人力资本指数发布暨人力资本国际研讨会在中央财经大学召开，会上发布的《中国人力资本报告2018》显示，改革开放以来，中国人力资本增长九倍，这是我国最新的人力资本指数估算结果。

《中国人力资本报告2018》引入国家统计局、高校和社会调查部门等公布的最新数据，并对所有计算进行更新、调整并改进。该报告计算了全国层面及所有省份（澳门除外）1985—2016年的年度分城乡的人力资本的多种度量指标，提供了最新的、更准确的人力资本估算结果。

2018年中国人力资本报告包含以下主要内容。

1. 传统人力资本度量指标

1985—2016年，全国劳动力人口（包括学生）的平均年龄从31.9岁上升到了35.9岁。城镇劳动力人口（包括学生）的平均年龄从32.3岁上升到了35.2岁，乡村劳动力人口（包括学生）的平均年龄从31.7岁上升到了36.9岁。

2016年，劳动力人口平均年龄最高的前五个地区是黑龙江、辽宁、重庆、吉林、内蒙古；劳动力人口平均年龄最低的五个地区是甘肃、新疆、海南、贵州、西藏。

1985—2016年，全国劳动力人口的平均受教育年限从6.1年上升到了10.0年。城镇劳动力人口的平均受教育年限从7.8年上升到了11.2年，乡村劳动力人口的平均受教育年限从5.6年上升到了8.5年。

2016年，劳动力人口平均受教育年限最高的五个地区是北京、上海、天津、江苏、辽宁；劳动力人口平均受教育年限最低的五个地区是甘肃、贵州、云南、青海、西藏。

2016年，香港地区劳动力人口平均年龄是39.1岁，台湾地区是38.6岁；香港地区劳动力人口的平均受教育年限是12.0年，台湾地区劳动力人口的平均受教育年限是13.5年。

1985—2016年，全国劳动力人口中高中及以上受教育程度人口占比从11.97%上升到了34.08%。城镇劳动力人口中高中及以上受教育程度人口占比从26%上升到了50%，乡村劳动力人口中高中及以上受教育程度人口占比从7%上升到了13%。

1985—2016年，全国劳动力人口中大专及以上受教育程度人口占比从1.26%上升到了16.99%。城镇劳动力人口中大专及以上受教育程度人口占比从4%上升到了28%，乡村劳动力人口中大专及以上受教育程度人口占比从0.2%上升到了3%。

2016年，香港地区劳动力人口中高中及以上受教育程度人口占比是72.37%，台湾地区劳动力人口中高中及以上受教育程度人口占比是86.65%；香港地区劳动力人口中大专及以上受教育程度人口占比是38.45%，台湾地区劳动力人口中大专及以上受教育程度人口占比是53.09%。

2. 人力资本的综合度量指标

《中国人力资本报告 2018》采用并改进国际上广泛应用的 Jorgenson-Fraumeni 计算法，对中国人力资本的存量和发展动态进行了综合估算。主要结果包括以下内容。

2016 年，中国人力资本总量按当年价值计算为 1 675 万亿元，其中，城镇人力资本为 1 404 万亿元，农村人力资本为 271 万亿元，分别占人力资本总值的 84%和 16%。

二、学习目标

1. 理解人力资本的概念、特点和投资方式。
2. 掌握教育投资的决策模型。
3. 理解一般培训和特殊培训的直接成本与机会成本。

模块一 人力资本投资概述

一、人力资本理论的产生和发展

人力资本的概念最早由亚当·斯密在他的《国富论》中提出："学习是一种才能，须受教育，须进学校，须做学徒，所费不少，这样费去的资本，好像已经实现并固定在学习的身上，这些才能，对于他个人自然是财产的一部分，对于他所属的社会，也是财产的部分。工人增进的熟练程度，可以和便利劳动、节省劳动的机器和工具同样看作社会上的固定资本。学习的时候，固然要花一笔费用，但这笔费用可以得到偿还，赚取利润。"由此看到，亚当·斯密认为人力资本投资和劳动者的技能影响着个人收入。

二十世纪五六十年代以来，人力资本理论迅速发展，一些经济现象引起了学界的高度关注。例如，德日两个战败国在实物资本饱受战争破坏的条件下迅速崛起，而伊朗、利比亚等一些发展中国家实行以资本积累为导向的工业化战略并未取得预期的成效。经济学家们发现：在这些问题中人力资本比物质资本发挥着更大的作用。在人力资本理论体系的完善发展过程中，加尔布雷斯、雅各布·明塞尔、西奥多·舒尔茨、加里·贝克尔、爱德华·丹尼森、罗默、卢卡斯等人都做出了自己的贡献。一般来说，以西奥多·舒尔茨、加里·贝克尔和雅各布·明塞尔为典型代表，他们分别从不同的角度开展对人力资本的研究。雅各布·明塞尔是在收入分配和劳动力市场行为等问题的研究过程中开创了人力资本的方法。加里·贝克尔将新古典的分析方法应用到了人力资本投资的研究中，并提出了一套理论分析框架。西奥多·舒尔茨是在研究经济增长的问题时提出人力资本的概念。

1. 西奥多·舒尔茨

其代表作为《论人力资本投资》。1960 年在美国经济学年会上西奥多·舒尔茨系统地论述了人力资本理论，开创了人力资本的新领域，并因此荣获了 1979 年诺贝尔经济学奖。舒尔茨的人力资本理论有以下五个主要观点：（1）人力资本存在于人的身上，表现为知识、技能、体力（健康状况）价值的总和，一个国家的人力资本可以通过劳动者的数量、质量以及劳动时间来度量；（2）人力资本投资是经济增长的主要源泉；（3）人力资本投资的消费部分实质是耐用性的，甚至比物质的耐用性消费品更加经久耐用；（4）人力资本投资是效益最佳的投资，人力投资的目的是为了获得收益；（5）人力资本是投资形成的，投资渠道包括营养及医疗保健费用、学校教育费用、在职人员培训费用、择业过程中所发生的人事成本和迁徙费用五种。

有的经济学家对他的计算方法提出过质疑，也有的专家认为舒尔茨的人力资本理论与知识经济思想如出一辙。尽管舒尔茨的人力资本理论有它不够完善之处，但这不影响舒尔茨的观点对经济学界产生的深远影响。

2. 加里·贝克尔

其代表作为《人力资本》《家庭经济分析》。他的《人力资本》被描述为“经济思想中人力投资革命”的起点，其人力资本的观念在该书中得以体现，主要有以下六方面内容：（1）人力资本投资的目的既要考虑到将来的收益，也要考虑到现在的收益；（2）提出了年龄—收入曲线；（3）提出了人力资本投资收益率计算公式；（4）说明了高等教育收益率，同时也比较了不同教育等级之间的收益率差别；（5）在职培训是人力资本的重要内容；（6）信息的搜集也是人力资本的内容，同样具有经济价值。同时，贝克尔还把人力资本研究框架延展到“家庭经济学”，把家庭的许多行为诸如父母养育孩子、婚姻以及家内部分工等看成与人力资本有关的要素。

3. 雅各布·明塞尔

严格而论，其对于人力资本的研究要早于上述两人，1957 年明塞尔在自己的博士论文《人力资本投资与个人收入分配》中最早运用人力资本投资的方法研究收入分配，他对人力资本的理论贡献有以下四点：（1）最先提出了人力资本挣得函数；（2）他最早建立了人力资本投资收益率模型；（3）提出了“追赶”时期的概念，并用于分析在职培训对终生收入模式的影响；（4）将人力资本理论与分析方法应用于劳动市场行为与家庭决策。

二、人力资本与人力资本投资

1. 人力资本

人力资本是指通过教育、培训、保健、劳动力迁移、就业信息等获得的凝结在劳动者身上的技能、学识、健康状况的总和。也可以说人力资本是指通过费用投资于人力资源，而形成和凝结于人力资源体中并能带来价值增值的智力、知识、技能及体能的总和。人力资本概念包括以下四方面的含义。

(1) 人力资本直接由投资费用转化而来，没有费用投入于劳动者，就没有人力资本的形成。这种投资在货币形态上可以表现为保健费用支出、教育费用支出和迁移费用支出等。

(2) 人力资本是活的资本，它凝结于劳动者体内，表现为人的智能（智力、知识、技能）和体能，其中真正反映人力资本实质的是劳动者的智能，这是人力资本的实质。

(3) 人力资本内含一定的经济关系。因为人力资本是一种资本，由实际的投资行为而形成，故不可避免地存在着产权归属关系，它包含着人力资本投资、使用及收益分配等过程中的一系列经济关系。

(4) 人力资本独特的本质功能是，与物质资源要素相结合，创造价值并产生新的价值增值。这是其成为资本之根本所在。人力资本具有一般资本的特征，但与物质资本相比，它又呈现出一定的自有特征。

1）人力资本具有客观性。人力资本以一种无形的形式存在，必须通过生产劳动方能体现出来。劳动者若未从事生产劳动，则其体内的人力资本看不见、摸不着，无法发挥作用，只能说其具有潜在的人力资本。

2）人力资本具有很强的社会性。人力资本和物质资本一样，在具有生产功能的同时体现着一定的社会关系，即人与物的关系及人与人的关系。但有所不同的是，人力资本的社会性更加鲜明和复杂，它不仅是一定社会关系的体现者，某种程度上还是这种关系的主动再生产者、维护者或变更者。这是因为人力资本不仅用于生产，还广泛用于政治统治、文化建设等领域，它的载体作为具体的人，是有思想、有意志、有情感的，因此，在从物质资本雇佣劳动为主向人力资本雇佣劳动为主转变的背景下，人力资本所有者的价值观不仅会影响个体，还会对相应的社会关系产生深刻影响。

3）人力资本具有个体差异性。人力资本是蕴藏于人体内的智能、体能，它与人体的不可剥离性，决定它必会受个人特质等诸多因素的影响，从而产生个体的人力资本差异。不同个体有各自不同的成长环境、背景和历程，形成了各自稳定的心理、意识等品质特征，从而使个人之间人力资本有所差别。

4）人力资本具有无限的潜在创造性。人力资本是经济资本中的核心资本，是一切资本中最宝贵的资本，其原因在于人力资本的无限创造性。

5）人力资本具有收益性，其对经济增长的作用大于物质资本。人力资本经济价值的上升，使劳动相对于土地和其他要素的作用日益增强。经济增长的事实说明，人力资本能比物质资本更能有效地推动经济发展。

6）人力资本存在于人体之中，它与人体不可分离。这一不可剥离性决定了人力资本不可能如物质资本那样可以直接转让、买卖和继承。

7）人力资本具有时间性。人力资本的形成、发展与使用均具有时间性。人力资本并非与生俱来，其形成有一个过程：体能随人的成长逐渐增强，而智力、知识、技能的提高，则需要接受数年的教育。

8）人力资本具有累积性。一方面表现为人力资本的形成是多年教育投资、逐步积累的结果；另一方面表现在人力资本使用上。在生产活动中，人力资本的使用也会产生损耗，但可以通过消费生活资料、进行闲暇休息，以及不断地再教育和培训予以补充。

2. 人力资本投资

（1）人力资本投资的含义

所谓人力资本投资，是指投资者通过对人进行一定的资本投入，增加或提高人的智力和体力，这种劳动能力的提高最终反映在劳动产出的增加上。其包含以下基本含义。

1）人力资本投资的对象是人，一般为投资主体所辖范围之内的人。

2）人力资本投资的投资者可以是国家（中央、地方政府）、事业单位、企业、社会团体，也可以是家庭和个人等。

3）人力资本投资旨在通过对人的资本投入，来获取未来增加的劳动产出及由此带来的收入的增加，或者其他收益。它同物质资本投资一样，是能够带来新的价值增值的一种真正的投资行为或活动，是一种生产性的投资，且其投入产出收益大于物质资本投资，是一切投资中收益最高、获利最大的投资。

4）人力资本投资直接改善、提高或增加人的劳动生产能力，即人进行劳动所必需的智力、知识、技能和体能。

（2）人力资本投资的内容

对于人力资本投资的内容，一般包含以下五类。

1）正规教育，即各级学校教育。

2）在职人员培训，包括企业所进行的在职培训和离职培训。

3）个人和家庭的迁移。

4）工作搜寻。

5）医疗和保健，从广义上讲，它包括影响一个人的寿命、力量强度、耐久力、精力和生命力的所有费用。

（3）人力资本投资的特征

相对其他领域的投资，人力资本投资有以下四个特征。

1）人力资本投资主体与客体具有同一性。就个人而言，当个人为人力资本投资者时，他是在进行自我投资，表现为投资主体与客体的高度同一性。当他人（如国家、社会、企业）为人力资本投资时，投资客体本人实际上也是投资者，因为他至少需要投入自己的时间、劳动和精力。因此，发生在个人身上的人力资本投资，投资的主体与客体具有同一性。

2）人力资本投资的连续性、动态性。人力资本投资的连续性体现为在生命历程的各阶段上都要进行人力资本投资。一个人在完成正规教育之后进入社会从事生产劳动，从事劳动期间要接受各种在职培训，退出劳动过程后还要参与多种继续教育。从时间跨度上讲，人力资本投资要贯穿于人的一生，即人力资本的长期性。不同时期人力资本投资的形式、内容、目的是不同的，它是一个不断发展、不断升华的动态过程。在这个过程中，人力资源逐步适应社会化大生产的要求和环境变化的要求，最终带来生产的提高和社会的进步。

3）人力资本投资收益形式多样性。物质资本投资收益形式一般表现为物质产品产出、服务产出及其他价值产出，生产力水平的提高，以及社会物质财富的增加等。人力资本的投资收益，除了表现为上述形式之外还表现为人的教育水平、思想素质水平、健康水平的提高与全面发展，人的生活质量、社会经济地位、社会精神文明的提高和人类社会的进步等多种形式。

4）人力资本投资的投资者与受益者不完全一致性。由于人力资本是一种无形资本，它潜藏于人体中，与人体具有不可剥离性。因此，人力资本投资的获益者往往是投资对象，而投资者只有通过参与投资对象的活动才能受益。再者，人力资本投资可以由社会、企业和个人三方中的任何一方承担，但收益却三方均可获得。

三、人力资本投资基本模型

1. 净现值法

一般来说，与其他投资一样，人力资本投资也是投资在前，收益在后，且未来收益有不确定性。由于成本与收益发生的时间不同，不能直接进行比较，必须利用时间价值法进行分析。要做出最佳的投资决策，必须确定投资带来的现在和未来的成本及收益，计算其折算到当前的净价值，或称为净现值。

将来的 1 块钱与今天的 1 块钱具有不同的价值，为什么使用或“租用”货币要支付利息？原因在于时间偏好，即在给定的选择条件下，大多数人更愿意今天得到满足而不愿意接受将来带来的满足保证，大多数人更愿意现期消费而不愿意未来消费。这是因为，在生活中存在着很多不确定性的情况下，当下的满足似乎更为真实，因而更有价值。简而言之，时间偏好是一种观念，即现在与未来用相同的物品相比，人们主观上更愿意选择现在的物品，要推迟个人的现期消费，也就是让他把一部分收入进行储蓄，就必须用利息来给予他“补偿”。比如小王认为今天 100 元的物品一年以后会变成 110 元的物品，我们可以认为他的时间偏好率为 10%，必须支付给他 10 元或 10%的奖励才能让他放弃价值 100 元的现期消费。

对现期消费的偏好使得支付正利率成为必然。一年后赚的 1 元价值小于今天赚的 1 元，是因为今天得到的 1 元能以某一正利率贷出或投资，从而在一年之后，其价值将超过 1 元。如果利率是 10%，小王贷出 1 元，则在一年之后可以得到 1.10 元。这 1.10 元等于本金 1 元加上利息 0.10 元，可以由下述代数式来表示：

$$FV=PV\times(1+i)$$

公式中，PV 表示现值或当前值，如现在的 1 元；FV 表示从现在起一年后的价值（如 1.10 元）；i 表示利率。

我们可以将公式变形，即有：

$$PV=\frac{FV}{1+i}$$

这个过程称为贴现，也就是找到未来值的现在价值。即如果利率是 10%，一年后收到的 1.10 元在现在只值 1.00 元。投资的成本和收益都是在一定年限内发生的，我们可以将贴现公式扩展如下：

$$PV=\frac{FV_1}{(1+i)}+\frac{FV_2}{(1+i)^2}+\cdots+\frac{FV_n}{(1+i)^n}$$

公式中，FV 代表收入流（PV_1 是第一年末的新增收入，依此类推）；n 是收入流的年限，或者说是工作生命周期；i 是利率。如果该年没有收益，FV 等于 0。

现在我们来讨论 18 岁的高中毕业生要不要上大学的决策问题。假定他可以在 18 岁时开始工作，也可以大学毕业后 22 岁开始工作，60 岁退休。一个高中毕业生的终身收益现值为：

$$PV = FV_{18} + \frac{FV_{19}}{(1+i)^2} + \cdots + \frac{FV_{60}}{(1+i)^{48}} = \sum_{t=18}^{60} \frac{FV_t}{(1+i)^{t-18}}$$

大学教育投资的决策将带来成本和收益（增加的收入）。我们可以利用净现值的一般公式进行计算：

净现值=收益现值−成本现值

$$NPV = \sum_{t}^{n} \frac{FV_t}{(1+i)^t} - \sum_{t}^{m} \frac{C_t}{(1+i)^t}$$

公式中，C 表示成本，m 表示成本计算期；FV 表示收益，n 表示收益计算期。

决策原则：$NPV>0$。如果投资的净现值远远大于零，个人就应该进行投资。净现值为正，说明收益大于成本，投资决策在经济上是合理的；如果净现值为负，那么收益小于成本，投资决策在经济上就是不合理的。

2. 内部收益率法

另一种关于投资决策的评价方法，首先是计算一项投资的内部收益率 i，与利率 j 进行比较。这里所说的内部收益率是一种贴现率，使用这一贴现率对实际投资进行贴现，其净现值恰好为零。内含收益率计算公式为：

$$NPV = \sum_{t}^{n} \frac{FV_t}{(1+i)^t} - \sum_{t}^{m} \frac{C_t}{(1+i)^t} = 0$$

显然，i 是指投资者能够接受的最大利率，在此利率下，个人能够偿还为人力资本投资所借的货款，收支相抵。

投资决策原则：对内部收益率 i 和利率 j 进行比较。如果 i 超过市场利率 j，该项投资是可行的。例如，如果某人能以 8%的利率货款同时进行回报率为 12%的投资，则进行该项投资是赢利的；但是如果 i 小于 j，该项投资就不应该进行。

根据人力资本投资所示的基本模型，做以下补充说明。

（1）收入流的期限

其他条件不变，对人力资本投资之后的新增收入流期限越长，人力资本投资的净现值将越有可能为正。也就是说收入流期限越长，内部收益率就越高。人力资本投资在一生中进行得越晚，其净收益现值越低（同时也意味着 i 比较低），因为在这种情况下工作年限较短，结束投资之后新增收入为正的年限也较短。这也就解释了为什么上大学的主要是年轻人，同样也解释了传统上男性与女性之间收入差距的原因。在很多情况下，女性的劳动参与受生育影响是间断的，在学业完成后，许多女性往往工作几年后就结婚生子，有些女性会选择退出劳动市场来抚养孩子，直到孩子开始上学后，她们才重返劳动市场工作。此外，由于不能连续工作，也减少了雇主们对她们进行在职培训的投资。

（2）成本

其他条件不变，人力资本投资的成本越低，发现这项有利投资机会的人就会越多，如政府降低了上大学货款所收取的利息，通过降低大学教育的个人直接成本，上大学的人数将会增加。类似地，上大学的间接成本或机会成本的变化也将会影响大学入学人数。例如，如果经济衰退使高中毕业生的收入减少，或使高中毕业生找到工作的可能性减小，上大学的机会成本就会降低，大学入学人数就会增加。较低的成本增加了大学教育的净现值，使得原来认为教育投资不划算的人转变了看法。再比如，其他条件不变，随年龄增长，收入也会增加，这样年龄较大的工人上大学的机会成本就比较高，且未来收入流的时间相对较短，与人力资本投资相关的净现值和内部收益率将下降，所以年龄较大者一般不愿意进行人力资本投资。

（3）收入差别

其他条件不变，大学毕业生和高中毕业生之间的收入差距越大，愿意投资于大学教育的人就会越多。在做人力资本投资决策时，不仅获得收入流的期限很关键，而且收入差别的大小也是很重要的一个因素。

3. 边际分析法

边际分析法的含义就是当人力资本投资的边际收益大于边际成本时，就增加投资，这样做有益于效用的增加；反之就减少人力资本的投资。最终达到人力资本投资的边际收益等于边际成本，这个时候达到最大化。

对任何人来说，多增加一年的人力资本投资就意味着要少获得一年的收入，因此，假定追加每一单位人力资本投资的边际成本是不变的，而边际收益 MR 的现值是下降的。能够达到最大化的人力资本投资数量都是在 $MC=MR$ 的点上取得的。当投资的边际收益增加时，人力资本投资会增加；当投资的边际成本增加时，人力资本投资会减少。

人们往往是根据不同的投资能力以及对未来的期望进行投资决策的。对于那些学习特别费力的投资者来说，他们进行人力资本投资必然会有更高的成本，所以他们会减少人力资本投资。

模块二　教育投资分析

也许有人讲教育是一种消费，接受教育仅仅是为了提高某种效用。但其实教育是一种对人的投资，它所带来的成果是一种资本，即人力资本。无论是消费还是为了投资，教育都要投入大量的资源，当然也会带来一定的收益。

一、教育的投资成本与收益

在当今社会，人们在完成普通教育之后一般就到了劳动年龄。此时，人们面临着两种选择，要么继续接受教育，要么进入劳动市场。在就业与求学之间进行选择的过程中，人们会受很多因素的影响，其中最重要的是经济因素，即对就业与求学之间的各种形式的成本和收益的比较。

1. 教育投资的成本支出

教育投资是人力资本投资的最典型形式之一，国家、企业和个人人力资本投资的来源主要是教育。人们在决策中必须考虑教育投资收益与支出的不对称现象。一般来说，决策者总是从投资的直接成本、间接成本、机会成本和社会成本等方面来进行对比。

（1）教育投资的直接成本

直接成本，包括学费、书籍费等直接教育费用，以及因受教育而产生的额外支出。但是日常生活费用则不应计入人力资本投资，因为进不进学校，这部分生活费用都会发生。对九年义务教育来说，直接成本几乎为零，但是对中等教育和高等教育来说，直接成本在总投资中仍占有相当比例。在个人（家庭）支出的教育费用中，奖学金或助学金必须从私人成本中扣除，因为它代表了一种转移支付。

（2）教育投资的间接成本

间接成本，即心理成本，部分学生可能并不喜欢学校和考试，从而增加学生对人力资本投资的心理成本，但因计量上的困难，这部分成本往往不被计入教育投资的私人成本收益分析范围。

（3）教育投资的机会成本

机会成本，是指一个人因求学而放弃的劳动收入中最高的收入。假定一个人不上学，他会去就业，在劳动市场中有很多就业单位可以选择，并取得相应报酬，这些报酬中最高的金额就是入学的机会成本。

（4）教育投资的社会成本

投资成本的社会性意味着在进行教育投资分析时，必须扩大社会投资的成本范围。例如，教育的社会成本应包括目前因提供教育所使用的物品和服务的总价值，即教师、图书管理员和行政人员的工资、福利费用，教育设施的使用、维修费用，以及教育设施所包含的资本利息和折旧费用。但社会成本不应包括为学生提供的后勤服务、组织校内运动队及其他因非教育性活动而发生的费用。学校所花费的奖学金、助学金及其他对学生的财务资助也应被视为转移支付，应从教育投资的社会成本中剔除。

2. 教育投资的收益

教育投资将从多方面、多途径得到回报。由于教育投资具有正的外部效应，教育投资有很大数量的收益流出投资主体收益范围之外，为不同层次的社会成员所共享。教育投资与受益主体不对称、不一致的现象，促使我们在进行教育投资成本收益分析时，往往分开来考虑，即考虑人力资本投资的私人收益和社会收益。

（1）私人收益

追求私人收益最大化是投资者的基本动机。影响私人投资收益的因素主要包括以下五个方面。

1）个体偏好及资本化能力。能力低的人接受教育比能力高的人接受教育的边际收益低。

2）劳动力市场的工资水平。投资者受时间资源约束，而时间机会成本是以放弃的收入来衡量的，因而人力资本投资的私人收益直接受个人生产率和劳动力市场的影响。另外，生命周期也是对个人约束的关键因素，临近退休时，个人贴现率会很高，它不会为取得未来的预期收益而投资；同时年龄越大，平均预期寿命越小，投资风险性也越大。

3）收益期限。收益期越长，人力资本投资越多。

4）资本市场平均报酬率。把同一笔资金用于人力资本投资与其他投资时，投资者选择的条件是，人力资本投资收益至少不低于资本市场的投资收益。因此，资本市场的平均收益改变了人力资本投资的机会成本，从而影响人力资本投资决策。

5）国家政策。国家政策从微观和宏观上都影响着人力资本投资的实际收益率。例如，通货膨胀将导致名义利率和实际利率的不一致，从而影响到投资的成本与收益。

（2）社会收益

社会收益是指人力资本投资收益中外溢出投资主体并且为社会所享有的部分。通常，社会收益可以分为以下几类。

1）社会收益。社会可以从教育投资中获益，更多的教育意味着社会政治决策进程运行得更有效率，从而给整个社会带来收益，教育投资可以减少在预防犯罪和法律实施等方面的支出。父母接受过良好教育的，他们的孩子更可能在一个理想的家庭环境中成长，得到更好的抚养、指导和学前教育。

2）收益的职业关联。生产过程是团体努力的结果，劳动者的人力资本投资对其他人的生产率、经济机会可产生正面影响。比尔·盖茨引发的产业革命不仅使他获得了丰厚的私人回报，而且创造的产业就业机会、经济增长和生产效率的提高，使社会收益大大增加。

3）收益的近邻效应或地域关联效应。收入再分配过程将会使人力资本投资收益在不同收入者之间发生流动。和诺贝尔奖获得者出生在同一城市、同一街道，就读于同一学校的学生，会受到诺贝尔奖获得者的影响，良好的示范作用将会使孩子们更勤奋努力。

影响社会收益率变动的因素有以下三类。

1）投资成本与收益的大小及其变动关系。

2）宏观经济水平及国家的财政政策、货币政策和分配政策。税收水平变动会导致私人收益分配与社会收益分配的比例发生变化；失业率上升影响国民收入总体产出；当发生通货膨胀时，社会的名义收益会大于实际收益。

3）人力资本投资类型不同，其收益率是不一致的，如基础教育的社会收益率大于高等教育的社会收益率，基础科研的社会收益率往往大于企业人力资本投资的社会收益率。

二、教育投资决策模型

1. 教育投资决策模型分析

图 5–1 清楚地显示了两类人收入流的差异。其中，曲线 ay 代表 18 岁高中毕业后不去上大学，立即进入劳动力市场就业工作到 60 岁的终生收入曲线。曲线 by_0 反映了 18 岁高中毕业后先去上大学的人到 60 岁退休的终生收入曲线。

图中横轴下方区域Ⅰ代表上大学期间支出的直接成本，横轴上方的区域Ⅱ代表上大学期间所放弃的收入，即间接成本或机会成本。区域Ⅰ与区域Ⅱ面积之和为上大学的个人总成本或总投资。区域Ⅲ表示大学毕业后可获得的净收入增量，它应该等于上

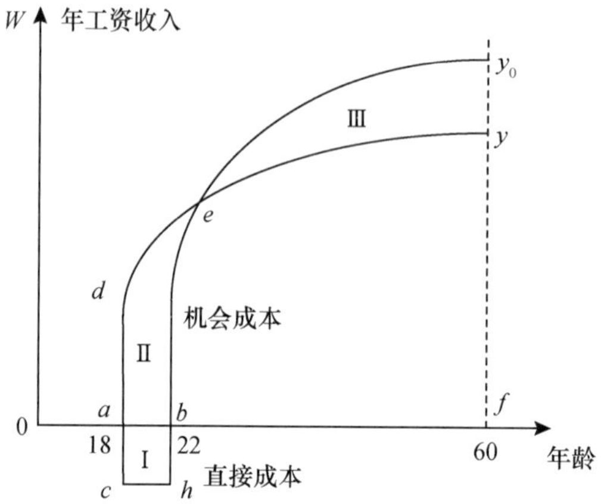

图 5-1 教育程度不同的人的收入流

完大学再就业所能赚得的终生收入与不上大学直接工作所能赚得的终生收入之差。在这个例子中，我们假设劳动者工作至60 岁退休，并且暂不考虑60 岁以后的各种福利待遇情况。

从以上分析中我们可以提出以下四点与教育决策有关的结论。

（1）其他条件不变，大学毕业生与无大学学历劳动者的收入差别扩大，则上大学人数增加。

（2）其他条件不变，上大学的总成本降低，上大学的需求将增加；反之，总成本上升，对大学教育的需求下降。

（3）其他条件不变，贴现率高的人上大学的可能性小。在获得同等未来收益的情况下，目光短浅者的折现值会小于目光长远者，因此选择上大学的可能性就低。

（4）年龄是影响决策的因素之一。由于年轻人未来工作时间长，因而其总收益的现值要大于老年人。因此，多数大学生是年轻人。

2. 教育的功能

教育一般有两种功能。第一种功能是接受高等教育能提高人们的生产效率，因此高学历的人能获得高报酬。教育的第二种功能是信号功能。因为有些研究人员认为接受高等教育能提高生产效率并不是高学历与报酬之间存在正向关系的唯一解释，他们认为学历只是一种发现哪些员工具有高生产率的手段。

在招聘员工时，雇主只能了解求职人员与生产率相联系的一些特征，如年龄、性别、工作经验和受教育水平，并不完全知道求职人员的实际生产效率。所以雇主只能通过教育的信号功能判断生产效率。

假设雇主对两类求职人员，一类人员生产率为 1，另一类人员生产率为 2，在雇主不能甄别这两类人员的情况下，只好假定所有求职人员的平均生产率为 1.5，从而用 1.5 的工资水平雇用员工。但是，如果雇主有办法可以排除生产率为 1 的人仅雇用生产率为 2 的人，企业利润就会增加。市场上的每个企业都这样做的结果是，生产率为 2 的劳者的工资为 2，生产率为 1 的劳动者的工资为 1，教育年限可以起到这种甄别的作用。

如果雇主认为 e^* 年限的教育可以作为甄别手段，那么高于 e^* 教育年限的求职者得到工资率为 2，低于 e^* 教育年限的求职者得到的工资率为 1，如图 5-2 所示。

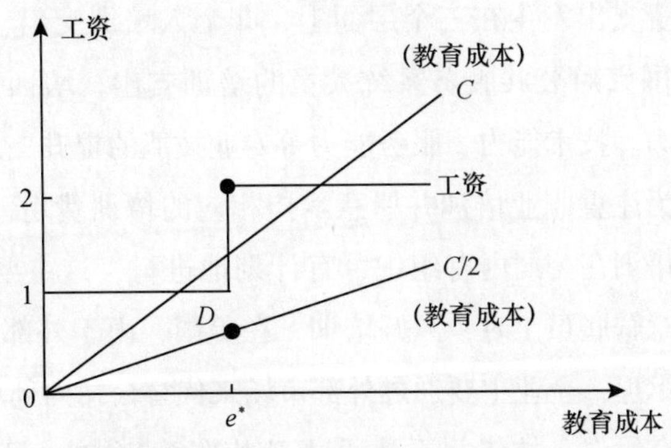

图 5-2　教育信息的收益和成本

但是，如果不要任何成本都能得到 e^* 年教育，每个求职者都会这样做，那么，e^* 也就失去了其甄别的信息功能。如果能够用较低成本达到一定教育水平的人在工作中一定也是更有效率的人，这时教育年限的信号功能就可以体现出来了。低生产率者，由于不善于学习，其教育成本曲线为 C，高生产率者则为 $C/2$。在这种情况下，员工选择的原则是：工资报酬的贴现值与其教育成本之间的差距最大时为最佳。对于教育成本为 $C/2$、工资率 2 的员工来说，教育年限为 e^* 的时候差距最大；对于教育成本为 C、工资率为 1 的员工来说，教育年限为 0 的差距最大。所以，只有教育成本为 $C/2$ 的人才会选择接受 e^* 的教育。e^* 也就成为劳动力市场上甄别劳动力的信息标志。

当然，这种方法也是有弊端的。因为有些有学历的人并无相应的能力，而有些有能力的人并无学历，这些都会使劳动力市场的供求双方遭受损失。但是使用这种方法却为企业大幅度降低了筛选成本。

模块三 培训的成本收益分析

一、在职培训的成本与收益

人力资本培训投资支出发生在三个层面上，即个人培训支出、企业为增进人力资本投资的培训支出和国家对公共服务系统人员的培训支出。培训具有很强的目的性，它大都发生在管理能力、技术能力、服务能力等专业技能的提升上。

大多数国家都较为注重职业培训并愿意承担相应的培训费用，但也存在着一定的国家差异。在日本，培训在公司内有组织、有计划地进行，这主要是受长期雇佣制度的影响，当雇主不愿意解雇员工时，只好培训。在美国，由于外部劳动力市场较发达，培训费用大都由个人承担，企业主要通过外部市场来代替公司内部培训。

很多时候员工拥有的许多技能并不是通过正规教育获得的，而是通过在职培训得到的。在职培训常常是不正规的，因而很难去衡量甚至去觉察，比如缺乏经验的员工经常“边干边学”，他们通过观察技术熟练的员工的操作，在这些员工生病或休假时补缺，或者在休息时间闲谈来获得新技能。有些培训可能较为正规，如员工可以参加有组织的员工培训或师傅带徒弟的计划。

1. 培训与教育投资的差别

培训和教育投资一样，也有着类似的成本，只是因影响因素不同而与教育投资有所差别。

（1）费用分担

个人入职前的培训费用，一般由个人负担；企业管理技术及日常培训方面的费用，主要由企业负担；国家公务人员的入职培训、晋级培训及专业培训方面的费用，直接由国家负担。

（2）时间因素

教育投资与人口年龄结构有关。培训支出一般是短期的，且无固定时间限制；而教育支出则不同，它有特定的时间限制，如九年制义务教育等。正规教育大都发生在职业生涯前期；而培训则可以发生在人的生命周期中的任何时期，集中发生在职业期间。

（3）收益分布

教育投资成本支出的收益分布在未来整个生命周期内，但主要集中于职业期间。培训支出收益目标导向性很强，企业今天的培训，不会等到10年后再看效果，它只关注投资的短期回报，针对某一项目需要，追求快速得到回报。这是因为企业的未来是一个很不确定的因素，它中途可能会破产或进行人力资本结构性调整，接受培训者可能会离开企业。

2. 在职培训成本和收益

为了理解相关的成本和收益是如何在员工和雇主之间分配的，我们必须区分两种不同情况的在职培训。一种是特殊培训，它是指只适用于特定工种的培训，这种培训仅能提高提供该项培训的厂商的员工的劳动生产率。如果该劳动者离开企业，特殊培训价值就会消失。另一种是一般培训，是指对所有厂商和行业都有用的技能培训。这种培训能提高所有厂商的员工的劳动生产率。区分一般培训和特殊培训很关键，因为这不仅有助于解释是员工还是雇主更有可能支付在职培训的成本，而且有助于理解为什么雇主可能会更愿意留住那些受过培训的员工。

在职培训与正规教育一样需要牺牲现在的收入以换取将来的收益，因此也是一种人力资本投资，也可以用净现值和内部收益率来分析。在决定是否提供在职培训时，厂商需要权衡培训所产生的预期收益和提供培训的成本。如果该值为负，厂商就不会投资；如果培训投资所得收益的净现值为正，厂商将决定投资。

厂商提供培训需要担负讲师的讲课费和增加对员工的管理等直接成本，还有在培训期间员工的产出减少等间接成本；员工则可能不得不接受培训期间的低工资。厂商潜在的收益在于，参加培训的员工劳动生产率的提高可以对厂商做出更大的贡献；同时，对参加培训的员工而言，由于其劳动生产率提高，可以获得更高的工资。

二、一般培训与特殊培训

关于在职培训，企业需要做出两个相关的决策：投资多少和如何设计培训期间和培训后的工资。关于投资多少前文已有说明，这里主要讨论培训期间和培训后的工资设计。

1. 一般培训

假设员工在接受培训之前，其边际劳动产品价值为 VMP_1，按照边际劳动产品价值等于工资率的原则，该员工的工资率应为 W_1。经过一段时间培训后，该员工的边际劳动产品价值提高为 VMP_2，那么应对应的工资率为 W_2。

那么由谁来支付培训成本？如果由企业来支付，企业为了补偿培训期间所付出的培训成本，培训结束后会支付给员工小于 VMP_2 的工资率，但是普通培训的技能适用于大多数的企业，那么参训员工就会离开所在的企业，而流向愿意付给他 W_2 工资率的企业。假定其他就业条件相同，培训之后，企业为了能留住员工，支付的工资必须等于 VMP_2。因此企业不愿意为员工提供适用性很强的一般培训，最终这一类培训任务往往交给学校来完成。

假设现在企业提供一般培训，按照上面的分析，受训员工应承担培训成本，那么他们以怎样的方式支付呢？比较合理的一个办法是员工在接受培训期间接受一个比参训前能获得的工资更低的起点工资。可用图 5-3 来说明这一问题。

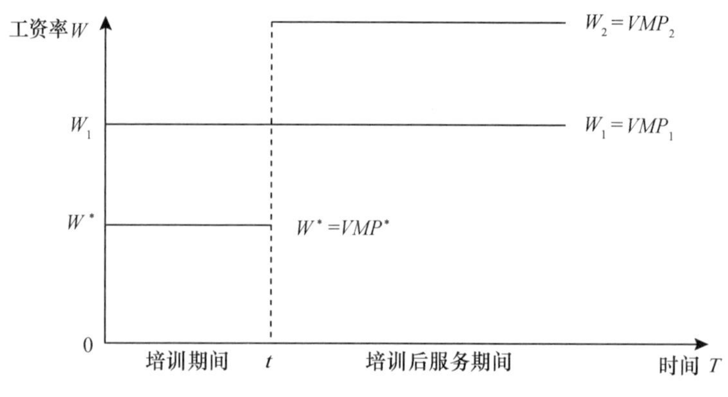

图 5-3　普通培训的成本与收益

在图 5-3 中，W_1 为员工没有接受培训时的工资率。培训期间内，员工的边际劳动产品价值为 VMP^*，此时由厂商支付工资率为 W^*，W_1-W^* 的差额部分为培训的成本，即由员工承担的培训成本。培训完后的服务期（$T-t$）内，雇主支付给员工的工资率为 W_2，因为此时员工的边际劳动产品价值为 VMP_2，W_2-W_1 的差额部分为培训的收益。

2. 特殊培训

与普通培训相比，员工是不愿意为特殊培训支付费用的。因为接受特殊培训的员工只能在本企业发挥更大的作用，一旦他们被厂商解聘或辞职去其他企业任职，那么他们能拿到的工资就和培训前一样。但是如果培训费用由厂商支付，员工在培训完出现流动情况，或者说只为企业服务很短的时间就辞职了，去其他企业拿 W_1 的工资率，这显然对员工没有任何损失，可是企业特殊培训的成本就收不回来了。

假定员工在培训后能留在企业工作很长时间，由雇主来承担特殊培训的成本以及获得收益，有必要重新设计成本承担和收益分享方式。那么就可以如图 5-4 所示来设计工资。

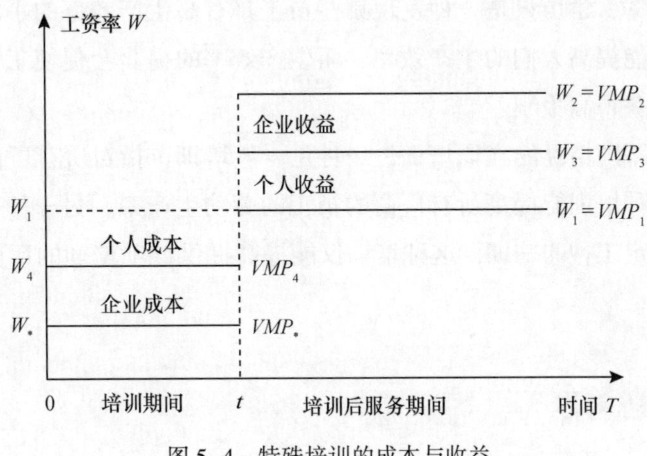

图 5-4　特殊培训的成本与收益

在培训期间可以向员工支付 W_4 的工资，尽管按照边际劳动产品价值等于工资率的原则，员工只能拿 W_* 的工资。W_1-W_4 的差额部分就是员工个人承担的培训成本，W_4-W_* 的差额部分就是企业承担的培训成本。在雇用期间可以向员工支付 W_3 的工资，W_2-W_3 的差额部分是企业预期的培训收益，W_3-W_1 的差额部分是员工个人预期的培训收益。在特殊培训的条件下，员工的辞职率要低于普通培训条件下的员工的辞职率，因为受训员工承担了部分培训成本，而且得到的特殊技能还不被其他企业所接受。同样，企业也不愿意解聘员工，因为此类员工的离去会给企业带来损失。至于双方各自承担多少成本与分享多少收益，可通过双方协商解决。

【本章小结】

人力资本是指通过教育、培训、保健、劳动力迁移、就业信息等获得的凝结在劳动者身上的技能、学识、健康状况和水平的总和。人力资本具有以下特征：人力资本存在于人体之中、人力资本具有时间性、人力资本具有客观性、人力资本具有收益性、人力资本具有累积性、人力资本具有个体差异性、人力资本具有无限的潜在创造性、人力资本具有很强的社会性。

人力资本投资，是指投资者通过对人进行一定的资本投入，增加或提高人的智能和体能，这种劳动能力的提高最终反映在劳动产出的增加上，人力资本投资具有以下特征：人力资本投资具有连续性和动态性、人力资本投资主体与客体具有同一性、人力资本投资收益形式具有多样性、人力资本投资的投资者与受益者具有不完全一致性。

一般认为教育有两种功能。一种功能是信号功能。高等教育并不一定能保证提高受教育者的生产率，学历只是一种发现哪些员工具有高生产效率的手段。另一种功能是接受高等教育能提高人们的生产效率，而生产效率的提高会促使工资水平提高，因此高学历的人能获得高报酬。

要区分两种不同情况的在职培训，一种是一般培训，指对所有厂商和行业都有用的技能培训，这种培训能提高所有厂商的员工的劳动生产率。另一种是特殊培训，它是指只适用于特定工种的培训，这种培训仅能提高提供该项培训的厂商的员工的劳动生产率。

复习思考题

（一）单项选择题

1. 一般培训的成本通常由（　　）来支付。

A. 企业　　B. 员工　　C. 政府　　D. 社会

2. 1959 年，美国经济学家（　　）首次提出了人力资本的概念。

A. 西奥多 · 舒尔茨　　B. 马歇尔　　C. 加里 · 贝克尔　　D. 卢卡斯

3. 下列哪个不是人力资本的特点（　　）。

A. 间接性　　B. 同质性　　C. 迟效性　　D. 长期性

4. 对人力资本投资理论的推论，下列错误的说法是（　　）。

A. 年龄越小收益越大

B. 目光短浅者的学习贴现率较高

C. 上大学成本越高，大学入学人数越少

D. 人力资本的核心是提高人口质量，教育投资是人力投资的主要部分

5. 上大学的间接成本是指（　　）。

A. 上大学的杂费　　B. 上大学放弃的工作收入

C. 上大学的住宿费　　D. 上大学的心理压力

6. 高等教育的信号功能是指（　　）。

A. 高等教育可以产生大量的外部收益

B. 高等教育可作为厂商筛选员工的最实用工具

C. 高等教育可以提高劳动者的收入

D. 高等教育可以提高劳动者的道德水平

（二）思考题

1. 什么是人力资本投资？有什么特点？

2. 如何理解人力资本投资的净现值分析法？

3. 如何理解人力资本投资的内含收益率分析法？

4. 如何理解人力资本投资的边际分析法？

5. 就个人如言，获得大学教育所带来的成本和收益是什么？从全社会角度来看呢？

6. 当经济持续衰退时，你认为大学入学人数是增加还是减少？为什么？

7. 有人说，“我不愿意给员工培训，因为培训后他们会流失的”，这种观点是否正确？

8. “以文凭论英雄”的观点是否合适？

（三）案例分析

专家称中国劳动力素质不高，与市场需求不匹配

2013年1月16日上午，《经济学人》邀请120位银行及金融业高管、政府官员和著名学者举办第二届“领军者系列：中国”峰会。

北大光华管理学院教授朱善利谈到就业问题时称，在中国高素质的劳动力还是缺乏的，或者说现在劳动者的素质还不能够满足经济结构调整的需要，还不能够适合经济发展的需要。

北大国家发展研究院教授黄益平则表示，低端的劳动力已经出现短缺，但是对于那些教育程度比较高的人来说，却又找不到工作，这种不匹配的现象的出现是因为，中国是全世界的制造工厂，很多行业还是属于低端的劳动密集型行业，他们占了中国出口的75%。与此同时，在房地产、基础设施方面的投资，又占了中国全部固定资产投资的一半以上，占了国内生产总值的一半以上，这意味着国内生产总值的一半以上都属于劳动密集型行业。这样的话，在低端劳动力市场确实可能出现劳动力短缺的状况。

而对大学生来说，他们应该成为白领工人、应该成为高端制造业的产业工人，应该成为高级人才，但是相应的行业本身发展是比较初级的，所以他们找不到工作。

思考讨论：

（1）我国劳动力素质不高的原因是什么？

（2）如何提高劳动力素质？

（3）文中提到高学历人才也会失业，这又是什么原因？

【实训项目】

（一）实训目标

1. 加深对人力资本投资的认识。

2. 加深对教育投资的认识。

3. 把握企业培训投资决策。

4. 锻炼资料检索和整理能力，提高阅读能力。

（二）实训项目和要求

所在地区就业人员继续教育与培训状况调查。

（1）了解所在地区就业人员继续教育情况、企业对于员工培训情况。

（2）依据调查撰写所在地区劳动力市场人力资本投资分析报告。

项目六

劳动力流动

【项目说明】

本项目主要对劳动力流动的相关概念、劳动力流动决策以及劳动力流动的决定因素进行介绍，使同学们对劳动力流动及其成因和影响有一个总体的、概括的认识，知识结构如下：

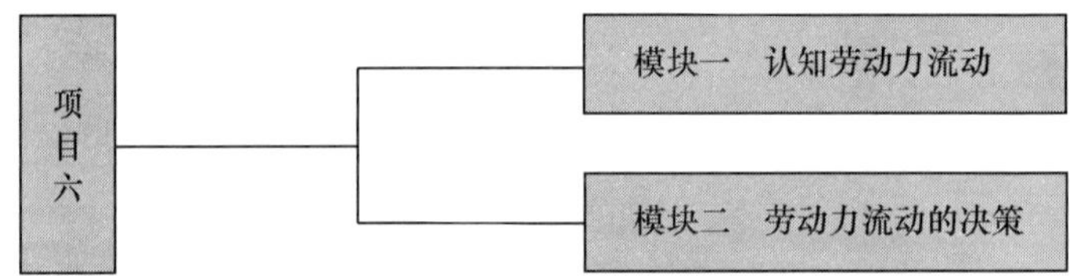

【项目导入】

一、主题案例

改革开放四十年与中国人口大流动

（一）改革开放四十年人口大流动的历史经验

中国改革开放四十年来，大规模、长时间的人口流动是我国经济社会发展历史进程中的标志性事件。1978 年党的十一届三中全会以来，亿万农民在改革开放的大潮中，从农村走进城市，投身中国工业化、城市化和现代化建设。目前我国流动人口总量达到 2.44 亿人，约占全国总人口的 18%。四十年的时间里，6 亿多农村人口转移到城市，人口规模超过欧盟 27 个成员国人口总规模。这种长时期、大规模的人口流动迁移不仅在我国历史上而且在世界历史上都是一个伟大的奇迹。四十年波澜壮阔的人口流动迁移浪潮，是改革开放推动的结果。

（二）改革开放四十年人口大流动的未来趋势

党的十九大报告提出，要促进生育政策和相关经济社会政策配套衔接，加强人口发展战略研究；以城市群为主体构建大中城市和小城镇协调发展的城镇格局，加快农业转移人口市民化；破除体制机制弊端，促进劳动力、人才社会性流动等。这对新时代人口发展提出了更高的要求，也为我们做好流动人口工作提供了科学的行动指南。

未来的二三十年中，我国仍将处于城镇化快速发展的阶段，根据联合国预测，到2030年中国城市化率将达约70%，对应城镇人口为10.2亿，比2017年增加约2亿，大规模的人口流动仍然是我国经济社会发展中的重要现象。同时，随着资本等生产要素在全国和全球范围内流动和配置速度加快，必将引起人才和劳动力的大范围变动，人口流动将成为社会发展的常态，并且呈现出一系列新特征。

第一，在流动方向上，2010年以来，随着沿海地区产业转型升级、中西部地区产业承接以及老一代农民工老化，部分人口逐渐回流至中西部，近年来安徽、湖北、四川等省份跨省流动减少，人口回流明显。东北地区受区域经济发展的影响，人口持续流出的势头没有得到扭转。随着户籍制度改革的推进，城乡人口流动趋缓，城市与城市之间流动增加，城城流动将会成为主流。

第二，从流入地来看，近年来国家对一些超大城市的人口规模进行调控，人口流入有所减缓，但人口继续向一二线城市和大都市圈集聚的趋势并没有改变。从不同类型的城市来看，人口持续流入一线、二线城市，三线城市人口流入、流出基本平衡，四线城市人口持续流出。

第三，从流动人口的构成看，流动人口的平均年龄有所增加，从2011年的27.3岁升至2016年的29.8岁，“80后”“90后”新生代占流动人口总数的75.2%，成为主力军；2015年流动人口在流入地的平均家庭规模为2.61人，超过一半的家庭有3人及以上同城居住，家庭化迁居正呈现大规模、持续性扩张的趋势，已经代替个体流动成为人口流动的基本趋势。

第四，少数民族流动人口有加速发展的趋势，流动原因逐渐从社会性原因为主转为经济性原因为主，长距离流动现象也越来越多。随着新型城镇化战略、西部大开发战略以及民族地区的发展，少数民族流动人口规模将越来越大。

第五，国家间的人口流动也逐渐加快，随着我国改革开放程度不断深入和全球化发展，大量外籍人口进入中国务工、经商。目前我国常住的外籍人口达到60万。外来移民也是流动人口的一部分，在机构改革中国家专门成立了移民局，对国外的流动人口进行管理。

资料来源：改编自肖子华：《改革开放四十年与中国人口大流动》，载《人口与社会》，2019-01。

二、学习目标

1. 理解劳动力流动的概念和主要形式。
2. 理解劳动力流动的成因及其经济影响。
3. 了解影响劳动力流动的决策机制。

模块一　认知劳动力流动

一、劳动力流动的定义

在市场经济中，劳动力作为商品，同其他商品一样具有流动性。生活中我们常听到某某“跳槽”了，某某换了新职业，某某到外地工作去了等，这都是劳动力市场的常见现象。劳动者通过上述形式的流动追求自身效用的最大化，雇主通过招聘、解雇劳动者，关闭企业，扩大或缩小企业规模和变更地址来应对不断变化的经济形势。劳动者和雇主的这些行为使得劳动力从一家企业到另一家企业、从一种职业到另一种职业、从一个地区到另一个地区流动。一个社会正是依靠劳动者在不同的职业、不同的企业以及不同的地区等之间的自由流动，从而以一种同时使劳动者达到效用最大化和企业达到利润最大化的方式来进行劳动力配置的。

劳动力流动，是指在劳动力市场上劳动力为了获得更高的劳动报酬而在地区间、产业间、部门间、就业状态间、企业间乃至工作间的转移。劳动力流动，是劳动力商品化的结果，是劳动力追求价值最大化的直接表现。劳动力流动在某些情况下也被称为劳动力迁移。

劳动力流动和人口流动是有区别的。劳动力流动是比人口流动有着更严格限制的定义，劳动力流动通常不考虑随父母迁移的儿童和退休人员在退休时或退休后的流动。这是因为退休人员的移动和在职人员的移动受不同原因的支配。退休人员经常是流动到气候宜人和那些生活费低的地方，因为这样能够增大他们退休金的实际价值，从社会保障中得到更大的利益。

劳动力流动与一般商品流通不同，一般商品流通会导致所有权与使用权同时转移，而劳动力流动只让渡自身的使用权并不让渡自身的所有权。

二、劳动力流动的类型

按照劳动力流动的地域和职业特征，可将劳动力流动分为以下四种基本类型。

1. 岗位流动

这种类型是指劳动者依然从事过去所从事的职业，而且居住地也不改变，只是从一个单位换到另一个单位，或者从某一工作岗位换到另一工作岗位。这种流动发生的频率较高，例如，某公司的销售经理跳槽到另一公司担任销售经理，一个银行雇员被从一支行调动至另一支行从事相同工作。

2. 职业流动

这种类型的流动是指劳动力的职业变动，但不伴随地点的变动。这类流动大多数是流动到与原职业紧密联系的职业中去，例如，一个销售员因业绩优异被提升为销售经理。另外也有可能是劳动力由于自身或外界原因主动转换职业，例如，公务员下海经商。

3. 企事业单位间流动

这种类型的流动是指劳动力的职业没变，但在地区之间或者国家之间进行流动。例如，一位律师离开了北京的事务所而去了深圳的一家事务所。

4. 地域流动

在跨地区劳动力流动中，大多都涉及职业变动。因此，这些变动既涉及地点变动，又涉及职业变动。例如，一名中学教师从一个小镇迁出，到相距很远的城市从事企业行政管理工作。

三、劳动力流动的原因

劳动力流动的研究表明，70%~80%的人口流动是由经济原因引起的，其中约30%的人是为了改变职业和工作。也就是说劳动力流动的最直接动因是经济动因，这种动因主要源于以下六个因素。

1. 区域间劳动力供求不平衡

劳动力资源和劳动力供给需求状况在各国间、不同地区间有很大差异，影响劳动力资源供求的不仅有各国人口和劳动力的自然因素，比如人口的绝对密度及数量，也有国家和不同地区的经济发展水平和速度。在经济发展较快的地区，人口的自然增长赶不上生产对劳动力需求的增长，就会出现所谓的劳动力短缺，就业相对容易，于是对劳动人口相对过剩地区的劳动力产生吸引力，导致这些地区劳动力的流入。一般来说，劳动力从经济发展较慢的地区流向经济高速增长的地区。

2. 经济发展水平的差异

经济发展水平的差异决定了劳动力供求的变化，例如，在发达地区，农业过剩人口释放已经接近完毕，剩余劳动力在工业化过程中逐步被吸收，庞大的经济规模与巨大的劳动力市场和劳动力吸收能力同时存在，创造的就业机会远远高于不发达地区，劳动力自然从工业化程度较低的地区向工业化程度较高的地区流动。也就是说，人们会从工资报酬机会相对较差的地区向工资报酬机会较好的地区迁移，目标地区较好的机会所产生的“拉力”与原来地区较差的机会所产生的“推力”共同作用，强化了劳动力流动。

3. 区域间劳动力工资差别

因为同一质量的劳动力在不同地区的工资收入不同，引起劳动力从低工资地区向高工资地区迁移。以储蓄为目的的短期劳动力流动，最重要的影响因素是工资差额，而劳动时间长短、生活水平高低等相对不太重要，因为流入劳动人口并不把收入的主要部分用于当地消费，他们一般不考虑当地消费水平。但长期移居的劳动人口，生活水平与实际工资对决策就有直接影响了。

另外，有些地区的工资报酬分配结构比另外一些地区的工资报酬分配结构要更平均，在这些地区中，技术工人和非技术工人之间的平均工资报酬差别要小一些，这意味着这些地区的人力资本投资收益比另一些地区要少，为了获得最大的人力资本投资收益，这些地区的一部分劳动者就会有流动或迁移。相对而言，不发达地区的工资和报酬分配一般较为平均，所以更可能发生劳动力流动甚至移民的现象。

4. 经济周期的影响

一般情况下，一个国家或地区经济繁荣时，企业对劳动力需求大，就业机会多，工资较高，劳动力市场对外来劳动力既有吸引力又具备一定容量，将会吸引较多劳动力的流入。反之，经济衰退时，不仅劳动力流入会暂时停止，还会引起劳动力外流和外来劳动力倒流。此外，一些局部危机、灾难、战争等因素也可能造成经济波动，对劳动力流动产生影响。

劳动力市场周期对劳动力流动也产生影响。当劳动力市场较为宽松的时候，辞职率呈上升趋势，劳动力流动上升；当劳动力市场紧张的时候，辞职率呈下降趋势，劳动力流动减少。

5. 国际资本流动的影响

当跨国公司在国外建立子公司时，除了在当地雇用员工外，一般要带走一些本国员工以承担管理、培训等工作。对于移入国来说，迁移到此的劳动力实际上增加了所在国的劳动人口。这些人既是生产者，又是消费者，他们为该国增加的总产量与消费的总产量的比值决定了流入目的地原有公民从总体上看是变得更富有还是更贫穷。另外，迁移劳动者将其收入的一部分汇回输出国时，输出国获得了宝贵的外汇收入，而对于劳动力流入国来说，该货币构成了它们的外汇支出，正是这样的“支出”和“流入”使资本的流动得以保持蓬勃的朝气。

6. 工作匹配的意愿

人力资本理论认为，从单个劳动力角度来说，变换工作是一种有成本的交易，只有在预期收益相对较高的情况下当事人才会自愿采取这种交易，因此，工作流动成为劳动者改善自身薪酬福利的手段之一。从更为全局性的角度来看，劳动力流动执行着使劳动者与那些对他们劳动技能评价最高的雇主匹配起来的社会功能。由于劳动者与雇主间信息的不对称，因此一位劳动者与一位雇主最初达成的“匹配”很可能不是最优的，也不会永远保持在最优水平上。雇主会解雇实际生产率比预期低的劳动者，而当劳动者所具备的资质能使其在别的地方获得更高的工资时，他们会希望离开原雇主。经过这样一个过程后，通过流动会使劳动者和雇主逐步接近良好匹配的目标。当劳动者与雇主之间的匹配不吻合，他们的雇佣关系就会结束，流动就会出现，反之，如果两者之间达成了一种良好的匹配关系，雇佣关系就可得到延续。

模块二　劳动力流动的决策

一、劳动力流动的决策机制

劳动力的流动，在微观上可理解为理性经济人的一种人力资本投资活动，在此活动中既有收益，也要付出直接和间接的经济成本。因此，劳动者在流动之前，流动收益与流动成本的比较是其决策的最基本依据。

通常，劳动力流动基于以下两个假设。

第一，劳动力的流动是劳动者为了实现自己的利益而自愿选择流动行为。这里的劳动力流动不包括由于雇主造成的流动。

第二，劳动力市场中劳动力有流动的可能性。

在上述假设下，劳动者的流动决策可表示为：

流动净收益现值=流动收益现值-流动成本现值

当劳动力流动的净收益为正数时，劳动者才可能做出流动的决策，劳动力流动才会发生。如果流动成本大于流动收益，劳动力流动的净收益为负数时，流动是得不偿失的行为，劳动者就不会做出流动的决策，流动也就不会发生。

二、劳动力流动决策的影响因素

根据经济人的假设，经济动机是个人自愿流动的最直接原因。只有劳动力流动的收益大于劳动力流动的成本时，劳动力流动的愿望才会付诸实施，否则，不可能产生劳动力的流动。下面，我们从劳动者个人、企业、劳动力市场以及社会环境四个方面来加以分析。

1. 影响劳动力流动的劳动者因素

（1）年龄

年龄是劳动力流动决策的一个重要影响因素。当其他条件相同时，劳动者年龄越大，其流动的可能性越小。原因主要有两个方面。一是人力资本投资收益时间。人力资本投资理论指出，从一项投资中获得收益的时间越长，这些收益的现值就越大。因此，相比较而言，年轻人在人力资本投资后的收益时间较年长者长，其获得的潜在收益就会越高。二是迁移的心理成本。年长者通常情况下比年轻人的迁移成本更高，因为当一个人年纪越大，与社会联系就会更为紧密，与迁移相联系的心理损失会越来越大，这种情况会抑制迁移。

（2）家庭

劳动力流动成本随家庭规模扩大而成倍增加。在年龄、教育背景相同时，已婚者较单身者更不容易流动。相比那些配偶不工作或工作报酬很低的已婚劳动力而言，配偶有工作或工作收入较高的劳动者更加不易流动，此外有学龄儿童的家庭也更加不容易流动。

（3）教育

教育是同一年龄群体内部影响劳动力流动大小的重要因素。拥有更高学历的劳动者更倾向于流动到新地区，因为他们在新的地区获得工作的可能性较学历较低的劳动者高很多。

（4）流动的距离

劳动力流动的决策可能与流动的距离呈反向关系。距离越远，潜在流动劳动者获得有关工作机会的信息就越少，且运输成本及迁移的心理成本也随着距离的增加而增大。

（5）其他

除前面因素外，还有很多因素都会对劳动力的流动产生影响。如劳动者的性别，在许多市场经济国家，女性劳动者较男性劳动者离职率高，在职年限短。劳动者的技术等级与劳动者的流动率成反比，技术水平越高，流动率越低。管理人员和专业人员的流动性比熟练工人的流动性小得多。

2. 影响劳动力流动的企业因素

从企业角度来说，企业的规模、所处的地理位置和企业的文化以及领导的风格等都会对劳动者的流动有一定的影响。首先，一般情况下，企业的规模越大，员工的流动率越低。因为大企业往往能提供更高的工资水平和多样的工作岗位及晋升空间。其次，企业所在地其他组织数量多少决定了劳动者流动后获得新工作的机会及居住的成本。如果企业位于企业数量较多的地区，员工在其他企业找到工作的概率就大，也不必更换居住地点，在其他条件相同的情况下，员工流动率会比较高。最后，企业文化及领导风格会影响员工对企业的满意度，当员工对企业的满意度降低，其心理收益降低，将会成为员工流失的重要因素。

3. 影响劳动力流动的劳动力市场因素

劳动力市场的周期波动是劳动力流动的重要因素。当劳动力市场供大于求时，劳动者找到新工作的概率下降，市场上失业人数上升，很多企业即使招聘员工，所提供的工资水平也下降，已就业的劳动者流动动机明显削弱。反之，当劳动力需求大于供给，劳动力的流动率自然会上升。

4. 影响劳动力流动的社会因素

劳动者所处的社会环境因素也会对劳动力流动产生重要影响。首先，国家和地方政策影响着劳动力流动的成本。例如美国有一种流动文化，住房买卖和出租很方便且成本不高，这样使劳动者在美国进行流动的障碍降低，成本也较低。相对来说，日本的住房制度就使得劳动者的居住成本较高。其次，目的地的特性对于不同年龄段的人的影响不同。对受过良好教育的年轻人而言，目的地的商业环境比消费设施对其流动决策影响更大。最后，对于国际迁移而言，目的地的语言、气候乃至犯罪率等都是流动者决策的重要因素。

综上所述，上述因素尽管有差异，但仍有共同的特征：它们通过影响流动的预期收益、预期成本或同时影响两个方面进而影响流动收益的净现值。

三、劳动力流动的效应

劳动力流动是工业革命以来社会生产过程中技术不断变革的客观要求，现代工业的技术基础在本质上是革命的，生产技术基础发生的变革使劳动力的职能、劳动者的就业分布、劳动过程的社会结合不断变化，不断将大量的生产资料从一个生产部门转移到另一个生产部门，使劳动者变换职位成为经常发生的现象。劳动力流动对劳动力市场的运行和劳动资源的合理利用具有重要意义，但同时劳动力流动对雇主、雇员和整个经济也有一定的负面影响。

1. 劳动力流动的正面效应

（1）劳动力流动促进人力资源合理利用

劳动力流动对劳动力市场的运行和劳动力资源的合理配置具有重要影响。经济学家认为，工作是雇主与劳动者双方匹配的结果，而不仅仅是雇主决策的结果。如果匹配受阻，会制约员工的流动，可能造成人力资源的浪费。流动是劳动者选择职业、企业选择劳动者的重要机制，可以使劳动者和职位在一定程度上接近最佳匹配，从而实现劳动力资源的合理利用。

（2）劳动力流动促进地区经济发展

劳动力通过流动，使劳动者从衰退的产业、部门和地区流向发展迅速的产业、部门和地区，能够使不同产业、部门、地区按照经济发展的需要配置劳动力，提升劳动力质量，从而促进经济发展。

（3）劳动力流动能促进劳动力市场提升活力

劳动力的流动使工作充满了竞争性，劳动者为了改善其劳动地位，必须在这一竞争压力下不断提升自身素质以满足职位的要求，这就在很大程度上提高了劳动力市场的活力与效率。

2. 劳动力流动的负面效应

劳动力流动对劳动者、企业和整个经济都可能产生某些负面作用。对企业而言，当一位新员工取代一位有经验的离职雇员时，雇主需要支付新员工培训费用，并在一定时期内承担新员工生产效率低下带来的损失。对劳动者而言，流动可能会造成失业，还会带来心理负担。所以，劳动力流动是有代价的。

劳动力市场需要适度的流动来保证经济的效率。但这个目标即使在美国这样的具有高度流动性的发达国家，其实现程度也大大低于经济学家所论证和所期待的目标。原因主要有以下四点。

第一，劳动力流动并非完全是自愿性流动，如被雇主解雇。

第二，劳动者本身对工作的评价，在很大程度上影响劳动者的流动。劳动力市场上可能存在一方面某些岗位有较高的失业率，一方面又有若干工作岗位无人问津的现象。

第三，不能掌握劳动力市场供求的完全信息，限制了劳动力流动及其合理性。

第四，劳动者能够选择职位和工作范围的有限性也影响了劳动力流动的合理性。

因此，在劳动力市场中，通过劳动力流动来实现劳动力市场上人力资源的合理利用具有相对性，劳动力市场的自由运行机制并不能完全解决人力资源的合理配置问题。这一判断有助于我们拓宽对劳动力资源合理利用的思考空间。

【本章小结】

劳动力流动是市场机制下一种重要的经济社会现象。本章重点介绍了劳动力流动的一些基本理论。模块一让我们了解劳动力流动的概念、类型和流动的原因。在模块二中我们探究了劳动力流动的基本决策机制、主要影响因素和劳动力流动带来的正面和负面的影响。

复习思考题

(一) 单项选择题

1. 劳动力迁移成本是劳动力在流动中发生的（　　）。

A. 中间成本　　B. 间接成本

C. 直接成本　　D. 直接成本+间接成本

2. 影响劳动力流动的决定性因素是（　　）。

A. 健康状况　　B. 社会文化因素　　C. 经济因素　　D. 人际关系

3. 有关劳动力流动的决策，以下陈述正确的是（　　）。

A. 与年长者相比，年轻人回收投资的年限更长，因而也更喜欢流动

B. 劳动力流动成本随着家庭规模扩大而递减

C. 流动距离越远，可能流动的劳动者获得工作机会的信息将越多，流动成本趋于

下降

D. 技术水平越高，职业流动率越高

4. 年龄与劳动力迁移的心理成本呈（　　）。

A. 正相关　　B. 负相关　　C. 不相关　　D. 不确定

（二）多项选择题

1. 影响劳动力流动的个体因素包括（　　）。

A. 年龄　　B. 家庭　　C. 受教育年限　　D. 流动的距离

E. 婚姻

2. 相对于近的地方，人们不愿意迁移到距离较远的地方，主要是因为（　　）。

A. 信息成本高　　B. 心理成本高

C. 迁移成本高　　D. 可获得的薪水低

E. 可获得的薪水高

（三）名词解释

劳动力流动。

（四）简答题

1. 劳动力流动的成因是什么？

2. 劳动者是如何做出迁移决策的？

3. 劳动力流动有何意义？

【实训项目】

（一）实训目标

1. 通过案例使学生了解中国近年劳动力流动情况及变化趋势。

2. 深刻理解劳动力流动的主要成因及影响因素。

（二）实训项目和要求

中国人口流动特征及原因

自20世纪80年代以来，随着经济社会的发展与户籍管理的放松，我国人口流动的规模急剧上升。据人口普查统计，2010年全国流动人口数量为26 094万人，比十年前增加了11 655万人，即目前近1/5的人口处于户口所在地与现住地分离的状态。如此大规模的人口流动是特定时期中国区域发展格局影响下的产物，也是未来影响全国城市化、工业化与现代化，重塑区域发展格局的重要因素之一。

一、中国人口流动的特征

1. 我国流动人口规模正在迅速扩大，人口的流动性迅速变强。我国的流出人口主要分布在经济发展相对落后的中西部地区，流入人口主要分布在经济比较发达的东部地区；人口迁出地的分布比较分散，迁入地则相对集中。省际人口流动格局主要表现为中、西部地区的流出人口集中流入东部长三角、珠三角和京津冀三大都市圈。其中，河南和四川是“全国性”的人口流出地。广东、浙江、北京是“全国性”的人口流入地。湖南、甘肃、安徽、河北、黑龙江、贵州为具有地区性影响的人口流出地，江苏、上海、辽宁为具有地区性影响的人口流入地。相比人口流出省，主要人口流入省的影响关系圈比较集中，影响强度也普遍比较强。

2. 从迁入地的层级来看，全国的流动人口有60%在城市（1. 33亿人）、25%在镇(0. 54亿人)，只有15%在农村（0. 34亿人）。并且省际流动人口比省内流动人口更偏向迁入城市和乡村，而省内流动人口比省际流入人口更偏向迁入镇。发达地区省内流动人口迁入地的层级高于欠发达地区，而省际流动人口迁入地的层级在各省市间的差异较小。

3. 从流动距离来看，我国人户分离及人口流动仍然多在省内，省内人户分离人口的平均流动距离正在变长；但流动人口的流动距离变化较小，省际流动相对省内流动减弱。

4. 从流动时间来看，全国人户分离人口的流动时间最多的是六年以上，其次是半年至一年和一年至两年，占比最少的是五年至六年和四年至五年；省内人户分离人口的流动时间比省际人户分离人口更长。省内人户分离人口的平均流动时间在发达地区长于欠发达地区。

5. 从性别差异来看，男性比女性流动性大，在较发达的地区这一差异较大，但在多数地区流动人口数量的性别差异非常小。男性比女性流动距离更长，但所在地区越发达差异越小。男女性对迁入地层级的选择在发达地区差别不大，而在欠发达的地区，女性的迁入地城市化指数普遍高于男性。此外，男性迁移原因与工作有关的比例高于女性，而女性迁移原因与家庭有关的比例高于男性，且迁入地城市化程度越低的性别间迁移原因的差别越明显。男性流动人口的受教育水平略高于女性。

6. 年龄方面，流动人口的年龄多集中在15~49岁的青壮年阶段，尤其是20~24岁最多。流动人口中省际流入人口的年龄水平比省内流动人口更加年轻，女性的年龄相较男性更年轻。我国人户分离人口特别是省际流动人口的迁移原因主要为务工经商。省际流动人口迁移原因中务工经商的比例发达地区大于不发达的大西北地区和西南地区大于中等发达地区。学习培训、婚姻嫁娶呈现出与前面相反的趋势，即中等发达地区大于不发达地区大于发达地区。其他迁移原因的占比在地区间的差异较小。

7. 受教育程度方面，全国人户分离人口中，教育程度为初中的最多（41%），依次是高中（23%），小学（16%），大学专科（10%），大学本科（8%），未上过学的以及研究生的占比都非常小。流动距离越远的，平均受教育水平越低。迁入地城市化程度越高，人户分离人口的受教育水平越高。省内人户分离人口平均受教育水平发达地区高于欠发达地区。省外流入人口的平均受教育水平在中等发达地区高于发达地区高于欠发达地区。西南地区省际流入人口受教育比例较高也说明西部大开发的成效开始显现。

二、人口流动的原因及影响

1. 区域经济发展格局依旧。人口流动的动力源于人们对经济收入与生活改善的预期存在地区差异，因此，流入地与流出地在就业、学习或者生活等方面的差异成为影响人口流动空间格局的主要因素，而这些综合表现或最终归因于区域经济发展的地区差异。在区位条件、资源禀赋、经济基础、区域战略、发展能力等多种因素的共同作用下，我国区域经济发展差距显著。总体上呈现出了东部沿海地区较为发达，中西部地区相对落后和东北地区有待全面振兴的局面。近年来，尽管在国内外宏观环境影响下，各个地区的发展表现出了一些新的态势与气象，尤其西部开发、中部崛起和东北振兴等均取得一定成效，但总体格局基本未变，东部沿海对经济要素和经济活动的吸引力仍十分强大。因此，十年来人口流动的区域格局依旧。2000年以来，人口流入西部地区主要是受西部大开发等几项重大工程的影响，此外还有边境贸易吸引与政府或民间支持西部发展工作的带动等。现阶段，西部大开发重大工程如西电东送、西气东输、南水北调和青藏铁路等主体工程已基本完成，工程项目建设拉动的人口流动趋于下降。中部地区近年在承接产业转移和发展新兴产业等方面取得一定成就，吸引了一部分外出务工人员的回流，但就业吸引力仍不能与东部沿海地区相提并论，因此人口大量外流的趋势未能根本改变。

2. 城市集聚效应持续增强。长期的城乡二元分割使得区域经济活动表现为显著地向城市尤其是大城市、特大城市、城市群和城市密集地区集聚的趋势。这种背景下，经济要素在城乡间不是循环交流而体现为城市巨大的虹吸效应，城市经济繁荣与扩张的同时带来的是乡村经济的萧条与萎缩，城乡差距越来越大，导致人口大量持续流入城市。我国小城镇普遍发育不足，基础设施与公共服务水平偏低，产业发展环境欠佳，难以满足人们对生产、生活及就业的需求，不但不能发挥就近吸纳农业剩余劳动力转移的作用，反而成为人口流出的最重要场所。

3. 外出务工人员素质整体偏低。目前，我国流动人口中受教育程度较低的普通劳动力占较大比重。近年我国农业生产取得了较大进展，解放了大批农村剩余劳动力，但是农业规模化、现代化水平整体不高，其带动下的农村非农产业也发育不足，就业拉动能力非常有限。所以，大量农村剩余劳动力只能选择进入城市打工。而外出务工之前，绝大多数农民工并没有接受过正规、系统的专业技能教育或培训，劳动密集型产业与企业成为他们唯一的选择。随着我国人口整体受教育程度上升，接受教育年限延长，流动人口外出年龄略有推迟。省内与省外流动原因构成存在一定差异，省外迁移务工经商比例高，而务工经商人口受教育程度普遍偏低。省内因学习培训而发生的迁移比重显著高于省外，所以造成省内与省外流动人口受教育程度差异较大。

4. 流入地人口接纳安置力度有限。由于人口流动而导致的家庭分离问题日益严重。父母与年幼子女的长期分离无论对家长还是孩子均有巨大的负面影响，但是成为留守儿童的孩子却越来越多。大多数留守老人的生活非常艰难，但仍有越来越多的子女远离他们独自外出谋生。其主要原因是人口流入地的接纳安置能力还十分有限。这种能力限制一方面是由于我国人口流入地相对集中，流动人口规模巨大，流入地基础设施与公共服务等压力过大，难以提供足够的流动人口随迁家属配套安置。另一方面，由于我国长期以来形成的户籍与居民福利、社会保障等紧密捆绑模式，使得流动人口难以进入流入地的资源供给体系。此外，现阶段我国以务工经商为主体的人口流动结构及其从事职业的特点决定了大部分人在流入地工作时间长、工作居住环境差、经济收入低，难以有时间和经济能力照顾随迁子女与老人的学习与生活。

资料来源：

宗钰. 中国人口流动特征［J］. 重庆第二师范学院学报，2016（7）.

刘玉. 中国人口流动格局的十年变迁与思考［J］. 西北人口，2014（2）.

1. 结合案例分析中国劳动力流动的趋势及变化，这种变化的主要原因是什么。

2. 结合案例分析中国劳动力流动的主要成因有哪些。

3. 结合案例思考当前阻碍劳动力流动的因素有哪些。

项目七

工资的确定及制度设计

【项目说明】

本项目主要介绍了工资的演变历史、工资形式、工资的影响因素、补偿性工资差别理论、工资制度设计与员工激励，使同学们对工资的确定和制度的设计有一定的认识，知识结构如下：

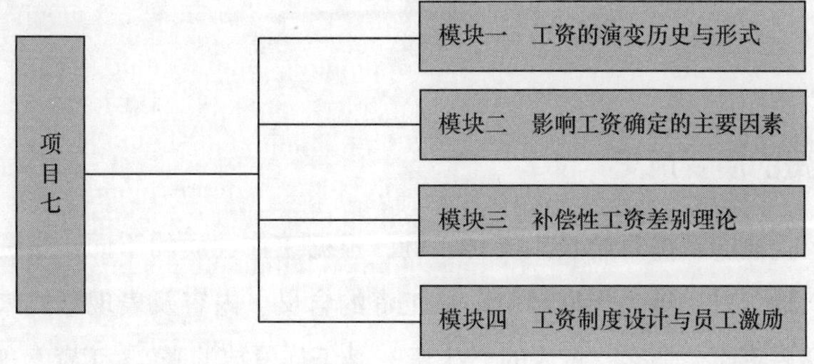

【项目导入】

一、主题案例

计件、计时还是计量？生产工人工资如何发放更有激励性？

DY 集团是多元化发展的综合性集团，炼油、精细化工、机电、房地产、旅游等产业都在当地同行业中数一数二，具有比较高的知名度。也正因如此，企业在招人、留人方面一直都没有什么问题，尤其是生产工人群体，一直都非常稳定。当然这种稳定对企业来讲并不一定就是好事，因为DY集团目前就面临着生产工人工作过于稳定、积极性不高、生产效率难以提升的状态。虽然企业一直也都有开展绩效考核，但是由于工人以当地人居多，相互之间社会关系复杂，绩效考核也只能是流于形式，并不能真正发挥奖优罚劣的作用。那么到底应该如何提高生产工人的工作积极性呢？生产工人的工资应采取计时、计件还是计量呢？

资料来源：https://baijiahao.baidu.com/s?id=1591898988028236620

二、学习目标

1. 了解工资的演变历史。
2. 理解工资的形式和工资的影响因素。
3. 掌握补偿性工资差别理论。
4. 理解工资制度的设计以及员工激励的方式。

模块一　工资的演变历史与形式

一、工资的演变历史

现如今，企业通常按月给员工支付工资，根据工作性质的不同，工资支付的标准可以按小时、日、月、年为周期结算。从工资的含义、内容及表现形式来看，工资的演变经历了众多阶段。那么，古人的“工资”是怎样发放的呢？“工资”的发放又经历了怎样的变化，最终演变为如今的模样呢？

1. 实物工资

在人类社会发展的早期，物资是均匀分配的，从事与农业和农业生产有关的劳动占较大的比重，他们主要依靠传统的手工方法建造房屋、从事纺织工作和制造家具。在奴隶社会，奴隶主的财产是奴隶，奴隶主强制奴隶从事生产和劳动，并且无偿占有奴隶所创造的财富。奴隶是没有工资的，仅能从奴隶主那里获得食物和少量的生活必需品。

在这两种社会形态下，没有“工资”一说。到了封建社会，以自然经济为主导，大多数情况下人们过着自给自足的生活。在民间，存在少量的雇佣劳动。在古代，大量存在的能够拿到正规“工资”的，主要是“公务员”，他们帮助皇帝管理国家，皇帝就负责给他们工资，以确保这些官员能够生存下去，毕竟官员并没有其他收入来源。

在很长的历史时期里，不管是打工的，还是当官的，实行的都是“年薪制”，即每年年底，长工拿到工钱，官员拿到俸禄，不过这时的“工资”并不是钱，而是实物，比如粮食、布帛等生活必需品，所以当官也有“吃皇粮”的说法。俸禄、“半钱半谷”的发放和月薪制在中国古代也出现过，但都不是主流形式。

2. 货币工资

直到18世纪工业革命以后，开始普及雇佣劳动，才出现了工资问题。越来越多的农村人受到工作和自由的双重吸引，纷纷涌向城市寻求工作。由于这部分农村人习惯实物报酬，因此雇主将工资一部分以现金形式支付，一部分以实物形式支付。有的工人从资本家那里领取实物券，然后到资本家开设的商店里换取一些生活资料，这些商店的商品一般质次价昂，短斤缺两。所以，在这种实物工资的工资形式下，工人在为资本家提供劳动力的生产过程中受资本家的剥削；作为消费者时再次受到资本家的剥削。工人受着双重剥削，大大降低了工人的实际收入。实物工资形式是资本家克扣工人工资、加重对工人剥削的一种手段。尤其是在经济不景气、商品滞销时期，资本家还可采取此类办法，将损失转嫁给工人。这种残酷的剥削形式，必然引起工人的反抗。在工人阶级的坚决斗争下，一些资产阶级政府不得不制定一些法令，限制或禁止采用实物工资制。目前在发达的市场经济国家，员工的工资都用货币支付。

3. 工资与薪水

现阶段，各国员工的工资发放基本采取货币支付的形式，员工可自由决定用货币去哪里购买以及购买什么物品。后来，随着脑力劳动与体力劳动的分化，白领阶层与蓝领阶层的出现，“工资”分化为针对蓝领工人按劳动数量和作业数量支付的工资，和针对白领员工按工作品质要求支付的薪水。

4. 薪酬

第二次世界大战后，现代的工资和薪水制度的内容不断充实并发生新的变化，虽然工作性质的差别依旧存在，但对薪水和工资的区别却失去了存在的价值，严格区分两者的差别已不再必要，于是人们开始普遍使用“薪酬”这一概念。现阶段的薪酬制度，基本工资和奖金占工资支付总金额的比重降低，带薪休假和延期支付等附加福利成为现代货币工资的重要补充形式。这样的薪酬制度，是符合现阶段社会发展的新的管理和激励的手段。

从工资的历史演变来看，工资的概念经历了不断变化，从实物工资到货币工资，再演化到工资和薪水的区分，从纯粹意义上的工资制度，直至发展到包括非货币福利和延期支付的薪酬或报酬。在每个阶段工资都被赋予了不同的内含，并且是满足当时的时代发展需要的，如图 7-1 所示。

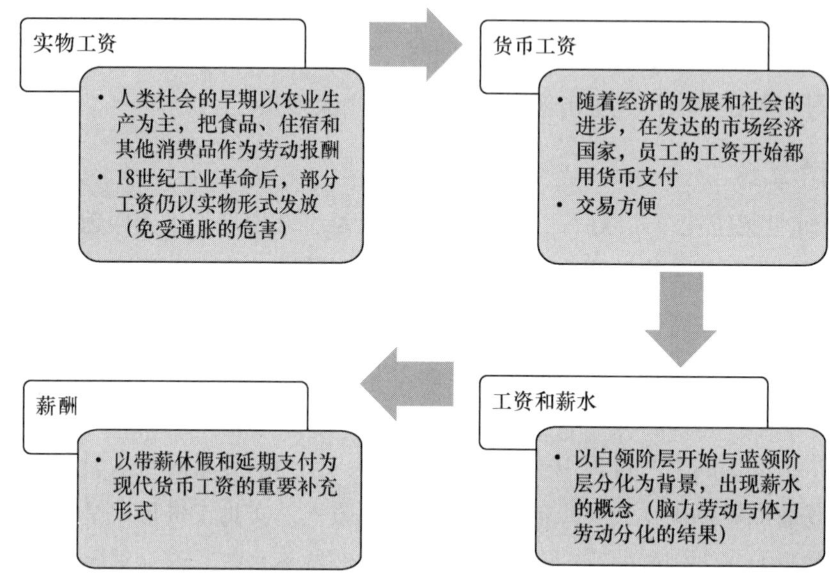

图 7-1　工资的演变历史

二、工资形式

所谓均衡价格，是指通过商品供给与商品需求的运动决定的商品价格，而工资则是劳动力作为生产要素的均衡价格，即劳动力的需求价格与供给价格一致的价格。

生产要素，是指进行社会生产经营活动时所需要的各种资源，是维系国民经济运行及市场主体生产经营过程所必须具备的基本因素。生产要素包括劳动力、土地、资本、企业家才能四种，这四种生产要素的所有者提供要素服务得到相应的报酬，依次为工资、地租、利息和利润。长期以来，我们只强调劳动在财富生产与价值创造中的作用，强调劳动参与收入分配的问题，而经常忽略其在其他生产要素的作用。而按生产要素分配，需要在继续凸显劳动作用的同时，对资本、技术和管理等生产要素予以足够的重视，使之也得到合理合法的回报。

依据要素类别分配社会总产品或收入，被称为功能性收入分配。作为劳动要素均衡价格的工资，也被称为劳动报酬。在厘清了工资等同于劳动报酬，工资是劳动力这一生产要素的均衡价格后，还需要掌握工资的形式。工资的形式即劳动计量的形式和工资支付标准的组合。工资形式的关键，是以何种方式精确反映和计量员工实际提供的劳动数量。

1. 基本工资

基本工资是雇主为员工已完成的工作而支付的基本现金薪酬，它反映的是工作或技能价值，是工资构成的主要部分。

（1）工资率

所谓工资率，也称工资标准，是指单位时间支付的工资数额。根据单位时间标准的不同可按小时、日、周、月和年分别规定，如小时工资率、日工资率、周工资率、月工资率（月工资）、年工资率（年薪）等。

（2）货币工资与实际工资

货币工资，也称名义工资，是指工人出卖劳动力所得到的货币工资数量。实际工资，是货币工资或名义工资的对称，是指在消除居民消费价格上涨、通货膨胀等因素后，用货币工资实际买到的各类生活资料和服务的数量。

一般地，根据名义工资（货币工资）和消费价格指数来计算实际工资，实际工资等于货币工资除以消费价格指数，因此，可用如下公式表示：

$$实际工资=\frac{货币工资}{消费价格指数}$$

公式表明：实际工资与货币工资水平成正比，而与消费价格指数成反比。即在消费价格指数不变的前提下，货币工资增加，实际工资也增加。在货币工资不变的前提下，消费价格指数增加，实际工资反而减少。在生活中，我们经常听到长辈说，以前的100元可以买到几袋米和几桶油，但是现在的100元或许只能买到一袋米，其实，这种现象就是对于同样的货币工资，消费品价格指数提高，实际购买力下降，即实际工资降低的一种现象。

（3）计时工资与计件工资

计时工资和计件工资是两种应用最为广泛的基本工资支付方式。

计时工资是把工资同劳动时间联系起来，根据员工的工作时间来计算工资的方式。计件工资是把工资同产量联系起来，按照员工生产合格产品的数量和预先规定的计件单价来计算工资的方式，目的是刺激员工提高产量。

在某些国家，通常把计时工资和计件工资这两种支付方式统称为“有形工资”。

2. 绩效工资

绩效工资可分为广义绩效工资和狭义绩效工资，广义绩效工资又称绩效加薪、奖励工资或与评估挂钩的工资。绩效工资以对员工绩效的有效考核为基础，从而将员工工资与绩效考核结果挂钩的工资制度。根据员工过去工作行为和已取得成绩进行核算，随员工个人的业绩变化而调整，可按照月度、季度和年度的时间周期发放。

3. 激励工资

激励工资是可变工资，和业绩直接挂钩，包括短期激励工资和长期激励工资。短期激励工资包括月度、季度奖励等，长期激励工资包括股票期权、利润和收益分享和员工持股方案等。

4. 福利

福利是劳动力价格的重要组成部分，也是工资的转化形式。福利、基本工资、绩效工资和激励工资共同构成了劳动报酬。福利的支付方式有两类：一类是实物支付，包括公司提供的免费或优惠工作餐、优惠商品或服务；另一类是延期支付，包括五险一金，比如基本养老保险、基本医疗保险的支付等。

福利支付项目中，实物支付是福利的具体表现形式之一。相较于等额商品，员工一般更愿意获得同等数量的货币，因为企业发放的实物并不一定是员工所需，而货币则可自由支配。尽管如此，实物支付仍然是很多企业支付员工福利的一种普遍方式，其原因主要体现在以下方面。

（1）实物支付能降低企业人工成本。因为现行的社保制度中，单位承担的社保缴费基数包括员工工资的各项组成部分，如果企业将实物部分转化为货币支付给员工，则企业为员工支付五险一金的缴费基数增加，从而会增加企业的人工成本负担；而以实物的形式支付，则可以减少企业的缴纳金额，降低企业人工成本。

（2）实物支付变相提高了个人所得税的纳税起征点。比如，一家企业为员工提供工作餐，这种实物支付的部分不会计算在员工工资总额中，不参与个人所得税的计算；而如果企业将每月300元的午餐补贴以现金的形式支付给员工，则300元是计算在其工资总额中的，须按照相应的税率缴纳个人所得税。实物支付可使员工获得税收优惠，实实在在获得等同实物价值的优惠，部分抵消了实物支付的缺陷。

（3）从社会角度看，实物支付能增加就业，改善居民生活质量。比如，企业为员工支付的粮油等实物，能一定程度上降低员工生活成本，改善生活质量。

福利的另一种具体的表现形式是延期支付，指企业现在支付一定量的货币作为保险基金，待具备享受条件后，员工获得使用权。延期支付的优点主要体现在以下方面。

（1）延期支付可适当降低企业承担的风险。企业为员工支付的社保存入国家统筹基金，当员工因疾病、工伤、生育或失业等暂时丧失劳动能力或失去工作机会时，由保险基金承担这些风险，达到企业风险的转移。

（2）延期支付形式多样灵活。比如，针对职业经理人或者高层管理者，企业通过年薪制、股票或分红等延期支付的方式支付其薪酬，可以促使其与企业有共同目标，为企业整体和长远利益出谋划策，而不是只重视短期绩效和成果。

（3）企业根据自身所处的行业特点自定的延期支付的福利项目，可增强职工的凝聚力和团队精神，借助延期支付的多种形式充分发挥薪酬分配的激励功能。

（4）延期支付能使某些保险基金实现积累，如职业年金、企业年金、补充养老保险或企业自定的健康保险等。

从劳动力供给者角度来看，福利、基本工资、绩效工资和激励工资是相互补充的，是劳动力供给决策的基本依据，均是员工付出劳动而获得的回报和收入来源。因此，员工在提供劳动、进行劳动力供给决策时，会同时考虑以上因素。

作为劳动报酬的主要组成部分和工资转化形式的福利，具有以下特点。

（1）法律强制性。某些延期支付的福利形式具有法定性，如五险一金。《中华人民共和国劳动法》第七十二条规定："用人单位和劳动者必须依法参加社会保险，缴纳社会保险费。"即用人单位和职工都有参加职工社会保险的法定义务，必须依法缴纳社会保险费，这体现了法律强制性。

（2）福利支付的基础是劳动，但并不一定与劳动量直接挂钩。基本工资与员工劳动量、技能和能力息息相关，但大多数福利只与员工工龄有关，而与劳动量无关，如享受带薪年休假的天数只与员工的累计工龄有关，而与员工是否加班或完成劳动量无关。

（3）灵活性。企业可根据自身经济支付实力和企业文化，结合企业和职工各自偏好，灵活设计基本工资、绩效工资、激励工资和福利的组合，以及支付的福利项目。同时，不同性质、不同规模、不同发展阶段的企业在福利支付项目方面也存在较大差异。

模块二　影响工资确定的主要因素

影响工资确定的因素有哪些？又或者说什么因素影响着工资水平的变动？这是经济学家一直在关心的一个重要话题，也是一个非常复杂的问题。从亚当·斯密 1776 年出版的《国富论》开始，无数的经济学家都尝试解释劳动力市场的工资确定的因素。影响工资确定的因素可以分为内在因素和外在因素两大类。

一、影响工资确定的内在因素

1. 员工的劳动和工作努力程度

（1）个人的努力程度是工资水平调整和变动的基本原因。薪酬设计则是对员工付出劳动及其工作努力程度的回报的一种制度安排。

（2）实践证明，在相同职位的情况下，工资水平的不同源于员工工作努力程度以及其创造的劳动成果或工作绩效的不同。

2. 职务高低与权力大小

国际劳工组织1956年的“日内瓦范本”认为劳动包括四大类要素：劳动责任、劳动技能、劳动强度、劳动条件。职务和权力归结为劳动责任，权力是由责任而来，责任是由判断或决定问题的能力而产生，对于责、权重的人给予较高的工资，实际上是因为责、权重的人做出决策或判断的正误对于组织生产的产品或提供服务的品质、市场、信誉与效益有决定性的影响。

3. 技术和训练水平

较高的工资包含人力资本投资回报的成分，即补偿学习技术所耗费的由直接成本、机会成本构成的人力资本投资。工作评价中的知识要素的选择，和国际上20世纪70年代以来流行的技能工资制度，都充分体现了技术和训练水平对工资确定的影响。从管理学的角度，体现技能要素的工资制度，也包含正向的激励。

4. 工作的稳定性

现实中，有些工作性质可能是稳定的，而某些工作性质则是不稳定的。工作不稳定的人按单位工作时间核算的工资名义上较高，其目的是补偿工作的不稳定性，其原因主要有以下三个方面。

（1）这些人过了合同期有可能失去工作，即可能处于失业的状态，失业期间将无收入。

（2）这些人在劳动期间没有社会保障，企业没有为他们支付保险等费用。

（3）这些人没有福利，如年终分红、法定休假和一定天数的带薪病假等。

5. 工作的危险性

工业化早期，劳动条件比较恶劣甚至具有危险性，在同样的劳动技能要求下，工作的危险性导致了工资的差别，即两个岗位如果对员工知识技能要求相同，工作危险性越高，所获得的工资越高。在现代社会，工作的危险性对工资的影响仍然存在。

6. 附加福利

附加福利是一种正常工资之外的补充，是另外一种职工乐意接受的报酬或福利，是雇主在劳动力费用之外的一种支付。附加福利包括不在工作时间的支付，比如我国11天的法定节假日工资照发、社会保险费用、企业补充保险或提供的住房或住房补贴等。

因此，在选择工作单位时，大部分人倾向选择公务员、事业单位和大型国有企业，原因之一是这些企业除了为员工支付现金报酬，还提供给员工附加福利，这是影响求职者择业很重要的一个因素。

7. 风俗习惯

受社会观念的影响，有些地区存在对女性的歧视，使得女性获得的工资比男性要低。尽管随着社会进步，这种不公平现象正在被打破，但不可否认，这些习惯在一定的时期内还会继续存在。

8. 年龄和工龄

一般来说，企业的薪酬结构中包括工龄工资，工龄越长，其工龄工资越多。工龄对工资正向影响作用主要通过两个方面表现出来：一是管理和技术职位的工作能力和工作业绩都与工作经验相关，工龄越长有可能职位越高，或者工作效率、质量更高，这些将导致工资的直接增加；二是工龄的增长会间接提高工资，比如在各类职称评定中，一般都会对工作时间做出一定限制，而职称评定又会间接影响到工资收入。

因此，工龄常在工资中起作用，其原因主要体现在以下三点。

第一，补偿员工过去的贡献。一般地，员工在企业的工龄越长，对企业越忠诚，对企业过去的贡献越大，为了给予这部分贡献以补偿，就会增加其目前的工资收入。

第二，减少劳动力流动。企业为了减少员工“跳槽”频繁的现象，保持员工队伍稳定，防止员工频繁跳槽给企业带来较高的机会成本和一定的经济损失，而采取工龄工资的政策。比如，工龄为1年的员工，每月的工龄工资为100元；工龄为2年的员工，每月的工龄工资为220元。

第三，平滑年龄收入曲线。员工年龄变化与收入的关系，如图7-2所示。

曲线*A*：按照现实劳动贡献，员工工资会随年龄增大而下降，一般不为员工所接受。

曲线*B*：工资制度与工作表现脱节，对员工工作激励不利。

曲线*C*：随年龄和工龄增大，人们的工资有所提高，但提高的幅度是适当而平滑的。工资随工龄年龄如*C*曲线这样发展，是大多数员工和企业最能接受的状态。

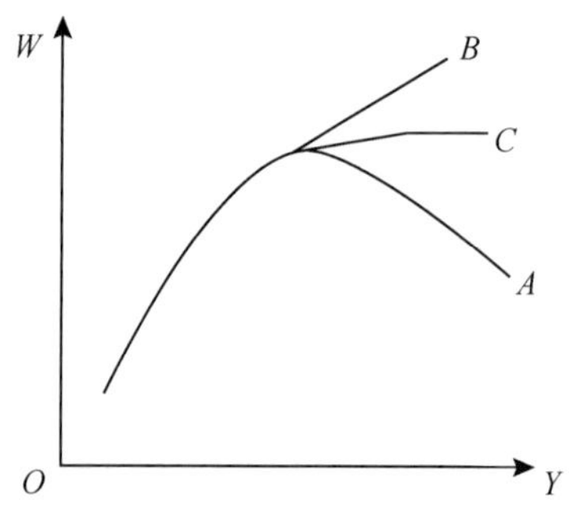

图 7-2　三种年龄收入分配曲线

然而，随着知识经济的到来，知识陈旧周期缩短，知识和能力的作用在不断强化，年龄和工龄的作用正在淡化。

如果说，影响工资确定的上述因素更多体现了工资与工作和劳动的联系的话，那么，影响工资的外在因素则更多体现了工资与劳动力市场和整个产品市场的联系。

二、影响工资确定的外在因素

在市场经济的条件下，影响工资确定的更为重要的因素是外在因素。什么是外在因素呢？它是指与工作特性与状况无关，但又对工资的确定有重大影响的一些因素。主要有以下六个方面。

1. 生活费用或物价水平

保证员工及其家庭获得维持生活费用的工资是制定工资率的基本考虑因素，故现在大多数国家都有最低工资制度。生活费用是指一个人日常衣食住行的费用。而决定生活费用的是物价水平，故企业职工的最低工资水平必须考虑地区物价状况。

2. 企业的经济效益状况或支付能力

企业是以盈利为目的，企业效益的好坏直接关系到员工的收入，相同的岗位在经营状况好的企业，会获得更高的收入；相反，如果公司入不敷出，现金流随时都会断流，可能每个月都没法按时支付工资。在我国，国有大型企业实行工资总额与企业经营效益挂钩的政策，就反映了这一要求。

3. 地区或行业的工资水平

企业所在地区或所属行业的环境，对员工工资的制定有很大的影响。在北上广深一线发达城市工作，工资要高于二三线城市，这也是为什么每年很多应届毕业生涌向大城市的原因之一。网上有一段话："人类历史上，只要是朝阳产业，全部可以拥有超过一般水平的工资收入。而成熟产业，就是社会平均水平。待到行业的衰退期，进入夕阳产业，收入就会大幅下降，进入累死也不赚钱的死角落。"这种说法虽然夸张，但表达出了行业对工资的影响巨大。

4. 劳动力市场的供求

优秀的职业经理人年薪高达千万，普通员工的工资年收入不足十万；新工业区的员工工资高于旧工业区的员工工资；"硕士诚可贵，钳工价更高"。这些都是劳动力市场的供求决定的，供给少，则工资高；供给足，则工资低。

5. 劳动力的潜在替代者

工资不但受现有劳动力的影响，还会受到劳动力市场中潜在替代者的影响。这个潜在替代者可能是机器，也可能是人，潜在替代者的存在可能导致工资降低。例如，用机器来代替劳动力，以愿意接受低工资的劳动者或临时工作者代替在职工人。

6. 产品的需求弹性

消费者的消费需求变化对企业的产量产生决定性的影响，这种产量的变化最终影响到企业职工的工资水平。产量受需求影响取决于产品的需求弹性，需求弹性越大，受影响的程度就越大，由此对企业工资水平的影响也就越强烈。产品需求弹性大的企业一般都实行浮动的工资制度。

综上所述，影响工资确定的外在因素包括生活费用或物价水平、企业的经济效益状况或支付能力、地区或行业的工资水平、劳动力市场的供求、劳动力的潜在替代者和产品的需求弹性。

模块三　补偿性工资差别理论

一、工作的非货币特征

工作的非货币特征是影响员工劳动供给与工作努力程度的非货币方面的因素，如员工的社会地位、名声高低、劳动条件、工作环境等，它是一种工作评价要素。

员工努力使自身的效用最大化，以获取更多的回报，这一假设意味着其既重视从事工作所能获得的货币收入，也同等重视工作中的非货币收入。倘使劳动力市场上的所有岗位所从事的工作内容是一样的，那么员工只需要从中选择薪酬水平最高的那份工作即可。如果不同的雇主提供的薪酬之间存在差异，则会导致员工从支付较低薪酬的企业跳槽到支付较高薪酬的企业。如果没有对这种劳动力流动设置任何的障碍，那么最终整个劳动力市场的雇主都将为员工支付同等薪酬，包括货币收入和非货币收入。

国际劳工组织在 1956 年的“日内瓦范本”中，提到劳动的四大类要素：劳动责任、劳动技能、劳动强度、劳动条件，劳动条件作为劳动的四大类要素之一，对员工的工资是会产生影响的。比如，有些工作是在清洁的、现代化的环境里完成的，有些工作则是在有噪声、粉尘的环境里完成的；有些工作使得员工在工作的时间和空间上有一定的自由度，有些工作赋予员工的自由和灵活性较少。

这些人们不太喜欢的工作特征，尽管都与劳动条件或特殊的工作性质相关，但仍有不同。粉尘、噪声、辐射、高温、低温等能通过一些工具和技术测量，但社会地位、名声等则无法量化。对这些非货币特征的分析，最早可追溯到亚当·斯密在 18 世纪对补偿性工资理论的讨论。

二、补偿性工资理论分析

假设有 2 名技术工人同时得到了两位不同雇主提供的工作机会。雇主 A 支付的工资是每小时 30 元，工作环境安静、工作条件清洁；雇主 B 支付的小时工资标准也是 30 元，但其工作环境脏乱而且噪声很大。在两个岗位从事的工作内容完全相同的情况下，2 名技术工人会如何选择雇主呢？很显然，几乎每个人都会选择雇主 A，因为工作内容相同，两名雇主提供的工资待遇相同，但雇主 A 提供的工作条件要好些。

雇主 A 会发现，提供 30 元的小时工资标准很容易吸引求职者，则不会考虑给员工涨工资；而雇主 B 为了吸引求职者，填补企业技术工人的空缺，就必须使工厂变得更整洁，或者提高本岗位的工资水平，或者两者同时进行。假设雇主 B 不改变原来的工作条件，则其为了引入合适的人才，需要使本企业的工资待遇在整个劳动力市场上有一定的竞争力，就必须支付求职者高于每小时 30 元的工资。这种为了吸引劳动者而必须支付的额外工资，被称为补偿性工资。如果在工资方面不存在这种差异，那么，雇主 B 就不能像雇主 A 那样吸引劳动者到本企业工作。

1. 补偿性工资理论的三个前提

补偿性工资差别是与各种不同的工作特征联系在一起的。正的工资差别（较高的工资水平）与“不好的”工作特征联系在一起，而负的工资差别（较低的工资水平）则与“好的”工作特征联系在一起。需要注意的是，这一结论基于其他条件都相同的假设前提。

补偿性工资差别正是建立在这样一个合理的假设基础上，即员工具有同样的个人特征，包括会对工资产生影响的所有因素，如学历、专业知识、技术水平、年龄、工作经验、种族、性别、户籍等。假设一名员工可以选择接受具有“良好的”工作条件的工作，也可以接受尽管工资水平相同但具有“较差的”工作条件的工作，他更倾向于选择具有“良好的”工作条件的工作。例如，一名非技术工人可以选择在有空调的舒适环境下从事仓库管理工作，也可以选择在充满噪声的车间从事生产工作，在其他条件相同的前提下，他会选择前者。如果我们的理论推测，从事生产工作的员工比从事仓库管理的劳动者获得更高的工资。事实上，我们的这个推论是建立在下列三个假设基础上的。

（1）员工追求效用最大化

第一个假设是，员工追求的是自身效用最大化而不是收入最大化。只有存在员工愿意选择愉快的工作条件并且能接受更低的工资，同时存在员工选择不愉快的工作条件且接受较高工资时，补偿性工资差别才会产生。员工具备的这种行为会使得提供良好工作环境和较低工资的雇主在劳动力市场上同样具有竞争力。基于工作环境的不同，不同雇主提供给员工的工资不相等。但是，对员工来说，其边际净收益（即从工资待遇和工作的心理方面获得的总效用）却趋于均等。

（2）员工了解到的重要的工作特征信息

第二个假设是，员工了解到那些对他们而言非常重要的工作特征。员工在工作前或者工作后，通过自己的直接观察、查找资料或从其他员工那里获得足够的信息，并对工作特征做出较为准确的估计。例如，人们一致认为地下采煤、高空作业、爆破等行业属于高危行业，虽然员工可能无法准确说出从事这些高危行业发生工伤的概率，但他们还是能做出较为准确的判断。

（3）员工的流动性

第三个假设是，员工可以有一系列可供选择的工作机会。员工对工作具有选择权，他们能选择自己喜欢的工作特征组合，或者规避自己不喜欢的工作特征组合。假设员工无法在两者中进行选择，而只能在比较危险的工作条件下工作，则针对高危行业提供的补偿性工资差别就不会存在。

2. 补偿性工资理论分析的四个方面

补偿性工资差别的最终原因是劳动者的主观偏好。我们借助经济分析的方法和工具，分析偏好一致时的补偿性工资差别、偏好不相同的补偿性工资差别、偏好不同时不存在补偿性差别的可能和非货币特征变化的效应。

（1）偏好一致的补偿性工资差别

首先我们做出三种假定。

1）所有员工的偏好相同，即所有员工同等程度的喜欢或厌恶某种工作特征。

2）存在 A 和 B 两种工作，且都没有人力资本要求的差别。

3）两种工作的工作特征也不存在相应的差别。

图 7-3 表示的是对 A 工作员工的供给，是 A 与 B 相对工资（W_A/W_B）的函数，供给曲线 S_1 位于相对工资为 1（W_A/W_B）的地方。供给曲线 S_1 代表员工的偏好相同且无工作特征差别的情况，因为在所需技能或工作特征上无相应差别，又由于员工偏好相同，S_1 是水平的。如果大家都对工作 A 感到不满意，供给曲线则较高，如曲线 S_2 所示，高出的部分工资是吸引人们接受不愉快工作条件的差别补偿。如果 A 工作更令人愉快，则 A 的供给曲线位置较低，如曲线 S_3 所示，补偿性工作差别则由 B 工作中的员工获得。

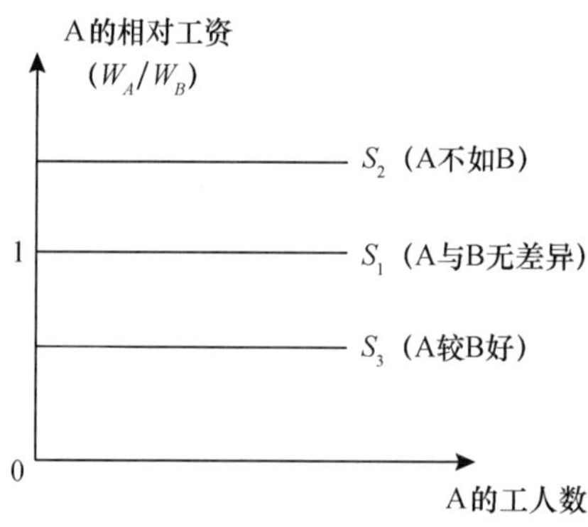

图 7-3　偏好一致时的补偿性工资差别

（2）偏好不相同的补偿性工资差别

假设所有员工都讨厌 A 工作某一方面的特征，但讨厌程度有差别，此时员工对 A 工作的供给曲线将向上倾斜，如图 7-4 所示。曲线开始处相对工资大于 1，其幅度刚好达到足以满足那些对 A 工作讨厌程度最低的员工。劳动力需求曲线肯定会影响均衡工资率，必须有较高的相对工资，才能吸引更多员工。图 7-4 两条可能的需求曲线 D_1 和 D_2，对均衡工资产生了明显的影响。

（3）偏好不同时不存在补偿性差别的可能

假设偏好不同，但目前员工并不讨厌工作 A，即供给曲线在相对工资为 1 处水平。但对后来的其他员工而言，供给曲线是向上倾斜的。如果劳动力需求曲线为 D_1，如图

7–5 所示，那么，包括那些不必给予额外补偿的员工在内的所有员工都获得了补偿性工资差别。如果需求小很多，比如在需求曲线 D_2，则可能不存在补偿性差额。若员工毫不在乎是否承担夜班工作、经常出差或各种危险，则对带有这些工作特征的职业就不必额外支付补偿性工资差额。

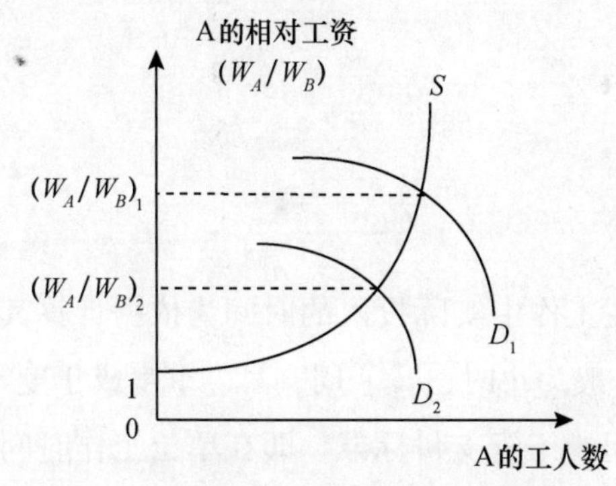

图 7–4　偏好不同时的补偿性工资差别

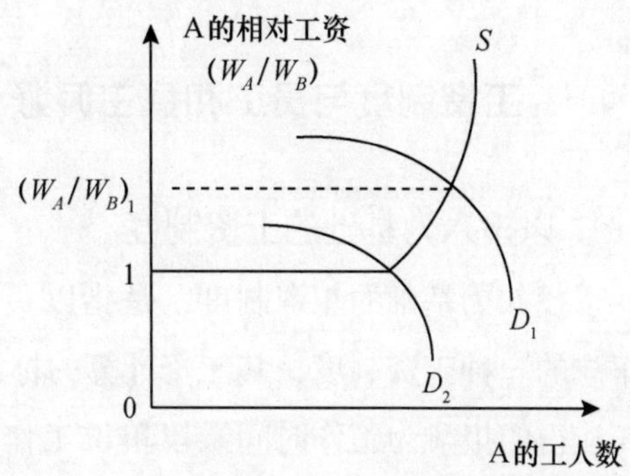

图 7–5　偏好不同时不存在补偿性差别的可能

（4）非货币特征变化的效应

在需求曲线不变的前提下，工作的非货币特征的变化同样会导致补偿性工资差额发生变化，如图 7–6 所示。

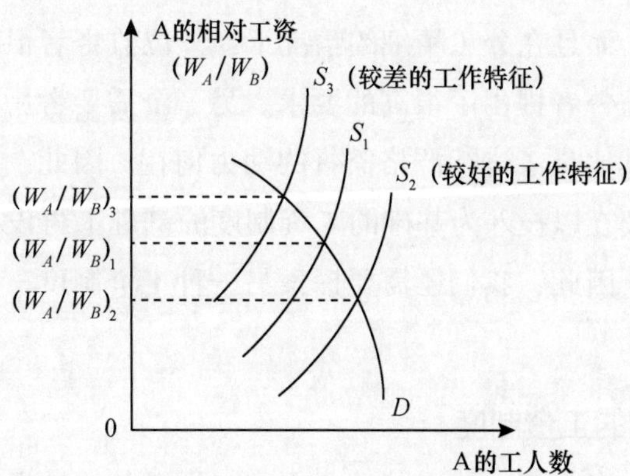

图 7–6　非货币特征变化的效应

如果某种工作的相关特征发生了变化，如增加保护措施后，变得不再有危险，补偿性工资差额也会发生相应变化。这种分析的基本机制是供给曲线的移动，图 7–6 展示了这种思想。假使在工作 A 的现有特征和工人偏好一定时，供给曲线为 S_1，相对工资为（W_A/W_B）$_1$。若工作特征发生改善，曲线将外移到 S_2，在每一相对工资水平上，沿着需求曲线，现在寻找工作 A 的员工比以前增多，则相应均衡工资降到（W_A/W_B）$_2$。相反，如果 A 的不利工作特征日趋严重，则情况会向相反的方向发展。

模块四　工资制度设计与员工激励

一、工资制度与员工和雇主偏好

1. 以投入为基础的工资制度

以投入为基础的工资制度，是指以员工在工作中实际投入的时间为依据计算其应得报酬的一种工资制度，其工资计算的标准一般为小时、日、周、月、季度或年度等。员工应得的报酬为工作时间乘以单位工作时间的工资支付标准。即在单位工作时间的工资支付标准确定的情况下，员工工作的时间越长，其得到的报酬越多。这种以投入为基础的工资制度的基本假设是：在企业规定的工作时间内，员工都在努力工作，其投入到工作中的时间是有价值的。但可能出现的一种情况是，员工看似在岗位工作，实则“磨洋工”。这种工资制度通常需要对员工进行严格的监督和管理。

对员工的监督需要企业投入成本，要求监督者能够具备与被他们监督的员工一样的知识、技能和经验，而且在分工精细的情况下，一位监督者很难掌握被监督者所有的业务细节，因此对监督者提出了很高的要求。另一个需要考虑的问题是：谁来监督被监督者？监督者对其他员工进行严格监督的动力何在？因此，为了强化监督者对员工的监督，企业必然要在以投入为基础的工资制度的基础上再设计一种机制或找到一群人监督这些监督者。因此，我们还需要探索另一种工资制度，即以产出为基础的工资制度。

2. 以产出为基础的工资制度

以产出为基础的工资制度，是指以员工完成工作任务的结果为依据支付报酬的一种工资制度。对产出的一种最简单的衡量方式是计算员工所完成的工作数量或所生产的产品数量，此外，还包括产出的产品或服务的质量等因素，因此这种工资制度又称为绩效工资制度。以产出为基础的工资制度包括以个人产出为基础的工资制度和以群体产出为基础的工资制度两种类型。

（1）以个人产出为基础的工资制度

以个人产出为基础的工资制度也称为个人激励计划，它是将员工个人的工资性报酬完全与员工个人的产出状况或工作绩效挂钩的一种做法，这种做法对于雇主来说是有一定优势的。一是有利于引导员工接受与组织目标一致的一系列工作目标，以达到提高工作效率的目的；二是由于工资报酬与最终的产出结果挂钩，如果员工工作不努力，则不能得到足够的回报，这降低了雇主的监督成本。因此，雇主不再需要花费大量的人力物力去监控员工的工作过程，节约监督成本。

实施以个人产出为基础的工资制度，也需要一定的成本投入，其实施有两个前提条件：一是能够准确和清晰衡量个人产出；二是个人的产出不会受到其他人的影响。在现实中，一个人的工作必然会与其他因素产生联系，所以在对个人的产出或绩效进行衡量时，经常会遇到一些困难。因此，企业需要注意以下两点：一是明确个人的哪些产出或绩效对组织目标的实现真正有贡献或有价值，以这些产出或绩效为基础对员工实施奖励是有意义的；二是对员工的个人产出或绩效的衡量必须全面，如果绩效的衡量标准不全面，则员工往往会在个人效用最大化目标的指导下，牺牲那些没有被衡量的产出或绩效，实现那些被衡量且直接影响其工资的绩效。比如，对生产工人来说，如果只把生产产品的数量作为衡量其工资报酬的依据，则员工往往会牺牲产品的质量、成本等这些对企业至关重要的指标。对于销售顾问来说，如果采取纯佣金制，即完全根据销售人员的销售额确定其工资报酬，则其可能不会注意倾听客户对于产品的意见和建议，并将这些宝贵的产品改进思路反馈给企业的研发和生产部门。

对于很多岗位来说，不仅对产出的质量进行衡量存在困难，甚至对产出的数量进行衡量也不易。比如对职能部门的行政人员来说，其工作程序化程度高、工作内容琐碎，对其产出数量进行衡量很困难，对所有工作任务合并成单一的产出指标不太现实，所有的工作数量都去衡量成本又太高。基于这种情况，完全根据个人的产出确定工资性报酬的工资制度不太适用。

在工作中，单纯的个人奖励计划不利于培养团队精神或员工对集体的忠诚度，团队合作及集体忠诚对组织利益的最大化是至关重要的。因此，同样以产出为基础，但却以群体产出为基础的工资制度在很多企业得到了应用。

（2）以群体产出为基础的工资制度

以个体产出为基础的工资制度可能会面临个人产出或绩效难以衡量的问题，因为个人产出很难不受其他外界因素的影响，并且也不利于团队合作文化的培养，而以群体产出为基础的工资制度在某种程度上能有效避免或解决个人奖励计划难以解决的问题。

以群体产出为基础的工资制度具有显而易见的优点：一是降低了成本，由于衡量的对象是群体，而不是对员工个人的产出进行评价，降低了计量成本；二是这种工资制度会强化员工之间的相互监督，因为为了避免团队中不努力的成员“坐享其成”，分享团队的劳动成果，团队成员会彼此监督。

然而，以群体产出为基础的工资制度也存在明显的弱点，由于员工个人的工资性报酬或其中的一部分取决于员工群体的总体努力程度，则员工个人可能在不努力工作的情况下，仍能从群体报酬中分到自己的那部分，即不努力的成员搭团队成员的便车。另外，群体成员的价值观以及群体的领导、文化等因素也会影响群体能否有效达成产出目标。

3. 员工和雇主的偏好对工资制度设计的影响

（1）员工和雇主对工资制度的不同偏好

大部分员工都属于风险规避型，即希望自己的工资较稳定，而采取以产出为基础的工资制度无疑会使其工资性报酬承受一定的风险，使得报酬出现一定的波动。若员工在以产出为基础的工资制度下获得的工资，大致等于其在以投入为基础的工资制度下可能获得的工资，则员工显然更为偏好以投入为基础的工资制度。因此，我们可以得到这样一个推论，即那些最愿意接受以产出为基础的工资制度的劳动者，往往是工作动机最强、能力最强或者是生产率最高的人，因为在以产出为基础的工资制度下，他们的工资最有可能超过企业根据员工的平均生产率支付的工资。

从雇主的角度而言，实行以投入为基础的工资制度时，工作效率波动的风险主要由雇主承担，即使有一部分员工的工作效率比较低，总会有另一部分人的工作效率比较高，所以从总体上来看，雇主的风险并不会太大。但是这种工资制度很容易导致生产率较高的劳动者流失，因为他们的生产率高于平均生产率，但是雇主却只会按照平均生产率以及他们的投入时间来支付工资性报酬；相反，那些生产率低于平均水平的劳动者却愿意在这种企业中工作，因此单纯以投入为基础的工资制度很可能会导致企业的平均生产率降低，竞争力不强。而当实行以产出为基础的工资制度时，低生产率的后果是由员工自己来承担的，雇主几乎不需要承担固定人工成本，他们可以花较少的时间和费用来筛选员工并对他们进行监督。因此，在可能的情况下，雇主通常更偏好以产出为基础的工资制度。不过，雇主到底会选择何种工资制度，关键还是取决于这两种工资制度各自的成本收益比较关系，成本小而收益大者必然更受雇主的欢迎。

（2）兼顾投入和产出的工资制度

一方面，风险规避型的员工偏好风险较低的以投入为基础的工资制度；另一方面，雇主通常更为偏好以产出为基础的工资制度。因此，在设计工资制度时，最好是能够同时兼顾这两个方面的需求。现实中，很多企业采取基本工资加上绩效加薪或绩效奖金的工资制度，这实际上就是将以投入为基础的工资和以产出为基础的工资相结合的做法。

第一，大部分企业都会以员工投入工作的时间数量向他们支付一定水平的基本工资，这部分工资相对固定，能够在一定程度上满足员工对货币收入稳定性的需求。第二，很多企业都设计了绩效加薪制度或绩效奖励制度。绩效加薪制度是指企业通常每年都会根据员工的年度绩效考核结果来为他们确定个人基本工资的上涨比率。所以，从某种意义上来说，绩效加薪计划正是企业针对以投入为基础的工资制度的不足而加入的监督环节。而绩效奖励制度则是以员工个人或群体的某种产出指标为依据，向员工个人分配奖励性工资，它通常有着更为明显的根据产出支付工资的特点。

（3）高层管理人员的工资制度设计问题

在工资制度设计与激励的问题上，企业高层管理人员的薪酬制度设计引起了广泛的关注。企业的高管人员是企业的实际经营管理者，但他们中的大部分却不是公司所有者，他们是受公司所有者委托来经营管理公司的人，从这种意义上来说，他们也是代理人。代理人与委托人的目标很难完全一致，因此，作为代理人的企业高管人员同样有可能会采取一些机会主义行为来谋求个人利益的最大化。因此，如何设计企业高管人员的工资制度，以确保他们使自己的行为以及相关决策与股东利益最大化诉求保持一致，就显得非常重要。

由于在确定企业高管人员的工资性报酬总额时，采取简单的与短期利润挂钩以及与股票价格挂钩的做法都会存在问题，所以在高管人员的薪酬体系设计中，仍采取以投入为基础的工资和以产出为基础的工资相结合的方式，高管的总报酬通常包括固定薪金、福利、与当年利润挂钩的奖金以及股权或股票期权。

二、工资制度设计

1. 计时工资与计件工资

计件工资是指根据员工的产量对其进行补偿。例如，流水线上员工的工资取决于他们生产产品的件数；销售人员往往是根据销售的数量得到佣金。相比之下，计时工资制下的员工所获得的薪酬补偿则取决于员工工作的小时数以及小时工资标准，而与员工生产的单位数量无关。

2. 工资支付与员工努力程度

采取计件工资计算薪酬的员工，可以自行决定生产产品的数量。他生产的数量越多，获得的收入就越多，从而他的效用也就越大。但是，与此同时，他就需要付出极大的努力，这就会产生紧张、焦虑等负效用。

按计时工资制计酬的员工会在其工作岗位投入多少努力？假设存在一个较低产量

水平 q，它可以很容易受到企业的监督，也就是说，该企业不仅知道员工是否确实到了工作场所工作，而且知道他是在办公室，还是在装配线上承担工作。如果该员工没有达到这一最低产量水平，他就会被解雇。于是按计时工资制计酬的员工就只会生产 q 单位的产量，不会生产更多。毕竟，对于员工来说，增加生产产量意味着付出更多的劳动，按计时工资制计酬的员工在生产了这一最低产量后就可以离开工作岗位。若企业提供的是计时工资体系，计时工资标准为 r，则该员工生产单位产量为 q 时，其报酬为 $r \times q$。

3. 工资支付与员工能力

员工会根据自己的能力选择实行不同工资制的企业。生产效率较低的员工会选择实行计时工资制的企业，在这些企业中，可以保持其低生产率不被识别；而生产效率较高的员工想使自己脱颖而出，会选择实行计件工资制的企业，在这些企业中，他会向其工作岗位投入更大的努力。其结果是，接受计件工资付酬的员工，其收入高于接受计时工资付酬的员工。

实际中也是如此。接受计件工资制的员工的生产效率更高，并且比接受计时工资制的员工挣到的收入更多，一方面是因为能力的差异，另一方面是因为接受计件工资制的员工工作更加努力。由于某一员工的先天能力是不可观察的，所以工资差距是源于能力方面的差异，还是源于计件工资制的激励效应，往往难以判断。

三、员工激励

1. 公平问题

美国心理学家亚当斯于 1967 年提出公平理论。该理论认为：职工对收入的满意程度能够影响职工工作的积极性，而职工对收入的满意程度取决于一个社会的比较过程，一个人不仅关心自己绝对收入的多少，而且关心自己相对收入的多少。公平在雇佣关系中是普遍存在的一个重要问题。如果某一年的物价和平均工资增长水平为 3.5%，而一位劳动者在这一年中获得了 6.5%的工资增长，那么他肯定十分高兴。但是，如果他后来发现，与自己受雇于同一个雇主且从事相同工作的另一位同事所获得的工资增长水平为 10%的话，他就不再那么高兴了。如果员工感到自己受到了不公平对待，他们可能会采取辞职、降低努力程度、偷窃雇主财物，甚至破坏雇主的产品等行为。从雇主角度来说，对于作出的相同的工资、福利等政策决策，员工对政策的公平性所持的看法往往会因为各自所处的情况不同而大相径庭。

2. 群体忠诚度

员工不仅关注自己的消费水平及自己在群体中的相对位置，而且还会关注整个群体的处境。尽管在一个群体中，员工总是会受到“搭便车”的诱惑，即自己偷懒而享受别人努力工作带来的利益，但多数人还是会为自己所在的群体，如学校、部门、社区或国家做出部分牺牲。拥有高生产率、高度责任感的员工的雇主都会制定有助于培养员工的组织忠诚度的政策，并在制订薪酬计划时将员工的工资与群体绩效联系在一起。

【本章小结】

工资的演变经历了实物工资、货币工资、工资与薪水、薪酬的过程。

工资形式包括基本工资、福利、绩效工资和奖励工资。影响工资确定的主要因素包括内在因素和外在因素。内在因素包括员工的劳动和工作努力程度、职务高低与权力大小、技术和训练水平、工作的稳定性、工作的危险性、附加福利、风俗习惯、年龄和工龄等。外在因素包括生活费用或物价水平、企业的经济效益状况或支付能力、地区或行业的工资水平、劳动力市场的供求、劳动力的潜在替代者和产品的需求弹性。

补偿性工资理论的三个假设前提是：员工追求效用最大化，员工了解重要的工作特征信息，员工的流动性。

以投入为基础的工资制度，是指以员工在工作中实际投入的时间为依据计算其应得报酬的一种工资制度。以工资为基础的工资制度，是指以员工完成工作任务的结果为依据支付报酬的一种工资制度。

复习思考题

（一）单项选择题

1. （　　），是指以员工在工作中实际投入的时间为依据计算其应得报酬的一种工资制度。

A. 以投入为基础的工资制度　　　　B. 以产出为基础的工资制度

C. 以付出为基础的工资制度　　　　D. 以收获为基础的工资制度

2. 在高管人员的薪酬体系设计中，采取的方式为（　　）。

A. 以投入为基础的工资

B. 以产出为基础的工资

C. 以投入为基础的工资和以产出为基础的工资相结合

（二）多项选择题

1. 补偿性工资差别建立的假设基础是（　　）。

A. 员工追求效用最大化　　B. 员工了解重要的工作特征信息

C. 员工的流动性

2. 以产出为基础的工资制度包括（　　）。

A. 以个人产出为基础的工资制度　　B. 以群体产出为基础的工资制度

C. 以公司产出为基础的工资制度

3. 工龄常在工资中起作用，其原因主要体现在（　　）。

A. 补偿员工过去的贡献　　B. 减少劳动力流动

C. 平滑年龄收入曲线

（三）判断题

1. 计时工资和计件工资是应用最普遍的基本工资支付方式。(　　)

2. 拥有高生产率、高度责任感的员工的雇主都会制定有助于培养员工组织忠诚度的政策，并在制订薪酬计划时将员工的工资与群体绩效联系在一起。(　　)

（四）简答题

1. 什么是广义工资？什么是狭义工资？

2. 影响工资确定的内在因素有哪些？

3. 影响工资确定的外在因素有哪些？

4. 员工和雇主的偏好对工资制度设计有什么影响？

5. 在进行员工激励时，应该考虑哪些方面的因素？

【实训项目】

（一）实训目标

1. 加深对我国工资演变历史的认识。

2. 加深对补偿性工资理论的具体认识。

3. 锻炼学生搜集资料、检索文件、归纳整理的能力。

（二）实训项目和要求

1. 小组作业：古人的“工资”是怎样发放的呢？“工资”的发放又经历了怎样的变化，最终演变为如今的模样呢？

（1）小组讨论：小组成员讨论我国工资的演变历史。

（2）小组代表陈述观点：陈述小组讨论的结果。

（3）各小组互评。

（4）教师对各小组讨论结果进行归纳和点评。

2. 小组作业：补偿性工资理论是否有现实意义？

（1）小组讨论：小组成员讨论补偿性工资理论是否有现实意义？有或没有均应说出理由。

（2）小组代表陈述观点：陈述小组讨论的结果。

（3）各小组互评。

（4）教师对各小组讨论结果进行归纳和点评。

项目八

劳动力市场歧视

【项目说明】

本项目介绍了劳动力市场歧视的概念、劳动力市场歧视的类型、劳动力市场歧视理论、劳动力市场歧视的测量和我国劳动力市场的就业歧视状况分析，使同学们对劳动力市场歧视有一定的了解和认识，知识结构如下：

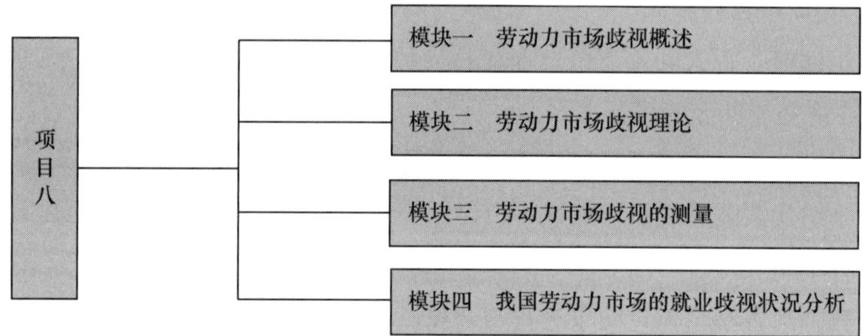

【项目导入】

一、主题案例

就业遭遇“软歧视”，女性求职路何时才能越走越宽？

2016 年黄金秋招季渐入尾声。在招聘面试中，“是否已婚已育”的“拷问”、同等情况下优先考虑男性的“潜规则”让很多女性大学生感到心寒。北京师范大学劳动力市场中心发布的《2016 劳动力市场发展报告》显示，2014 年和 2015 年，男性大学毕业生初次就业率均比女性高约10个百分点。

在“性别平等”被不断提倡的今天，为何就业中的性别歧视现象仍然屡禁不止？问题的症结出在哪？如何帮助女性大学生实现平等就业？

性别门槛仍是女大学生就业的“拦路虎”

前不久，新闻学专业出身，具有丰富的行政、策划实习经历的小康，成功通过了江苏一家政府机构的简历筛选。原本踌躇满志的她，却因这家单位领导的一席话又泄了气。“说实在的，我们单位不希望招女生，因为女生会结婚、生孩子，耽误工作时间。”领导更是直说，“大多数女生想进政府单位，就是为了照顾家庭。”

这样的论调，小康在近几个月的求职中听了不少。“漫漫求职路，何处止。”她发布的一条微信朋友圈状态，显出了无奈与疲惫。

“国际会计平时工作量较大，有较大外派概率，前往工作环境较艰苦的国家工作，我希望你慎重考虑一下。”在面试官委婉劝说下，来自中山大学的小周打起了退堂鼓。“既然面试官都这样说了，只好再找找别的工作。”小周说。

专家指出，女大学生就业性别门槛主要有两种：一是显性门槛，即很多用人单位在招聘条件上明确标明“仅限男性”“男性优先”，或者在录取过程中，对女性结婚生育等特殊生理状况作出要求限制，迫使很多女大学生“知难而退”；二是隐性门槛，即在招聘时虽不明确拒绝女性应聘者，但女性的录取率明显低于男性。

中国人民大学国家发展与战略研究院2015年发布的一份报告称，投递简历后，男性大学生接到面试通知的次数比同等情况的女性高约42%。《2016劳动力市场发展报告》则显示，2014年和2015年，男性大学毕业生初次就业率均比女性高约10个百分点。劳动力市场上针对女性大学毕业生群体的性别歧视问题突出。

在经济下行压力大、就业形势不乐观的当下，有一些女大学生选择了当“研究生妈妈”，先结婚生子后求职，她们认为这样可以增加就业竞争力。

多重原因致“软歧视”屡禁不绝

记者调查发现，在不少用人单位看来，女性大学生业务能力等素质并不输于男性，但女性生育会耽误用工时间，生育后又偏重家庭，事业心有所降低；一些岗位工作条件艰苦，需要经常出差、应酬，不太适合女性；此外，传统的男女分工观念也仍在影响用人单位。

中华全国总工会一位负责人指出，现行法律对歧视行为缺乏惩罚性规定，加之行政部门的执法手段十分有限，难以形成有力约束，导致用人单位歧视女性就业者问题十分突出，也可以叫“软歧视”。

“就业歧视背后是用人单位的利益驱动，他们担心雇用女性大学生影响企业效益。”浙江省社科院公共政策研究所所长杨建华说。专家指出，我国是劳动力大国，在经济下行背景下，就业容量收窄，劳动力总量供过于求，容易发生就业歧视，而女性大学生首当其冲。

今年以来，延长产假的政策也给不少女性带来了“福利恐惧症”。“开放二孩、延长产假的出发点是保障妇女的生理恢复的需要。”四川大学公共管理学院教授蒲晓红认为，但这类福利政策或将增加女性大学生进入职场的门槛。

虽然我国《劳动法》《就业促进法》《妇女权益保障法》《女职工劳动保护规定》等法律法规均肯定了女性就业不能因性别等情况而受到歧视，但浙江赞程律师事务所律师程学林认为：“目前我国反就业歧视法律法规过于原则，缺乏明确具体的保障措施和有效的保障机构，无法确切地保障女性大学生的平等就业权。”

程学林认为，在女性大学生就业歧视方面，真正诉诸法律的案例较少，维权成本较高，令不少女性大学生只能吃“哑巴亏”。“就业歧视没有纳入劳动争议范围，缺乏司法救济的途径。”程学林说，“如果不举报，劳动监察部门主动作为的情况也很少。”

资料来源：http://www.xinhuanet.com/politics/2016-11/30/c_1120025966.htm

请思考：针对劳动力市场上的歧视，会产生什么影响？我们政府应该采取哪些有效措施？

二、学习目标

1. 理解劳动力市场歧视的概念，掌握劳动力市场歧视的类型。
2. 掌握劳动力市场歧视的个人偏见歧视模型。
3. 了解统计性歧视模型及其重要含义。
4. 能对我国劳动力市场的就业歧视状况进行分析，并能提出消除就业歧视的对策。

模块一　劳动力市场歧视概述

通过前面章节的学习，我们了解到不同劳动者或工作岗位工资差别的原因可能有：劳动力供给需求的不平衡、人力资本投资的数量差异、工作条件补偿性工资差别、福利和报酬分配比例等。经济学家普遍认为，大部分情况下工资差别是劳动力的合理配置导致的，或者因为其他合法原因。但也存在一些只与劳动者的个人特征，如性别、年龄、职业等有关，而与劳动者个人的能力和生产率无关，这些工资差别就是劳动力市场歧视问题。

一、劳动力市场歧视的概念

歧视可以用劳动力市场行为结果来衡量，如工资、就业水平和晋升机会等。国际劳工大会 1958 年通过的《关于就业及职业歧视的公约》（第 111 号公约）认为，歧视是基于种族、肤色、性别、宗教、政治见解、民族血统或社会出身等原因，具有取消或损害就业或职业机会均等或待遇平等作用的任何区别、排斥或优惠。而对一项特定职业基于其内在需要的任何区别、排斥或优惠不应视为歧视。

通常，劳动力市场上歧视是指具有相同能力、教育、培训和经历，并最终表现出相同生产率的劳动者，由于一些非经济的个人特征引起的在就业、职业选择、晋升、工资水平、接受培训等方面受到的不公正待遇。这里所说的非经济的个人特征，主要是劳动者身上的、不能带来劳动生产率和创造工作绩效的个人因素，如性别、年龄、民族、国籍、户籍、肤色、容貌、家庭背景、宗教信仰及身体素质等。

二、劳动力市场歧视的类型

根据歧视的来源、内容、发生的时间不同，劳动力市场歧视可以划分为不同的类型。

1. 根据歧视的来源划分

（1）来源于个人偏见的模型

以个人偏见为理论基础，主要是由于雇主、作为同事的雇员及顾客不喜欢与某些属于特定人群的雇员打交道而产生的歧视。这种歧视模型假设劳动力市场是一种竞争性市场，在这个市场中单个厂商被看成是工资的接受者，在此基础上分析这些偏好对工资和就业的影响。

（2）来源于统计性偏见的模型

这种歧视模型建立在先入为主的统计性偏见基础上，是由于雇主将某种先入为主的群体特征强加在个人身上而产生的歧视。统计性歧视是雇主与求职者在信息不对称的情况下，由于雇主考察的方法局限性或获取信息的成本约束等因素造成的。

（3）来源于非竞争性市场力量的模型

这种理论假设在劳动力市场中，单个厂商对其支付给劳动者的工资具有某种影响力，这种影响力可能来自串谋，或来自某种买方独家垄断力量。

2. 根据歧视的内容划分

（1）工资歧视

指从事同一职业、有相同工作经验和在同样工作条件下工作的劳动者，一部分人由于非经济的个人特征而导致所获得的工资收入低于另一部分人。

（2）就业歧视

指在获得工作过程中所受到的歧视。即在劳动力市场上，面对具有相同或更好的岗位胜任力并最终表现出相同或更高劳动生产率或工作绩效的劳动力供给者，需求方却因其非经济的个人特征（如年龄、性别等），拒绝其任职的行为。

（3）职业歧视

指在劳动力市场上，某些劳动者虽然完全有能力胜任某些职业，却因非经济的个人特征而被限制或禁止进入，或被安排在比不存在这一非经济的个人特征的劳动者更低的工资报酬的职业上或负较低责任的岗位上。

（4）人力资本投资歧视

指某些劳动者因非经济的个人特征导致其较少获得能提高劳动生产率的正规教育、在职培训及较好的健康照顾的机会。

3. 根据歧视发生的时间划分

（1）劳动力市场前歧视

指某些劳动者在进入劳动力市场前因非经济的个人特征导致的其获得较少受教育和培训的机会，进而对其职业选择和进入劳动力市场后的劳动生产率水平产生影响。

（2）劳动力市场后歧视

指劳动者进入劳动力市场后因非经济的个人特征而受到的区别对待，如工资歧视、就业歧视或工作歧视等。

模块二　劳动力市场歧视理论

一、个人偏见歧视模型

个人偏见歧视模型把歧视看作是歧视者的一种偏好或“爱好”，即情愿放弃生产效率，即最大产出和利润，也要满足这种偏好。这种模型基于如下的假设前提。

假设一：假设雇主、顾客或雇员存在偏好。

假设二：假设劳动力市场为完全竞争市场，单个厂商是“工资接受者”。

1. 雇主的歧视

雇主对雇员的歧视会造成雇主对受歧视者的劳动生产率的低估。在雇主歧视的情况下，如果雇员的工资水平相同，受歧视者必须具有更高的生产率；如果生产率相同，受歧视者必须接受更低的工资水平。产生的结果是，同一工资水平受歧视者就业的可能性更小。在完全竞争的条件下，由于雇主的雇佣和给出的工资偏离了利润最大化原则和目标的组合，所以，有歧视的雇主要为自己的歧视付出代价，即未能达到利润最大化。

在分析雇主歧视模型时，如图 8-1 所示，假设雇主的边际收益曲线为 *MRP*，*MRP* 曲线之下的区域代表企业在资本维持不变时所能获得的总收益，*MRP* 代表某一劳动力市场上所有劳动者的实际边际生产率，d 代表被歧视成员的生产率被雇主从主观上进行低估的程度。在图 8-1 中，横轴代表被歧视群体的雇佣量，纵轴代表雇主给被歧视群体的工资。在完全竞争条件下，企业利润最大化时，应该满足劳动力的边际收益等于劳动力的边际成本，所以，在完全竞争和不存在歧视条件下，假设劳动力市场的均衡工资是 W_b，那么雇主雇佣的劳动雇佣量应该为 N_0。然而由于雇主对该群体存在歧视，那么他们就会贬低劳动者的生产率，由于其存在着歧视为 d，被雇佣的劳动者生产率被贬低了 d，他们的工资就变为 $W_a=W_b-d$。

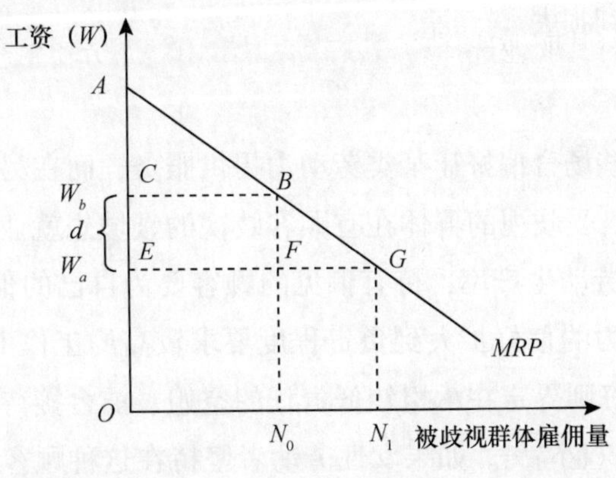

图 8-1 雇主歧视模型

因此，对于一位不存在歧视的雇主而言，其利润为面积 *AEG*，劳动者的收益为面积 EGN_1O，而存在歧视的雇主获得的净收益为面积 *AEFB*，其由于歧视造成的损失为

面积 *BGF*、劳动者由于歧视造成的损失是面积 *ECBF*，所以，雇主歧视对雇员和其本身都造成了经济损失。

雇主歧视模型所面临的问题是：歧视性雇主追求的是效用最大化而非利润最大化，他们将如何在竞争中求生存？由于歧视性企业比那些没有歧视性的企业要付出更高的成本，因此，存在雇主歧视的企业的所有者或管理人员可能有能力同时也有动力去追求利润最大化以外的目标。可能产生两种结果：一是在完全竞争的产品市场上，非歧视性雇主逐渐接管整个市场，歧视现象逐渐消失；二是拥有一定程度垄断力量的企业，最有机会同时又有动力去追求效用最大化。

许多研究发现，歧视现象更多出现在垄断性和管制性的产品市场上。例如，在管制性的银行业中，相互竞争的银行在某一地理区域中的数量越少，则在该行业总就业人员中女性雇员所占的比例也就越小。

2. 雇员的歧视

雇员的歧视导致雇主减少雇用受歧视群体，或降低受歧视群体的工资，被歧视的雇员也因此为自己的歧视付出代价。如果雇主非歧视，理论上似乎能够消除被歧视的影响，但在受歧视群体占少数的情况下，歧视性雇员是生产的主要群体。

在这种情况下，雇主往往无法只雇用不受歧视的雇员，否则会导致生产成本太高。因此，为了使歧视性雇员和被歧视性雇员在一起工作，雇主对员工进行雇用时会提高受欢迎雇员的工资，降低受歧视雇员的工资，这样使得受歧视雇员受到损失。但是，这就导致雇主雇佣规模小于不存在雇员歧视情况下的雇佣规模，所以，雇主也会由于偏离利润最大化而受到损失。

3. 顾客的歧视

顾客可能会在某些场合偏好让某类劳动力提供服务，而在另一些场合则偏好让另一类劳动力提供服务。受歧视的群体在有顾客歧视的领域想就业，只能选择接受更低的工资或具有更高的劳动生产率；持有偏见的顾客要为自己的偏见付出相应的代价。比如顾客对男性劳动力的偏好扩大到负责程度要求较高的工作上，如医生或飞行员；而对女性劳动者的偏好则界定在承担较低责任的空姐、前台接待等岗位上，因此产生对女性劳动者不利的职业隔离。如果女性劳动者坚持在这种顾客偏好的工作中寻求就业，那么，其可能面临有两种选择：接受相对男性劳动者较低的工资，或拥有比男性劳动者更高的能力和素质。

在顾客存在歧视的情况下，雇主会迎合歧视性顾客的需要，会雇用顾客偏爱的雇员群体中的人来为自己工作，这无疑大大减少了有效的劳动力供给，进而导致雇主劳动力成本上升，进而导致成本上升。雇主会通过上升商品价格将上升的成本转移给消费者，从而使得顾客为其歧视付出代价。然而在现实中，企业无法将上升的成本通过价格全部转移给消费者，只能部分转移给消费者，从而顾客的歧视也会使得雇主在一定程度上受到损失。

二、统计性歧视模型

企业需要对求职者的个人特征做出评价，但雇员的个体特征难以判断，且收集劳动者的个体特征信息需支付一定的成本。因此当企业试图对求职者的潜在生产率进行估计时，可利用所属群体具有的一般性信息来获取此类求职者的个人特征。如果这些群体特征（如教育水平、年龄、测试分数等）成为企业雇佣决策的组成要素，那么即使是在不存在个人偏见的情况下，统计性歧视也可能会出现。

把群体信息作为个人信息的补充可能会产生的后果是：把群体特征强加给那些虽然属于某群体，但其自身群体特征并不十分明显的个人身上，这种称为统计性歧视，也就是用群体资料判断个人特征时产生的歧视。

从本质上来讲，统计性歧视是信息不完全和获取信息的成本造成的，然而获取劳动者群体特征的信息相对比较容易，用群体的特征来代替群体中的个体特征就会大大降低企业甄选员工的成本。与生产率有关的可观察性的个人特征并不能对求职者个人的实际生产率做出完全预测，若雇主根据这些可观察性的个人特征进行甄选，则可能造成歧视。

统计性歧视模型表明：同一群体中的成员之间，相似性越差，运用群体信息进行甄选的成本就越高。产生的结果是，使用不正确甄选工具的企业比那些使用正确甄选工具的企业所获得的利润少。因此，随着相关人口群体内部不可衡量的差别越来越大，民族或性别的群体信息被使用的可能性会越来越小，统计性歧视也会逐渐消失。

模块三　劳动力市场歧视的测量

一、收入歧视测量的特点

在劳动力市场上，劳动者获得的收入会存在差别。造成收入差别的原因有多种：可能是制度性因素或劳动力自然特征而导致的垄断性收入差别；可能是人力资本投资差异或效用均等化造成的补偿性收入差别；可能是人力资本存量的差异或劳动者勤奋及努力程度的区别所产生的竞争性收入差别。当然，也有可能是由于歧视所导致的，即具有同等技能的劳动者的劳动报酬并不取决于他们在劳动生产率方面的实际表现，而是取决于其非经济特征。显然，寻找收入差别所产生的原因具有极其重要的意义，当然这也是十分困难的。

我们已了解到，收入歧视被认为是不能由有关经济特征差别来解释的，是不同群体间的平均报酬差距。根据这一含义，测量收入歧视主要是考察歧视行为所造成的后果，而非歧视的行为过程。因此，经济学家判断歧视现象是否存在，是从相关条件应该平等却出现了不平等的结果进行推断，来间接测量受歧视程度。

二、歧视测定的技术方法

目前有关理论介绍了一种差额法的歧视测量方法，这种方法是以种族 A 员工与种族 B 员工的情况为例加以说明的。

假定只有接受教育的年限 E 是决定员工劳动生产率的唯一可变因素，用横轴来表示；向上倾斜的线 W_b 是种族 B 员工收入的函数图，它表示接受各种教育年限的种族 B 员工所获得的平均工资水平。斜线 W_a 是种族 A 员工收入的函数图，它表示接受各种教育年限的种族 A 员工所获得的平均工资水平。假定收入歧视的结果是种族 B 员工接受同样的教育只能获得较低的工资，并且每额外多接受一年的教育也只能带来相应较小的边际货币收益。从图 8-2 可知，W_b 有比较平缓的斜率并位于 W_a 之下。为了说明差额法的计算方法，再假定种族 A 具有的平均教育水平高于种族 B 所具有的平均教育水平，种族 A 的平均教育年限为 E_2，种族 B 的平均教育年限为 E_1，这样根据图 8-2 中种族 A 的平均收入函数曲线 W_a，表明种族 A 员工所获得的平均工资是 W_a 上的点 X，对

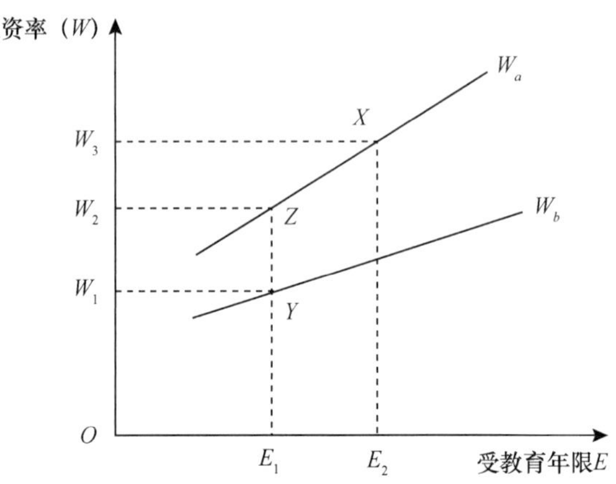

图 8-2　差异法歧视测量方法

应的工资水平为 W_3。种族 B 员工所获得的平均工资是 W_b 上的点 Y，对应的工资水平为 W_1。所以，种族 A 与种族 B 之间的工资差额为 W_3-W_1，该差额就是种族 A 员工与种族 B 员工的平均工资差别。

该理论认为，这个差别部分是由种族 B 比种族 A 有较低的教育水平和劳动生产率造成的，其他部分是由歧视造成的。差额法把种族 B 与种族 A 之间的工资差额分解为两部分：一部分是在没有歧视的情况下的工资差额，即假定在没有歧视行为的情况下，同等受教育程度的种族 B 的收入与种族 A 的收入应相等。如图 8-2 所示，当种族 B 受 E_1 年限教育时，对应 W_b 上工资水平应为 W_1；当种族 A 也只受 E_1 年限教育时，对应的 W_a 工资水平应为 W_2，即（W_2-W_1）是由于种族 B 员工的较低的教育水平和较低的劳动生产率水平的结果。而图 8-2 中的（W_3-W_2）所构成的差额是无法用正当理由加以解释的，这个差额最终无法归因于劳动生产率的差异。这部分即由收入歧视所造成的工资差别。

但也有人对差额法提出了不同的看法，认为可能会存在多方面的原因，这些计算并不准确。有人认为，差额法过高地估计了劳动力市场歧视的结果，其原因是歧视导致的工资差别是用工资差别的余额部分来衡量的，倘若引起种族 A 员工与种族 B 员工劳动生产率差异的因素未能在收入函数中体现出来，比如劳动态度与劳动经验等因素都会导致劳动生产率水平的差异，就会低估由于劳动生产率差别而导致的工资差别，从而过高地估计了由于歧视而产生的工资差别。

也有人认为，差额法过低地估计了劳动力市场上的歧视结果。比如把种族 B 女性与种族 A 男性的工资差别归结为在职培训，但如果较少的在职培训本身被看成是另一种类的歧视行为的话，那么，把它考虑成由于受教育程度差异而引起的劳动生产率方面的特征，就会明显地低估由于歧视所造成的工资差别。

模块四　我国劳动力市场的就业歧视状况分析

一、我国劳动力市场的歧视类型

我国劳动力市场上同样存在着形形色色的不平等现象，如用人单位歧视观念严重、劳动力市场运行不规范、相关法律监督不到位等，导致就业歧视时有发生。我国劳动力市场的歧视类型主要包括以下几种。

1. 户籍和地域歧视

这是在我国最为严重的歧视。有些企业在招聘过程中歧视农村或外来人口，有些企业在招聘简章中甚至明确仅限本地户籍，同样的工作岗位，本地人更容易获得稳定的工作、较高的工资收入和丰厚的福利待遇；而外地人则只能获得不稳定的工作、较低的劳动报酬，甚至很多基本权益都难以得到有效保障。近年来，大学生找工作也频繁遭受户籍和地域歧视，很多企业在招聘时，将大学生分为本地生源和外地生源而区别对待。

2. 性别歧视

尽管法律明文规定，各单位在录用职工时，除不适合妇女的工种或岗位外，不得以性别为由拒绝录用妇女或提高对妇女的录用标准，但在劳动力市场上，性别歧视现象仍然是最为突出的问题。无论在招聘广告，还是在实际面试过程中，很多企业对女性的性别歧视都十分严重。比如，某招聘广告中明确标明“男士优先”；甚至有些单位在面试过程中直接询问女性求职者“是否已婚已孕”；又或在面试中明确提出，女性一旦被聘用，必须保证 3 年、5 年甚至更长时间不得生育；甚至存在部分企业在女职工孕期对其“变岗变薪”，侵害女职工合法权益。

3. 年龄歧视

年龄歧视现象也普遍存在。在一些招聘广告中，经常看到有关年龄的限制性条件，比如招收文秘或行政前台，一般要求是：女性，年龄在 22~28 岁；招聘部门经理一般要求年龄在 35 岁及以下；招聘高校教师时如果求职者年龄在 40 岁以上，而职称还是讲师，其求职将十分困难。

4. 身高歧视

更有甚者，身高也成了歧视的对象。例如，《成都商报》上刊登《中国人民银行成都分行招录行员启事》，其中一条招录要求规定：“普通高等院校全日制大学本科及以上学历，经济、金融、计算机、人力资源管理、法律等专业，男性身高 175 cm 及以上，女性身高 160 cm 及以上，生源地不限。”

5. 学历歧视

每个招聘单位都希望招到学识高、能力强的人才，但一味追求高学历人才，而忽略招聘岗位实际对学历的需求，就会导致难以招聘到合适的人才。如一些用人单位一味追求高学历，即使是一些原本适合大专生的岗位也非要本科生、研究生不可，导致研究生做大专生、本科生就能胜任的工作，造成人才浪费。

6. 经验歧视

经常看到招聘广告中有对经验的要求，导致缺乏企业实践经验的大学生难以找到适合自己的工作岗位。现实工作中，有些职位对经验的要求并不是很高，只需接受短期培训就能胜任。近几年又出现了对海外求学经历的追捧，很多岗位都倾向于有海外留学经历或者交流经历的人。

7. 健康歧视

现实生活中，残疾人和病毒携带人群找工作时受到歧视的现象普遍存在，如“乙肝病毒携带者歧视”问题。医学证明，除了少数特殊行业外，慢性乙型肝炎病毒携带者可正常参加工作，但很多用人单位在录用过程中，通过设置一定的体检标准来限制乙肝病毒携带者的录用。此外，血型歧视和姓氏歧视在企业的招聘中也偶有发生。如一家公司在重金聘请销售总监和市场销售经理时，要求血型为O型。

二、消除就业歧视的对策

为了消除劳动力市场中存在的各种歧视现象，我国和国际社会都采取了相应的措施。

1. 中国消除歧视的政策

我国目前虽然还没有一部旨在同劳动力市场中的歧视现象作斗争的专门法规，但是《中华人民共和国宪法》第四十八条明确规定：“中华人民共和国妇女在政治的、经济的、文化的、社会的和家庭的生活等各方面享有同男子平等的权利。国家保护妇女的权利和利益，实行男女同工同酬，培养和选拔妇女干部。”同时，2018 年修订的《中华人民共和国劳动法》中，也有有关禁止在劳动力市场上歧视妇女的条款。《中华人民共和国劳动法》第十三条规定：“妇女享有与男子平等的就业权利。在录用职工时，除国家规定的不适合妇女的工种或者岗位外，不得以性别为由拒绝录用妇女或者提高对妇女的录用标准。”同时，《中华人民共和国就业促进法》第二十五条、第二十六条、第二十七条、第二十八条、第二十九条、第三十条、第三十一条提出了消除就业歧视的规定，内容如下。

（1）就业歧视

第二十五条，各级人民政府创造公平就业的环境，消除就业歧视，制定政策并采取措施对就业困难人员给予扶持和援助。

第二十六条，用人单位招用人员、职业中介机构从事职业中介活动，应当向劳动者提供平等的就业机会和公平的就业条件，不得实施就业歧视。

第三十条，用人单位招用人员，不得以是传染病病原携带者为由拒绝录用。但是，经医学鉴定传染病病原携带者在治愈前或者排除传染嫌疑前，不得从事法律、行政法规和国务院卫生行政部门规定禁止从事的易使传染病扩散的工作。

（2）劳动权利

第二十七条，国家保障妇女享有与男子平等的劳动权利。用人单位招用人员，除国家规定的不适合妇女的工种或者岗位外，不得以性别为由拒绝录用妇女或者提高对妇女的录用标准。用人单位录用女职工，不得在劳动合同中规定限制女职工结婚、生育的内容。

第二十八条，各民族劳动者享有平等的劳动权利。用人单位招用人员，应当依法对少数民族劳动者给予适当照顾。

第二十九条，国家保障残疾人的劳动权利。各级人民政府应当对残疾人就业统筹规划，为残疾人创造就业条件。用人单位招用人员，不得歧视残疾人。

第三十一条，农村劳动者进城就业享有与城镇劳动者平等的劳动权利，不得对农村劳动者进城就业设置歧视性限制。

2. 美国消除歧视的政策

从肯尼迪政府开始，美国联邦政府就制定了一系列与劳动力市场中的歧视现象作斗争的法规。这系列法律和法规中最重要的是《民权法》和《平等工资法》。其中，1962 年通过的《民权法》奠定了美国联邦政府在就业方面的政策基础，该法在第 7 款中规定：任何雇主“凡因某人的种族、肤色、宗教、性别或原有国籍的不同而拒绝雇用或解雇某人或者在就业报酬、条件和期待方面对某人进行歧视”都是非法的行为。该法律在 1972 年进行了修改，该条款适用于任何从事州际商业经营并雇用 15 名雇员以上的企业、15 人或 15 人以上的工会、就业代理机构和州及当地政府的雇主。为了更好执行该法律，美国国会还专门成立了平等就业机会委员会。

委员会是相对独立的，其机构由总统提名并经参议院同意的 5 名成员构成。最初，这个委员会只有调解申诉、鼓励人们提出私人诉讼，或敦促美国司法部长提出诉讼的权力。1972 年，经过修改后，该法被授权可以亲自对违法雇主提起诉讼。为了扩大法律的影响，法庭允许原告将诉讼扩大到“团体行动”，法庭可以就某一组织的就业活动对整个工人群体的潜在歧视性影响进行判定。

此外，1963 年制定并通过了《平等工资法》，该法案是针对歧视而制定的法律。该法案明确规定：对使用相同技术并在相同条件下工作的男女工人支付不同的工资是非法的。该法律所指的工作，是要求男女工人在同等的工作条件下具有同等的技能、努力程度和胜任工作所必需的责任感。

3. 日本消除歧视的政策

为了消除男女雇佣机会的差别，日本在雇佣条件、员工安置和晋升等方面，也以立法程序颁布执行了《男女雇佣机会平等法》。该法是以日本《宪法》第十四条作为基本理念的，特别是批准废弃了有关男女差别的条文，成为1985年6月开始的国内修正法的重要部分。该法明确规定，禁止在教育培训、福利卫生、退休退职和解雇等方面存在差别待遇。

该法于1986年4月开始实施，其要点为以下几条。

（1）关于就业机会与劳动待遇方面的均等

作为雇主，招聘、录用员工时，必须向女性提供与男性均等的机会，在工作岗位安排与提升方面要努力做到与男性均等；在退休、解雇方面禁止设置与男性不同的条件，禁止用婚姻、妊娠等作为解雇女性员工的理由；在教育培训以及福利方面禁止与男性差别对待。为此，在各都、道、府、县设立机会均等调停委员会，对有关纠纷进行调停。

（2）关于女性员工劳动保护规定的修改

废除对担任管理职务、技术职务女职员在制度时间以外以及节假日进行工作的限制规定；废除担任管理职务、技术职务以及其他由政府行政部门认可的职种的女性员工在深夜进行工作的限制规定；承认女性在妊娠期、产期以外可以参与部分政府行政部门认可的低度危险、有害性工作。

（3）有条件地放宽与产假相关的待遇。

4. 国际社会反歧视法规

国际社会反歧视法规主要体现在国际人权宪章、防止歧视、妇女权利、就业等专题类别的人权文件中，反歧视组织包括在联合国体系下的人权机构，以及国际人权条约体系下的人权机构。1948年12月联合国大会通过的《世界人权宣言》充满了平等的观念，列举了《联合国宪章》中平等权的内容。在宪章和宣言之后，1966年12月，产生了《公民权利和政治权利国际公约》和《经济、社会和文化权利国际公约》两个重要的国际人权公约。这两项公约以明确的法律形式将不歧视原则编纂成为具体的条约法规范。两项公约均规定："每一缔约国承担尊重和保证在其领土内和受其管辖的一切个人享有本公约所承认的权利，不分种族、肤色、性别、语言、宗教、政治或其他见解、国籍或社会出身、财产、出生或其他身份等任何区别。"在联合国平等与不歧视的立法体系中，《消除一切形式种族歧视国际公约》和《消除对妇女一切形式歧视公约》

是专门针对宣言中关于不得歧视的某一理由进行具体规定的主要公约。

以上分析给我们的启示是，政府应从以下三个方面，消除劳动力市场上的歧视。

首先，减少歧视偏好。若歧视偏好减少，歧视现象将随之减少。政府可通过改进教育和制定法律减少人们的歧视偏好。同时，还应加大立法、健全法制、严格执法，规范劳动力就业市场秩序，在法律上规定各单位在雇佣、培训、晋升和工资待遇等方面同等对待不同性别、年龄、地域和民族的员工；应区别招聘中的歧视与合理甄选，通过立法明确规定哪些是歧视，哪些是正常的合理甄选。

其次，确立公平竞争的市场环境，减少市场缺陷。劳动力市场之所以存在歧视现象，与劳动力市场本身存在的种种缺陷是分不开的。因此，要消除歧视就必须减少劳动力市场的缺陷，这种缺陷主要包括信息不对称和不完全竞争。

最后，减少人力资本开发中的歧视。仅仅着眼为劳动者创造一个在就业、择业和工资待遇上的公平竞争的良好氛围是远远不够的，还应减少人力资本再开发的歧视，对被歧视者实施良好的教育和职业培训，增加人力资源投资，使不同劳动者在劳动力市场上与他人公平竞争，最终消除歧视。如2019年的《政府工作报告》提出，改革完善高职院校考试招生办法，鼓励更多应届高中毕业生和退役军人、下岗职工、农民工等报考，2019年大规模扩招100万人。这一政策是减少人力资本开发歧视的有效措施之一。

【本章小结】

劳动力市场上的歧视，是指那些具有相同能力、教育、培训和经历并最终表现出相同的劳动生产率的劳动者，由于一些非经济的个人特征受到的在就业、职业选择、晋升、工资水平、接受培训等方面的不公正的待遇。

根据歧视的内容划分，歧视可以分为：工资收入歧视、就业歧视、职业歧视、人力资本投资歧视。

劳动力市场歧视理论比较有代表性的理论是：个人偏见歧视模型。

经济学家往往是从相关条件平等时，出现了不平等的结果来推断歧视现象是否存在，并间接性地测量受歧视的程度。差额法就是这样一种歧视测量方法。目前，世界上许多国家和地区都在不同程度上制定相关的法律法规，与劳动力市场上的歧视现象做斗争。

复习思考题

（一）单项选择题

1. 在一些落后地区，女孩受教育的机会常低于男孩，使得她们在进入劳动力市场后找不到比较好的工作。这种劳动力市场歧视属于（　　）歧视。

A. 后劳动力市场　B. 前劳动力市场　C. 个人偏见　D. 消费者

2. 下列不属于根据歧视的来源划分类别的是（　　）。

A. 个人偏见的歧视模型　B. 统计性偏见的歧视模型

C. 非竞争性市场力量的模型　D. 竞争性市场力量的模型

（二）多项选择题

1. 根据歧视的内容划分，歧视可以分为（　　）歧视。

A. 工资　B. 就业　C. 职业　D. 人力资本投资

2. 根据歧视发生的时间划分，歧视可以分为（　　）歧视。

A. 劳动力市场前　B. 劳动力市场后　C. 劳动力市场中

3. 个人偏见歧视模型包括（　　）。

A. 雇主的歧视　B. 雇员的歧视　C. 顾客的歧视

4. 我国劳动力市场的歧视类型包括（　　）歧视。

A. 户籍和地域　B. 性别　C. 年龄　D. 学历

E. 经验　F. 健康

（三）判断题

测量收入歧视主要是考察歧视行为所造成的后果，而不是注意歧视的行为过程。（　）

（四）简答题

1. 劳动力市场歧视的含义是什么？怎样理解劳动力市场前歧视和劳动力市场后歧视的关系？

2. 劳动力市场上的歧视类型有哪些？

3. 在劳动力市场上有哪几种有代表性的歧视理论？

4. 我国劳动力市场歧视有哪些类型？可采取哪些解决措施？

5. 其他国家和地区在消除就业歧视政策对我国反歧视有哪些借鉴意义？

【实训项目】

（一）实训目标

1. 加深对劳动力市场歧视的认识。
2. 加深对劳动力资源稀缺性有具体认识。
3. 把握劳动经济学研究方法。
4. 锻炼学生搜集资料、检索文件、归纳整理的能力。

（二）实训项目和要求

1. 阅读材料

2003 年 6 月，安徽省的张某报名参加了安徽省国家公务员考试。经过紧张的笔试和面试，张某的成绩均排在报考者中的第一名，并顺利进入了规定的体检程序。在体检中，张某被铜陵市人民医院诊断感染了乙肝不定员，但他既不是“小三阳”也不是“大三阳”，只是一名普通的感染者。有关专家表示，张某基本不具备传染性，在社会生活角色上应该视为健康人。9 月 25 日，人事局以口头方式宣布，张某由于不符合公务员身体健康标准而不被录取。张某随即把安徽省芜湖市人事局告上了法庭，状告他们歧视乙肝患者。这个案件被称为“乙肝歧视第一案”。

思考：劳动力市场存在歧视现象的概念、类型。

（1）小组讨论：小组成员讨论我国劳动力市场上有哪些歧视现象？存在哪些歧视类型？

（2）小组代表陈述观点：陈述小组讨论的结果。

（3）各小组互评。

（4）教师对各小组讨论结果进行归纳和点评。

2. 假设你参与涉及性别歧视案件的调查，在案件中，小镇的一所大学对其女性员工实施歧视，该校社工学院几乎所有女教授的薪资都比该校其他同级教授的平均薪资低20%。该校的行为属于雇主歧视吗？

（1）小组讨论：小组成员讨论该校的行为是否属于雇主歧视。

（2）小组代表陈述观点：陈述小组讨论的结果。

（3）各小组互评。

（4）教师对各小组讨论结果进行归纳和点评。

项目九

就业与失业的一般考察

【项目说明】

本项目主要对就业与失业相关概念、就业理论、失业的类型及原因、如何治理失业做介绍，使同学们对就业和失业有一个总体而概括的认识，知识结构如下：

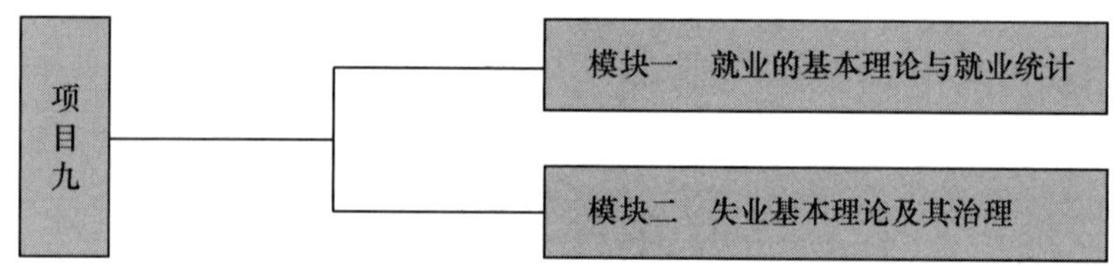

【项目导入】

一、主题案例

简斯维尔的失业情况

简斯维尔是美国威斯康星州南部的一座古老小城。1919 年，简斯维尔制造出通用汽车的第一辆拖拉机。此后，近一个世纪的时间里，这座城市一直依赖于通用汽车在此建立的装配厂生存。这家装配厂是通用汽车旗下历史悠久的装配厂，一直是当地最大也是近乎唯一的大雇主。简斯维尔还有多家工厂，也都围绕通用汽车而建，如轮胎厂等。通用汽车在 2008 年对简斯维尔的生产线宣判死刑。在次贷危机的影响下，通用汽车将关闭其在北美的四家工厂，简斯维尔的工厂是其中之一。

仅 6.3 万人口的简斯维尔，1/3 的家庭有人失业，超过 1/2 的家庭财务状况恶化，

1/2 的家庭购买食物困难，2/3 的家庭关系紧张，大部分居民的房产贬值。从普通工人到工厂管理者，从他们的父母到孩子，从学生到老师，从商人到政客，从便利店、电影院、加油站到房产中介机构，所有人、所有组织都被“失业”这个巨大的旋涡卷入和吞噬。

这些年，那些失业者们怎么样了？

杰拉德在简斯维尔工厂工作了 13 年，一直是生产线上的工人，先是生产中型载重卡车，后来是 SUV。无论在哪个岗位，这份工作都让他感到无聊，但是，其他工作的薪水没有能比得上这里的——时薪 28 美元。他的父亲、岳父都在这家工厂奉献了一生，老了也能领到丰厚的退休金，和家人一起安享晚年。杰拉德也希望像他们一样，可是他失业了。

失业后，杰拉德进入黑鹰技术学院，学习电力分配，他已经快 40 岁了，上一次出现在学校里还是 20 年前。有一次学校竖起一根公共事业电线杆，每位学生必须试爬一次。杰拉德在爬到 1.5 米高时，膝盖处突然传来一阵剧痛，他滑向地面。跌到地上时，杰拉德惊魂未定，他想还好只是一次练习。如果他在一根货真价实的约 10 米高的电线杆上跌下来，会怎么样？他还能为妻子塔米和孩子们做什么？不仅如此，谣言称联合能源公司本该在学生学习一年后开放的职位，恐怕不会这么快招人。他还听说，那些上了年纪的员工不再考虑退休，而是继续工作，因为在如今的经济状况下，他们的退休金将严重缩水。

二、学习目标

1. 理解就业与失业的含义。
2. 了解相关的就业理论。
3. 识别失业类型。
4. 掌握治理失业的方法。

模块一　就业的基本理论与就业统计

一、就业的界定与测量

1. 就业

就业是指一定年龄阶段内的人从事的为获取报酬或为赚取利润所进行的活动。由就业定义可以看到，实现就业需要符合以下几个基本条件。

（1）就业主体是达到法定年龄的具有劳动能力的人。世界各国都根据本国的情况确定就业者劳动年龄的上下限、就业时间的长短等具体内容。这种规定是为了更好地促进劳动者的身心健康和劳动行为能力的良好发展。

（2）就业主体所从事的劳动是有报酬的劳动，既可以是劳动报酬，也可以是经营收入。

（3）就业主体所从事的劳动必须是合法的社会劳动。只要是符合国家法律规定的社会劳动，不论所有制性质，不论用工形式，也不论在什么部门工作，都是满足就业条件的基本要件。

凡是从事社会劳动并取得劳动报酬或经营收入的劳动者，即为就业者。国际上通用的就业者的统计标准把凡是在有关的劳动法规规定的劳动年龄以上且符合下列情况的人均统计为就业者：

（1）在规定期间内，正在从事有报酬或有收入的职业的人；

（2）自营人员或在家族企业或农场而不领报酬的人，在规定时期内从事正常工作时间的1/3以上者；

（3）有固定职业，但因疾病、事故、劳动争议、休假、矿工或因气候不良、机器设备故障等原因暂时停工的人；

（4）已办理离休、退休、退职手续，又再次就业（有报酬或收入）的人。

各国根据本国的具体情况，分别制定各自的统计标准。通常把在一定时期内从事社会劳动达到一定时间标准以上的人或报酬、经营收入达到一定水平以上的人统计为就业者。

依据劳动就业的概念和劳动统计标准可以得出以下结论。（1）就业与企业用工形式无关。不论劳动合同是无固定期限的、有固定期限的还是以其他形式从事社会劳动的人，均属于就业者。（2）就业与劳动的社会形式、企业的财产组织形式无关。不论是雇佣劳动、个体劳动还是联合劳动，不论是在股份制企业、独资企业、合伙企业还是在个体工商户劳动或经营，都属于就业者的范畴。（3）劳动者从事家务劳动、义务劳动、救济性劳动等，此类劳动虽然非常具有社会价值，但因不能从劳动中获得劳动报酬或经营收入，而不属于就业者的范畴。（4）就业与国民经济的部门无关，劳动者不论在任何国民经济部门从事劳动，均属于就业者。

2. 就业率

衡量就业状况的一个重要指标是就业率，即就业人数占劳动力总数的比重，其计算公式为：

$$就业率=\frac{就业人口}{劳动力总数}\times 100\%$$

3. 充分就业的内涵

对一个经济体来说，最为理想的状态就是充分就业。

20 世纪 30 年代以来，大多数国家都把实现充分就业列为国家经济政策的主要内容，国际劳工组织在其宪章和宣言中也把促进充分就业作为奋斗目标。世界各国不论实行何种经济体制，提高劳动就业水平都是现代宏观经济管理面临的重大问题。

（1）理论界的充分就业概念。理论界对充分就业的解释，大致分为两种：一种是充分就业不等于失业率为零，而是总失业率等于自然失业率；另一种是充分就业是指劳动力和生产设备都达到充分利用状态。

（2）凯恩斯的充分就业概念。凯恩斯把失业分为自愿性失业和非自愿性失业两种。按照凯恩斯的定义，充分就业就是在某一工资水平下，所有愿意接受这种工资的人都能得到工作，只要解决了非自愿性失业人员的就业问题，就算达到了充分就业。

（3）从供求方面对充分就业的界定。从劳动力供求的相互关系看，所谓充分就业是指动力供给与劳动力需求处于均衡，国民经济的发展充分满足劳动者对就业岗位需求的状态，凡是愿意接受市场工资率的人均能实现就业的状态。

（4）统计学界的充分就业概念。它是用某一具体就业水平指标来描述充分就业。有些经济学家认为，失业率不超过 3%~4%，就算充分就业；也有些经济学家提出只要失业率不超过 6%即为充分就业。

总之，充分就业一般来说是一种理想的状态，在动态的市场经济中，保持劳动力供给与劳动力需求在总量及其结构上的持续均衡是极其困难的事情。充分就业是一个相对的概念，当充分就业实现时，并不意味着失业现象的消失，摩擦性失业及其他类型的自然失业与充分就业并行不悖。

二、就业统计

1. 就业统计的含义

根据统计学原理，就业统计可以分为三个方面，即就业统计理论、就业统计工作和就业统计资料。

就业统计理论是系统地阐明就业统计理论和方法的科学，是一种从数量方面认识、研究、分析、预测就业工作的认识方法和分析方法。就业统计理论来自就业统计实践，并对就业统计实践起指导作用。

就业统计工作是指有目的、有组织、有步骤地应用统计方法，从事就业统计数据的搜集、整理、推断、分析的统计活动过程。就业统计工作一般分为统计设计、资料搜集、资料整理、统计分析四个阶段。

就业统计资料主要是指通过搜集、整理以及计算、分析等工作得到的与就业相关的数据资料以及相关文字资料，如必要的文字说明、补充材料、调查报告和分析报告等。

就业统计的三个方面是有机联系的。一般来说，就业统计工作是就业统计理论的实践过程；就业统计资料是就业统计工作的成果；就业统计理论是对就业统计工作实践在理论上的概括和总结，就业统计工作以就业统计理论为指导，并在实践中检验和发展就业统计理论。

2. 就业统计的基本内容

就业统计是促进就业的重要基础工作。通过就业统计工作，各级政府可以及时获取大量反映当前就业形势的统计数据与信息，为就业政策的制定、调整和完善提供重要的决策依据。近年来，就业指标已成为宏观经济调控和各级政府施政的重要指标。

就业统计工作初步形成了常规报表统计与临时调查、重点监测相结合的就业统计制度。通过常规报表、临时调查、重点监测，基本能反映就业形势变化及发展的趋势。下面将以北京市为例进行说明。

一是常规报表。北京市制定了以常规报表为主、以重点监测和临时调查为辅的就业统计制度，完善了就业统计指标体系。现行常规的就业报表包含城镇新增就业人数、下岗失业人员再就业人数等各项重要指标。

二是临时调查。这是对调查对象在某一特殊时点状态的调查。例如，北京市在部分地区开展的农民工就业情况调查，了解农民工在城市中的就业及流动情况。

三是重点监测。这主要是指针对某项专门问题或者某些特殊群体所开展的专门性调查。例如，每年春节前后组织开展的就业相关数据快速调查，从农民工返乡及外出、企业岗位流失、人力资源市场职业供求等方面，针对农历春节这一特殊时期，及时把握企业用工和农民工流动趋势。

就业统计报表包括 1 张月报、22 张季报、5 张年报和 4 张特报等共计 32 张报表，分别按日期由各县上报到市一级，再由北京市统一汇总各地上报的各项就业统计数据。

在月报方面，只有一张就业与再就业工作月度进展情况表，这张表主要包括新成长劳动力就业人数、城镇新增就业人数、就业转失业人员再就业人数、就业困难人员人数、有组织转移人数、农村劳动力转移就业人数等一些重要就业数据，对这些数据进行统计汇总，涵盖了城镇和农村就业共计 20 余项指标。

季报表主要包括就业援助工作情况、城镇登记失业人员情况、职业培训综合情况、就业资金安排及使用情况、失业人员收费减免情况、小额担保贷款工作情况、创业扶持政策落实情况、促进以创业带动就业工作情况、公共就业服务工作情况以及人力资源市场职业供求情况的 12 张报表。

年报表主要包括就业训练综合情况、就业援助工作情况、街道社区工作平台综合情况、人力资源市场中介服务业务基本情况表和人力资源市场中介服务机构综合情况。

三、就业理论

1. 萨伊的市场法则理论

萨伊是法国著名政治经济学家，其代表作是 1803 年出版的《政治经济学概论》。在这本书中，他主张政治经济学应分为三部分，即生成、分配和消费，并由此引申出了他的劳动、资本、土地为生产三要素的理论。由于商品价格的高低受市场供求关系的影响，于是他转向了供求决定价值的理论观点，并提出著名的“萨伊定律”，或称为“萨伊市场法则”。

依据“萨伊定律”，萨伊的就业理论可以概括为：（1）通常情况下，依靠价格机制的自发调节，商品市场和生产要素市场会趋于供求均衡，趋于充分就业；（2）供求关系对均衡的偏离是不正常的，也是暂时的，进而暂时的不正常的失业也是无关紧要的；（3）这一法则还隐含着主张自由放任、反对政府干预经济的主张，这也是同时代多数经济学家的共同观点，而且根据“萨伊定律”，即使政府要干预经济，也仅在于激励生产而已。

2. 凯恩斯的就业理论

第一次世界大战后，资本主义的经济危机进一步加深，尤其在1929—1933年的大萧条时期，有4 000多万工人长期失业，无情的现实宣告了古典经济理论关于资本主义制度可以借助市场自动调节达到充分就业均衡的系统彻底崩溃，人们对资本主义制度普遍怀疑，迫切需要一套治理失业和经济危机以维护资本主义统治的新经济理论。在这种背景下，英国经济学家约翰·梅纳德·凯恩斯以古典经济理论叛逆者的姿态出现，放弃了市场调节自然平衡的观点，主张以国家干预经济生活来摆脱失业和萧条的困境。

1936年，凯恩斯的代表作——《就业、利息和货币通论》出版，立即在西方世界引起轰动。这一理论体系以论述充分就业问题为主要内容，把解决失业问题，使资本主义经济能够达到和保持充分就业作为撰写该书的目的。

凯恩斯所说的“充分就业”，并不意味着失业的完全消除和人力资本的充分利用，而是在实际生活中，没有非自愿失业的存在。摩擦失业与自愿失业，与充分就业并不矛盾。

凯恩斯的主张包括以下几个方面。第一，既然有效需求不足是造成失业的原因，补救办法包括增加投资与提高消费“双管齐下”。在消费水平既定的情况下，应主要实行“投资社会化”，由国家总揽投资，把私人垄断资本主义转变为国家垄断资本主义。第二，抛弃传统自由放任政策，扩大政府职能，采取政府干预和调节经济的一系列措施。第三，放弃传统的健全财政的原则，实行赤字财政和温和的通货膨胀，扩大政府开支，发行公债，来刺激经济和增加有效需求，以应对经济危机，达到并保持充分就业。

凯恩斯这一套就业理论被资产阶级称为“凯恩斯主义”和“凯恩斯革命”，成为主要资本主义国家社会经济决策的理论依据。

3. 菲利普斯的失业和通货膨胀替代理论

长期以来，受凯恩斯主义的影响，人们认为失业与通货膨胀不会并存。但是到了20世纪60年代，主要资本主义国家的失业和通货膨胀显著上升，于是经济学家们认为宏观经济政策不可能永久改善失业状况，开始研究失业与通货膨胀的关系问题，探索新的解决失业问题的方式。

1958年，英国经济学家威廉·菲利普斯，在研究了英国1861—1957年近百年的失业率与货币工资变动率的统计资料后，在以横轴表示失业率、纵轴表示货币工资变动率的坐标系中，绘出一条表示失业率与货币工资变动率之间替换关系的向右下倾斜的曲线 PC（见图9-1），这就是最初的菲利普斯曲线。

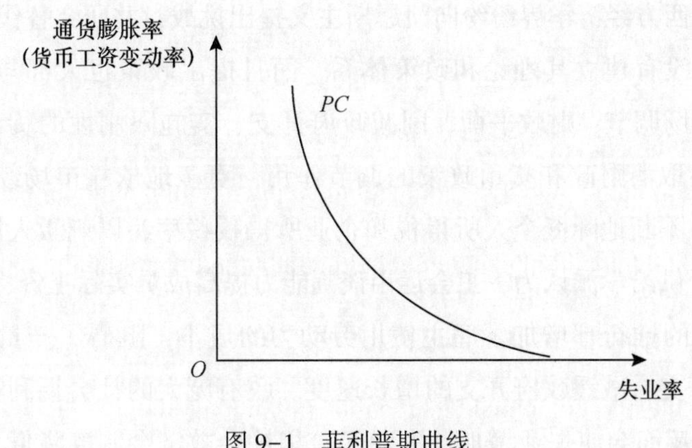

图 9-1　菲利普斯曲线

随后，萨缪尔森等新古典综合派对菲利普斯曲线进行了改进。把菲利普斯曲线图中的货币工资变动率用通货膨胀率进行了替代，成为现在人们熟知的反映通货膨胀率和失业率关系的菲利普斯曲线。

菲利普斯曲线否定了凯恩斯关于失业与通货膨胀不会并存的断言，认为通货膨胀与失业实际上是共同存在的，它们之间并不是有此无彼，而是此消彼长的关系。当失业率较低，表明经济景气、繁荣，工资与价格水平都较高，通货膨胀率也较高；当失业率较高，经济处于衰退或萧条阶段，工资与价格水平较低，通货膨胀率也较低。

菲利普斯由此提出了把失业率和通货膨胀率均控制在“社会可以承受的”范围内的管理思想。政府在制定政策时，可以利用菲利普斯曲线进行选择，以社会的承受能力为标准进行决策。如果通货膨胀率超过临界点时，政府可以采取紧缩性的财政和货币政策，以较高的失业率为代价，使通货膨胀率降到社会可承受的范围之内；如果失业率超过了临界点，政府可以采取扩张的财政和货币政策，以较高的通货膨胀率为代价，使失业率降到社会可承受的范围之内；如果失业率和通货膨胀率都低于社会可承受的临界点，则政府不需要采取任何重大的政策调整。

菲利普斯曲线的提出，曾在西方国家受到普遍的赞赏，成为政府进行宏观经济决策的一个重要依据。

4. 供给学派的就业理论

20 世纪 70 年代西方经济出现了生产停滞、失业严重但物价持续上涨的“滞胀”局面。供给学派认为，经济绝不会出现严重的滞销和持续的购买力短缺现象，因为生产会自动地将必要的资金转移到生产者手中。如果产品滞销，那么产品的价格会下跌，直到产品最终全部售出为止。产品滞销现象的存在，意味着消费正在下降，储蓄正在增加，储蓄增加迫使利率下降，并推动投资上升，任何形式的不景气都会被自动的投资所抵消。于是西方经济学界纷纷向凯恩斯主义提出挑战，并研究替代的理论和政策。

供给学派并没有建立其理论和政策体系，而且提出政策也大都与税率调整有关。供给学派主张市场调节、财政平衡、削减政府开支、实施限制性的货币政策等，具体措施如下。(1) 取消财政和货币政策的调节作用，更多地依靠市场经济的内在动力。(2) 大幅度地、不断地降低个人所得税和企业所得税税率，以刺激人们的工作劲头和资本投资。(3) 供给学派认为，工会运用谈判能力提高成员实际工资、最低工资立法、保健和安全条款的推行都增加了雇主使用劳动力的成本，阻碍了产量和就业的增加。(4) 削减福利开支，减缓政府开支的增长速度。政府庞大的社会福利支出不仅不会使穷人摆脱贫困，反而会使失业增加。失业保险和社会救济金制度降低了失业成本，促使人们愿意延长失业的期限，从而导致失业增加和总产量缩减。

5. 现代工作搜寻理论

现在我们通过工作搜寻模型来分析失业者找到工作的速度。

由于市场上有关工作机会和工人特征的信息是不完全的，失业者和潜在厂商之间要形成就业，双方就必须付出一定的时间和精力。

现在假设某一失业者所拥有的技能水平为 A，那么他所期望获得的最高工资就是 $F(A)$，因为没有企业会雇用一个没有达到其雇佣标准的工人。如果这位失业者知道哪些企业采用的雇佣标准为 A，那么他就会到这些企业去求职。由于符合企业的标准，他将会被按照工资 $F(A)$ 雇用。但现实情况是，市场的信息往往是不完全的，尽管求职者能够了解市场厂商的出价工资分布，但是他并不知道具体的每一家企业所提供的工资水平或使用的雇佣标准。面对市场上的一个工作机会，他不知道是否应该接受。

如果此人选择一个较高的最低预期工资，将会给他带来两方面的影响。一方面，工作机会将会减少，失业时间可能会延长，找到工作的可能性也会降低；另一方面，一旦他被雇用，预期工资则会上升，最低预期工资所带来的预期失业时间延长成本恰好等于失业过后较高的工资所带来的预期收益增加。也就是说，最低预期工资所带来的边际收益等于其边际成本。

通过上面的分析，我们可以得出以下结论。

(1) 有效地搜集和传递与工作、求职者有关的信息，有助于提高劳动力市场上工作的匹配速度，缩短失业时间。

(2) 两个技能水平相同的失业者最终可能获得不同水平的工资。虽然他们的保留工资相同，但是最终获得的工资将取决于所遇到的雇主的出价。所以，市场信息不完全是导致工资水平差异的一个可能原因。

(3) 市场信息的完善将会提高人们的工资水平。由于劳动力市场信息不完全，人们所获得的工资一般都低于与个人技能水平相匹配的工资水平，实际上处于一种就业不足的状态。

(4) 摩擦性失业是不可避免的。因为只要保留工资高于市场所提供的最低工资水平，失业者找到工作的概率就小于1。

(5) 政府的失业保险水平是影响预期失业时间和预期工资水平的一个重要因素，失业保障程度越高，失业者的失业成本就越小，保留工资也越高，从而延长预期的失业时间。

模块二　失业基本理论及其治理

一、失业的界定与测量

1. 失业的概念

失业是就业的对立面，从现代宏观劳动经济分析的研究看，人们更多地关注失业问题。

失业者是指在一定的年龄范围内（如16~65岁），有工作能力，愿意工作并积极寻找工作而未能按当时通行的实际工资水平找到工作的人。

1998年国家劳动部和统计局重新界定了失业者的定义，失业者是指在规定的劳动年龄内，具有劳动能力，在调查期内无业并以某种方式正在寻找工作的人员。具体包括下面五种人。

(1) 16岁以上各类学校毕业或肄业的学生中，初次寻找工作但尚未找到工作者。

(2) 企业宣告破产后，尚未找到工作的人员。

(3) 被企业终止、解除劳动合同或辞退后，尚未找到工作的人员。

(4) 辞去原单位工作后尚未找到工作的人员。

(5) 符合失业人员定义的其他人员。

16岁以上劳动力人口中，既没有公开声明就业也没有申报失业的人被称为“非劳动力人口”，也就是既不能算就业，也不能算失业。即只有16岁以上有劳动能力并且愿意找工作的劳动力人口，才能计算为就业人口或失业人口，因此，劳动人口本身就由就业者和失业者两部分组成。

2. 失业量度

衡量一个国家宏观经济中失业状况最基本的指标是失业率。失业率是指失业人数占劳动力总数的百分比。用公式表示为：

$$失业率=\frac{失业人口}{劳动力总数}\times 100\%$$

我国关于劳动就业方面的统计自新中国成立初期就已经开始，当时政府搜集劳动力就业信息的目的主要在于制订国民经济发展计划。当时的劳动力失业带有一种“政策性失业”的色彩。正是由于当时的这种特殊历史背景，改革开放以来我国关于失业现象的统计并不能客观全面地反映经济运行中实际的劳动就业状况。这主要表现在以下两个方面。

（1）统计口径狭。我国统计的失业人员指有非农户口，在一定劳动年龄内（男 50 岁以下，女 45 岁以下），有劳动能力，无业且要求就业，并在当地就业服务机构进行失业登记的人。我国失业人员的范围是不考虑农村人口的，这是由长期传统体制形成的观念和意识积淀导致的。

与此相适应，城镇登记失业率计算公式为：

$$城镇登记失业率=\frac{城镇登记失业人数}{城镇从业人数+城镇登记失业人数}\times 100\%$$

（2）失业与就业概念范畴交叉。失业和就业是一组对立的概念，但在实际中却出现如下四种情况：第一，农村存在大量的隐性失业人员；第二，国有、集体企业存在大量的冗余人员，他们处于隐性失业或就业不足的状态；第三，国有、集体企业在册职工中有一部分人员并未从事劳动，如一些下岗及内退人员等，但仍被作为从业人员统计；第四，登记失业者中有相当部分人员正在打工或从事其他有酬的临时工作，并不是真正的失业者，存在着所谓“隐性就业”的情况。

由于失业统计涉及技术和价值判断问题，每个国家对失业的统计口径存在着差别，所以关于失业的统计数字与实际失业量或多或少地存在着差别。

3. 自然失业率

自然失业率又称均衡失业率，是指在整个劳动力市场既不存在过多的劳动力供给，也不存在过多劳动力需求的失业率。尽管人们关注失业问题，在劳动力的范畴内，有些失业是不可避免的，所以完全消灭失业是不可能的。例如，因工作转换和初次寻找工作而引起的摩擦性失业、季节关系引起的季节性失业等都是正常失业现象。不论在什么样的经济条件下，摩擦性失业和季节性失业都存在，这种失业与总需求没有直接联系。如果除此之外没有其他类型的失业存在，那么就可以称已经实现了充分就业。在劳动力市场达到均衡、实现充分就业时的失业率就是自然失业率。

自然失业率具有十分重要的意义。当前，较为一致的观点认为，4%~5%的失业率是较为“实际”的充分就业，通过扩大总需求的政策来使失业率低于该比率的努力将导致通胀率上升。

二、失业的类型

一般来说，失业可以划分为三种不同的类型，即摩擦性失业、结构性失业和周期性失业。

1. 摩擦性失业

摩擦性失业产生的原因是劳动市场的信息不完全，有职位空缺的厂商和寻找工作的人要花时间去匹配，这形成了劳动力市场的持续流动。如果信息是完全的，流动是可以在瞬间完成的，失业就不会发生。但在实际生活中，这些条件都不可能满足，那么在一个动态的劳动力市场就不可避免地存在一定量的摩擦性失业。即使当劳动力市场的供给和需求是平衡的时候，摩擦性失业仍然会发生，因为厂商和工人都在寻找最佳匹配。

摩擦性失业的明显特征有以下四个方面。(1) 一定量的摩擦性失业是不可避免的。因为有大量流动的人群进出劳动力市场，而工作的转换需要一个过程。(2) 摩擦性失业更可能持续一个相对较短的时期。第一次换工作和找工作的人根本就没有经历失业，那些花一些时间去寻找工作的人失业的时间经常是少于一个月的。(3) 对每个人而言，摩擦性失业发生的概率是不相同的。比如，一些流动性大的行业（像零售业或建筑业）以及特殊人口群体（像青少年）的摩擦性失业概率大一些。(4) 和其他类型的失业相比较，摩擦性失业不仅仅带来经济成本，还会带来一些明显的经济利益。对整个经济体而言，如果劳动力流动过程是为了在地区和企业间进行合理有效的劳动力分配，那一定量的摩擦性失业是必要的；对劳动者个人而言，如果短期失业使其能进行更大范围的工作搜寻，从而获得更高的报酬，那失业就是一项值得的投资。然而并不是所有的摩擦性失业都是有利的，比如那些频繁地从一个没有前途的工作跳到另一个没有前途的工作的人们所经历的失业。

2. 结构性失业

结构性失业是由于工作类型与寻找工作的人的不匹配产生的。这种不匹配可能与个人的技能、学历、地理位置或年龄相关。比如，如果在北京和上海有工作空缺，而寻找工作的人在陕西或者山西等中西部地区，这时结构性失业就发生了。同样，如果存在的空缺职位是技术性的，如软件工程师、空间技术工程师或经理人，而寻找工作的不是没有受过多少教育或没有工作经历的人，就是之前从事没有技术性工作的人，这时结构性失业也会存在。这种情况下的失业是由于劳动力市场的流动性障碍阻止了失业者与职位的匹配。在结构性失业的情况下，市场上同时存在着工作空缺和失业者。

结构性失业的特点有以下两个方面。（1）结构性失业不像摩擦性失业，结构性失业是长期的。在一个区域内那些被新技术替代或工厂倒闭的工人很少找到可选择的其他就业资源。而且，这种寻找工作可能要持续好几个月。摩擦性失业和结构性失业都包括了搜寻工作的过程，它们的主要区别在于搜寻工作过程的完成速度，摩擦性失业相对短一点，而结构性失业要持续长一些。（2）结构性失业集中于特定的群体，即那些受技术改变，所在企业衰退或受整个国家工作移动影响的群体。

3. 周期性失业

周期性失业产生的基本原因是经济中总需求不足以为求职者创造足够的工作。周期性失业与经济周期性活动有关：在经济衰退、萧条时期，销售量的下降使企业辞退现有工人，减少新招聘的人员，导致了经济中存在的职位数量的下降，失业率上升；在经济复苏、繁荣时期，失业率会随着经济中消费和产品的需求上升而下降，因为需求的上升会促使企业通过召回暂时解雇的工人以及招聘新求职者来扩大生产，从而增加就业。

周期性失业的特点有以下两个方面。（1）同摩擦性失业一样，周期性失业也会波及整个经济体，虽然在经济衰退时，耐用品企业和工业地区的工人通常比其他工人的境况更糟一些。（2）相对于摩擦性失业和结构性失业，周期性失业随着经济的扩张与收缩表现得每年都不一样。

一般来说，政府可以借助公共政策来减少周期性失业。一种可选择的方法就是增加基础设施建设，比如，在经济衰退开始时通过投资高速公路或城市新建项目，直接扩大就业。另一种最直接的办法就是调整财政和货币政策以确保持续健康稳定的经济增长率。一旦衰退开始，及时以宽松的财政或货币政策进行干预，可有限地降低经济衰退的严重性和由此带来的失业。

4. 其他类型的失业

除上述几种常见的失业类型外，还有以下几种类型的失业。

（1）技术性失业

技术性失业是指由于引进技术代替人力劳动而产生的失业现象。技术性失业产生的原因有：引进节省劳动力的机器、使用新的生产方法、改变生产过程、使用新材料和改善经营管理。

产品的技术变化引起消费者消费方式的变化，直接促成了经济中的结构性不平衡。即使在产品设计上没有变化，生产过程的变化仍然可能改变对不同类型劳动力的需求方式，并为某些技术人员创造工作机会的同时减少对其他类型的劳动者的需求，更先进的产品取代了原来的产品并把该产品排挤出市场。在这种情况下，技术变化可能使生产率以快于产品需求增长率的速率增长，最终导致失业的产生。

技术性失业对熟练工人以及管理人员的影响相对较小，而对教育程度较低的、技艺较差的和收入水平较低的工人影响较大。

从技术进步和就业的关系来看，一般认为，在短期内，由于引进节省劳动力的机器，工人将被解雇；而从长期来看，尽管会对一些特殊等级和类型的工人需求造成不利影响，但就业总量并不因使用技术而受到影响。

（2）季节性失业

季节性失业是指由于季节性的生产或市场的变化等原因而引起的对劳动力需求的季节性波动，从而导致就业岗位的减少。季节性失业产生的原因是，一些行业随季节性的不同会产生购买的高峰和低谷，如服装业、食品饮料业、汽车制造业等；有些行业在进行重新改组以适应产品样式变化时，会导致生产工人的需求下降，如新型汽车的出现、新潮服装的出现等；还有一些行业和部门对劳动力的需求随季节变化而波动，如农业、旅游业、建筑业等。

季节性失业虽然是一种正常的失业，但它也给社会带来两个不良影响：一是工人的季节性失业不利于劳动力资源的有效利用；二是季节性失业工人的就业时间短，收入受到了影响。

为了降低季节性失业的影响，许多经济学家主张政府应做好对季节性失业的预测工作，以帮助季节性雇员尽早做出就业淡季的安排。此外，他们还建议政府能规定一个合理的失业补助期限，以缓解季节性雇员的生活困难，并刺激其重新寻找工作。

（3）隐性失业

隐性失业是指经济部门中存在着边际生产率等于或小于零的现象。尽管这种失业不以社会上存在失业人口的形式表现出来，但这种失业实质存在，社会上却看不到。而显性失业则正相反，以社会上出现失业人口的方式表明其存在。

（4）自愿失业

自愿失业是指虽然有就业愿望，但是由于才能得不到发挥，或由于兴趣、爱好、工资、保险福利以及人际等原因自愿放弃就业机会而形成的失业。

三、失业的成因

1. 摩擦性失业产生的原因

摩擦性失业是由于个人寻找更好的工作和厂商寻找更优秀的工人，属于搜寻性失业。还有一些比如效率工资可能吸引工人进入那些多等待可能有高工资的劳动力市场，这种类型的摩擦性失业更适合于被描述为等待性失业而不是搜寻性失业。造成摩擦性失业的潜在原因主要有以下几个方面。

（1）效率工资

效率工资是指厂商将工资定在高于市场平均工资水平上，作为一种促进劳动力努力工作、降低流动成本、提高劳动生产率的方法。效率工资的支付和失业联系密切，失业者将报出低于现有工人的工资以获得工作，但是，厂商不会接受他们的申请，厂商早已权衡了降低工资的收益和成本，并且决定保持高工资以给它们带来更大的利润，因此失业者不能争取到工作，他们必须等待由于辞职、解雇或厂商对工人的需求增加而出现的工作空缺。

（2）暂时解雇

季节性失业也可被认为是一种暂时性解雇，因而也是一种等待性失业。例如，建筑工人常常在冬季失业，农业工人往往在种植和收获季的间歇期失业，职业运动员可能在一年的某一段时间内失业等。尽管大规模暂时解雇通常与经济衰退相关联，但是厂商的暂时性解雇贯穿于整个经济之中，即使在总需求旺盛的时候也不例外。

（3）国家经济制度的动态结构调整

由于产业结构等方面的不断变化，原有的工作不断消失，新的工作不断产生，而工人在交换工作时需要时间，因此就产生了相应的临时性失业，即摩擦性失业。摩擦性失业也与工人自由寻找新工作和随意变换工作有关。

（4）工会化工作排队的影响

工会也会导致摩擦性失业。某些工人可能宁愿在就业队伍中等待有工会组织的工作，也不愿在较低的报酬下从事可获得的没有工会组织的工作。

在自由经济中，摩擦性失业是一种经常性的失业，一般行业广且涉及人员多、失业期限较短。减少摩擦性失业的办法，主要是增加劳动力的流动性，并多提供有关就业机会的信息。

2. 结构性失业产生的原因

结构性失业产生的原因有两种：一种是劳动力供给和劳动力需求在不同地区之间

出现了不平衡的现象；另外一种是在某一既定地区，劳动力市场上所需要的技能与劳动者实际供给的技能之间出现了不匹配的现象。

3. 周期性失业产生的原因

为应对经济衰退，企业实际上有两种选择，一种是解雇工人，另一种是降低工资，让同量的工人分享更少的工资总量。企业经常偏好前者而舍弃后者，主要有以下几个原因。

（1）人力资本投资的非均衡性

劳动力参加工作以后，企业要对他们进行基本的职业培训，由于工作性质不同、人员不同，企业对每个劳动者所支付的培训费用存在着很大的差别。在经济衰退或萧条时期，采取降低实际工资的办法打击面较宽，容易把凝结着高额人力资本投资的精英“赶”到自己的竞争对手那边。而采用临时解雇办法，可以有歧视性地选择打击面，将那些表现欠佳、缺乏经验、凝结低额人力资本投资的劳动者“驱赶”出去。

（2）供需双方信息不对称

企业对自身困难的了解比雇员更清楚。因为在信息不对称的条件下，当企业面临经营困难时，降低工资可能会受到雇员的抵制，劳动者可能会误认为这是对他们的欺骗，认为企业在虚张声势，企图借机压低他们的工资，因而会遭到工人们的拒绝，所以企业很难通过降低工资渡过难关。

（3）劳动力市场竞争力的要求

经济萧条期，如果企业采用解雇策略，将那些表现不尽如人意的工人解雇出去，实际上是向未被解雇者发出了这样一个信号：如果形势不进一步恶化，他们的“饭碗”是有保障的。因此，面对这种形势，未被解雇者接受较低工资的可能性便会大大提高。同时，也会对劳动力产生激励，迫使雇员表现出更高的工作效率。而如果雇主仅仅以降低工资、减缩生产成本来渡过不景气时期，会给雇员传递一种信号：他们的工作是稳定的，不必为保住工作职位去努力工作、提高劳动技能和自身素质。这样就会削弱劳动力市场的竞争力，使经济缺乏效率。

四、治理失业的对策

1. 政府角度治理失业

近年来，由于我国经济体制改革的深入，加上其他很多非体制方面的原因，失业问题日益突出。我国现在正处于一个经济转型时期，治理好失业问题，将关系到我国国民经济能否保持健康持续发展。

（1）建立适合国情的就业培训制度。我国目前失业的结构性特征十分突出，加强就业培训是解决我国失业与再就业的基础。对大批失业者实行“先培训、后就业”或“就业与培训一体化”的制度，通过一系列有效的岗前培训、下岗或转岗培训、在职培训，可提高劳动力的素质或技能，缓和再就业矛盾。

（2）积极扩大国内消费需求，促进生产和就业规模的扩张。要增加城乡居民特别是低收入居民的收入，提高他们的购买力，开辟新的消费热点，创造新的消费需求，以此促进生产和就业规模的扩大，从而缓解我国目前由消费需求不足而引起的经济增长乏力所致的就业状况。

（3）加快完善劳动力市场和就业服务体系，这不仅可以发挥其配置劳动力资源的功能，而且有利于缓解结构性失业问题。加强对就业的指导和服务，提高职业介绍所的数量和质量，建立城乡一体的就业信息服务网络，减少因信息不畅而造成的再就业困难。

（4）实行积极的财政政策，通过扩大国民经济总量来拉动就业需求。从我国目前失业情况看，主要问题是因为劳动力总量大大多于就业岗位总量造成的总量过剩性失业。因此，解决我国失业问题需要扩大投资规模，加快经济增长，大幅度增加就业岗位。国家可以积极引导企业和个人扩大生产性投资、保证国民经济有一个较高的增长速度，来拉动劳动力需求增长。同时，中央政府可通过增发国债来适当扩大政府公共开支，加大政府对农业、水利、交通、电信等基础产业设施的投资力度，并以财政贴息的方式支持非政府部门扩大对基础产业和基础设施的投资。

（5）加快发展以民营经济为主的中小企业。在一定时期内，非公有经济的发展将提高我国劳动力的就业水平。劳动力的就业就要转向非公有制经济部门，因为公有制经济部门对劳动力的吸纳能力下降，在对国有经济进行调整的时期，它已不再是就业的主渠道。

（6）加快社会保障体系建设，为劳动力的合理流动提供制度保证。要逐步取消各项福利待遇在不同所有制企业间的差别，降低劳动力转移成本，为各类企业人员和合理流动人员构筑安全网。还应按照《失业保险条例》的要求，扩大失业保险覆盖面，逐步使全社会职工都纳入失业保险的保障范围，以保证失业职工的基本生活。

2. 个人角度治理失业

调查资料显示，劳动者的就业意愿和就业现实差距悬殊。劳动者应合理调整自己的就业意愿，那些“非国家机关不去”的想法，应及早调整，接受市场需求。在高等教育大众化的今天，大学生已不再是稀缺人才和精英人才。大学毕业不等于能力和技术就适合社会的要求，大量的职业能力都是要通过实际工作慢慢培养起来的。把眼光放得宽一些，远一些，在不同层次和类型上寻找适合自己发展的空间，防止出现“一棵树上吊死”的情况。求职者应当正确估计个人价值，既能满足自身需求又适合企业实际的期望，以增加自己的就业机会。充分利用周围的资源，如网络、学校就业服务中心、社会关系等，掌握最新的就业形势，如市场中不同专业的需求状况，紧缺人才、行业排名等信息，结合自己目前的实际能力，不断调整自己的就业意愿，适度选择就业职位。

【本章小结】

所谓就业，是指达到法定劳动年龄、具有劳动能力的劳动者，运用各种生产资料依法从事某种社会劳动，并获得赖以为生的报酬收入或经营收入的经济活动，实现就业需符合下述几个基本条件：就业主体是达到法定年龄的具有劳动能力的人，就业主体所从事的劳动属于合法社会劳动，就业主体所从事的劳动是有报酬的劳动。充分就业就是在某一工资水平下，所有愿意接受这种工资的人都能得到工作。

衡量就业状况的一个重要指标是就业率，即就业人数占劳动人口总数的比重，衡量一个国家宏观经济中失业状况最基本的指标是失业率。自然失业率又称均衡失业率，是指在整个劳动力市场中既不存在过多的劳动力供给，也不存在过多的劳动力需求。

失业主要有以下几个类型：摩擦性失业、结构性失业、周期性失业、季节性失业、技术性失业、自愿失业等。摩擦性失业，是指在易于受到冲击的经济中，市场机制的自由作用方式要求某些工人不断改变工作。结构性失业是由于劳动者的技能结构与现有岗位的技能结构错位，造成失业与岗位空缺并存的一种失业。周期性失业，是指由于经济运行总是处于周期性的循环状态，从而对就业需求产生周期性波动而形成的失业，即由于经济周期或经济波动引起劳动力市场失衡所造成的失业。季节性失业是由于季节性的生产或市场的变化等原因引起生产对劳动力需求出现季节性波动，从而导致劳动者就业岗位的丧失。技术性失业是指由于引进技术代替人力劳动而产生的失业现象。自愿失业是指虽然有就业愿望，但由于才能得不到发挥，或由于兴趣、爱好、工资、保险福利及人际关系等原因自愿放弃就业机会而形成的失业。

复习思考题

（一）单项选择题

1. 在我国，下列（　　）属于在业人口。

A. 农民工　　B. 家庭妇女　　C. 劳动教养人员　　D. 在校大学生

2. 周期性失业产生的直接原因是（　　）。

A. 生产过程的周期性

B. 劳动力再生产的周期性

C. 经济周期中萧条阶段的需求下降所造成的劳动力需求不足

D. 经济的周期波动

3. 劳动力存在3%~4%失业时的失业率为（　　）。

A. 不充分就业　　B. 充分就业　　C. 过剩就业　　D. 完全失业

4. 在某国的劳动力市场上，存在大量下岗失业人员，他们大多数人属于普通劳动力，然而与此同时，新兴行业对高素质人才的需求很大。劳动力的过量需求和过量供给同时存在，这种现象称为（　　）。

A. 摩擦性失业　　B. 结构性失业　　C. 技术性失业　　D. 周期性失业

5. 凯恩斯主义失业是指（　　）。

A. 摩擦性失业　　B. 自愿性失业　　C. 非自愿性失业　　D. 季节性失业

6. 失业率计算的公式是（　　）。

A. $\frac{\text{失业人数}}{\text{就业人数}}$　　B. $\frac{\text{失业人数}}{\text{总人数}}$

C. $\frac{\text{失业人数}}{\text{就业人数+失业人数}}$　　D. $\frac{\text{就业人数}}{\text{失业人数}}$

7. 属于"失业者成为非劳动力"的劳动力流动情况是（　　）。

A. 灰心丧气的工人放弃寻找工作的努力

B. 劳动者失去劳动能力而自愿退出劳动力市场

C. 劳动者被解雇而暂时没有找到工作

D. 劳动者自愿辞职而暂时没有找到工作

（二）思考题

1. 什么是就业？充分就业的含义是什么？

2. 失业有哪些类型？它们产生的原因是什么？

（三）案例分析

大学生就业难问题

随着社会主义市场经济体制的确立和发展，我国经历了计划经济体制下和市场经济体制下的大学生就业制度。当前大学生就业是国家在就业方针政策指导下对毕业生实行宏观调控的结果，使其在就业方式上实行完全自主择业，培养、发展和健全人才劳动力市场，以实现人力资源的合理配置。大学生就业难主要有以下六个原因。

（1）大学毕业生供需矛盾突出是近年来社会公认的大学生就业难的一个直接原因，用人单位对大学生的需求速度赶不上大学毕业生的增加速度。

（2）就业信息获取不及时。用人单位招聘信息的发布缺乏时效性，大学生没能及时获取相应的信息，这两种情况造成了很多大学生找不到工作、用人单位找不到人的局面，延长了大学生和用人单位相互搜寻的时间。

（3）自我认识不足，所学知识与现实需求不匹配。在大学毕业生就业难的同时，用人单位也普遍存在着选才难。部分大学生有较扎实的专业知识，但可能缺乏良好的心理素质、礼仪和法律观念。

（4）缺少职业生涯规划。一项调查结果显示，61.91%的大学生不清楚自己未来的发展方向，更有70.64%的大学生对个人职业生涯有一定规划但不完全，这说明很多大学生对职业生涯规划不够重视。

（5）期望和实际现状不符。部分大学生做事眼高手低，理论知识与实际工作脱节，还存在就业后稳定性差、离职率高等问题。部分大学生缺乏吃苦耐劳精神，薪酬期望值高出社会现实水准，不愿从基层做起，宁愿等待，只选择在发达地区、高薪部门工作，不愿意去偏远地区工作，人际沟通能力差，缺乏团队合作能力，“有业不就”，造成人力资源的浪费。

（6）就业时一味追求稳定和高收入。大学生处于从依赖向独立、从学生向社会角色过渡的时期，他们对社会生活显示出较强的热情与好奇，缺少理性思考与合理规划。在这种氛围下，大学生择业的心态趋于“现实化”，这种“现实化”表现在将工资的高低、待遇的好坏当成择业的首要准则，而很少考虑自己的理想、兴趣、特长、优势、潜力等自身条件，这必将在一定程度上影响到大学生对将来职业的选择和对未来人生发展的定位。

为此，大学生应在学习之余，主动了解当前的就业政策和就业过程，了解就业形势有哪些变化，从而及时调整自身发展方向，重点培养个人素质与条件，以符合用人单位标准；同时根据个人需要和社会需求，扬其长、避其短，做出合理的选择和决策，顺利就业，或根据自身能力、兴趣、爱好选择适当的时机进行自主创业。

思考讨论：

试根据上述资料分析如何避免大学生就业难的问题。

【实训项目】

（一）实训目标

1. 加深对就业与失业的认识。
2. 加深对失业类型的了解。
3. 把握应对失业的方法。
4. 锻炼资料检索整理能力，提高阅读能力。

（二）实训项目和要求

所在地区劳动力就业与失业概况调查。

（1）调查所在地区总人口、就业劳动人口产业分布情况、失业人口情况。

（2）依据调查撰写所在地区就业与失业分析报告。

项目十

政府对劳动力市场干预和调节

【项目说明】

自从亚当·斯密揭示市场经济的运行机制和作用之后，市场经济这只“看不见的手”对于推动资本主义经济发展，提高生产效率发挥了重要的作用，市场经济作为经济运行的重要体制被更多国家认可、接受和采用。但是市场机制也不是万能的，它不能解决劳动力市场在运行中出现的各种矛盾，比如劳动力市场的失灵，如何弥补市场经济的这种缺陷，就需要政府通过一系列行政、法律和经济的手段，对市场运行进行全面系统的干预和调节，以稳定劳动力市场的运行。本项目主要讨论影响劳动力市场的制度结构体系、政府对劳动力市场的干预和调节。知识结构如下：

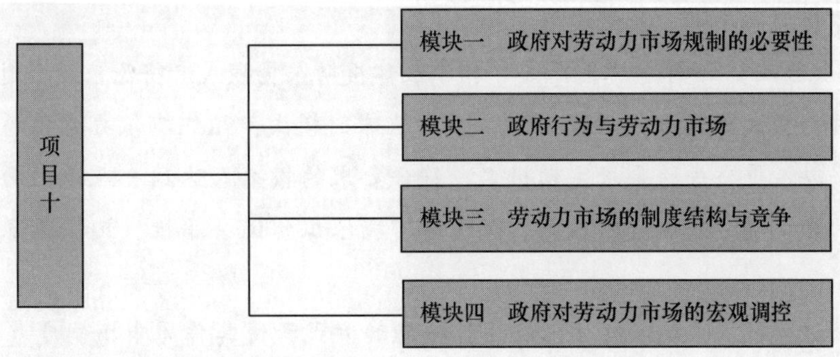

【项目导入】

一、主题案例

收入低于最低工资标准可申请法律援助

新修订的《广州市法律援助实施办法》(以下简称《办法》)近日由市府办公厅印发，将于9月1日起正式施行。针对近年来群众申请法律援助需求增多，申请法律援助便利性不足等问题，新修订的《办法》扩大了法律援助覆盖面，收入低于本市企业职工现行月最低工资标准的即可申请法律援助；此外，还新增了法律援助网上申请的便民途径。

根据新修订的《办法》更多的市民将能享受到法律援助。首先，《办法》扩大法律援助覆盖面。将法律援助经济困难标准从“城乡居民最低生活保障标准的1.5倍”改为“本市企业职工现行月最低工资标准”。同时新增了十余类无须提交经济困难申报材料的人员，其中包括了在侦查、审查起诉、审判、申诉、再审阶段申请法律援助的刑事案件犯罪嫌疑人、被告人、申诉人，以实现全流程保障刑事案件当事人合法权益。

其次，《办法》新增了网上申请法律援助的程序，即申请人可以通过网上申请法律援助服务。法律援助机构对申请人提交的申请材料原件，经核对符合条件的，当场作出给予法律援助的决定，并送达申请人。

此外，《办法》还新增“摇珠式”指派法律援助人员模式。将原来逐个邀约指派法律援助人员的模式更改为“公告+群发邀约+摇珠”模式，组织有承办意愿的律师按照征选法律援助人员公告的要求主动报名。符合要求的报名人达到3人以上的，以网上随机抽取的方式确定法律援助人员，既保障了指派工作的公平性，又提高了指派工作效率。

政府通过最低工资标准立法以及法律援助的方式行使其作为市场制度（规则）的维护者的应有之职。

资料来源：http://news.cctv.com/2019/04/17/ARTIksFweQtWYd7LfLHwQcS0190417.shtml

二、学习目标

1. 了解劳动力市场制度在不完善劳动力市场中的作用。

2. 了解劳动力市场的制度结构。

3. 掌握政府支出、个人所得税、社会保障税和最低工资立法对劳动力市场的影响。

4. 了解政府对就业和收入进行调控的宏观经济政策。

模块一　政府对劳动力市场规制的必要性

一、市场经济下的社会关系

在波兰尼的经济思想中传统经济与市场经济的根本区别在于，传统经济被置于社会之下，而市场经济要凌驾于社会之上。从经济嵌入社会关系的“社会市场”转变为社会被嵌入于经济体系的“市场社会”。市场经济要求社会从属于市场。市场经济只有在市场社会中才能运转。这种以获利为支配性动机的社会就是“市场社会”。

二、劳动力市场不完善的弊端

劳动力市场作为一种生产要素市场，是通过市场机制实现资源配置的，具体包括价格机制、供求机制和竞争机制三个方面。当市场机制发挥作用时，劳动力产生的效益将会提高。我国存在劳动力市场不够成熟和完善、劳动力市场信息不对称的问题。劳动力市场交易的对象是劳动力这一特殊商品。劳动是劳动力在劳动过程中的体力和脑力的付出。在劳动力的需求方和供给方交易之前，双方根据各自掌握的信息来做出选择。雇主对其某一岗位的具体任职资格要求等信息的掌握是确定和充分的，但是对劳动者的劳动技能及劳动过程中努力的程度这类信息的掌握是不确定和不充分的，同时劳动者对雇主提供的岗位任职资格的合理性缺乏了解，比如为什么高学历拿高工资，为什么学历和能力相比时选择学历，这种信息的不对称导致供求双方力量极度不平衡。此外，劳动者个人素质和社会提供的信息服务水平也会影响劳动力市场信息的获得。

三、政府调控劳动力市场的必要性

劳动力市场是劳动力供需双方进行交换的场所，建立和发展劳动力市场，是实现全社会范围内劳动力合理流动的先决条件，也是充分利用劳动力资源的关键。发展市场经济，必须完善政府调节下的劳动力市场，推动劳动力合理流动，使劳动者和企业之间建立具有相互选择性的劳动力交换关系。

实际运行的劳动力市场是不完善的市场，市场机制本身并不能解决劳动力市场运行中出现的各种矛盾，比如劳动力市场的失灵，必然要求政府通过一系列行政、法律、经济的手段进行干预和调节。

模块二　政府行为与劳动力市场

在市场经济体制中，劳动力市场的主体主要是企业和家庭，但是政府并不独立于劳动力市场之外，它同时也直接参与经济活动，并在经济生活中发挥重要作用。这种重要作用体现在让劳动力市场在资源配置中发挥主导作用的基础上对经济进行必要干预，干预政策包括宏观经济政策、法律规定、各类制度的制定和实施及为实现政府职能的财政活动。

一、政府支出与劳动力市场

政府支出是指政府为促进就业、降低失业率而对劳动力市场所投入的资金，资金主要可分为积极就业支出和消极就业支出，具体来讲包括政府购买和转移支付。政府购买是指国防、公共管理服务、公共工程项目以及政府雇员和事业组织中劳动者的薪金报酬等；转移支付是政府进行收入再分配的主要手段，是政府在社会保险福利、社会优抚、社会救助以及某些补贴等方面的支出。

1. 公共部门就业和工资的决定

（1）公共部门就业

公共部门是指被国家授予公共权力，并以社会的公共利益为组织目标，管理各项社会公共事务，向全体社会成员提供法定服务的政府组织。政府是公共经济部门的最主要成员。在劳动力市场上，劳动者在公共部门就业意味着将失去在企业部门的工作机会。企业部门的劳动力需求水平由社会对厂商产品和服务的需求派生而来，在比较成本与收益的基础上，由企业独立做出劳动力需求水平的决策。而公共部门的劳动力需求只能是在权衡财政收入和公共物品的社会效用条件下，在公共物品生产规模的基础上做出。

（2）公共部门的工资水平

随着公共部门需求的增长与就业量的增加，其工资水平也不断提高。一般来说，公共部门的工资水平实行“比较工资”的原则，即公共部门劳动者的工资水平参照相当于企业部门劳动者的工资水平制定，如 2018 年国家级正职公务员工资为 7 835 元，全国平均工资标准为 7 629 元。公共部门的工资水平在很大程度上由立法或行政力量决定。但是近几年，企业之间的人才争夺战已打响，导致企业的用人成本急剧上升，一定程度上导致公共部门的工资水平低于企业部门，比照企业部门工资增长，公共部门只有通过调整制度工资标准、其他补贴或福利等形式增加总体工资，在一定程度上说公共部门劳动者的工资运动与企业部门劳动者的工资运动存在着相互联系。

2. 政府转移支付和补贴对劳动力市场的影响

（1）政府转移支付和补贴对劳动力需求的影响

转移支付与补贴是政府的一种货币性支出，该种支出并无实际的商品和劳务的交换发生，因而并不增加一定时期的国民收入。转移支付与补贴的数量变动不影响国民收入总量的变动，因此与经济社会的就业总量无关。但是，转移支付与补贴却对社会产品的总需求结构产生重大影响，从而影响劳动力市场的劳动力需求结构。举例来说，对生活特别困难群体的社会救济会增加对特定产品和服务的需求，而这种需求又会导致对生产和提供这些产品和劳务的派生劳动力的需求。对企业和非营利机构的补贴，如对学校和科研机构的补贴，同样会增加对提供相关产品和劳务的劳动力的需求。

（2）政府转移支付和补贴对劳动力供给的影响

政府转移支付和补贴对劳动力供给的影响主要体现为改变个人劳动力供给决策的条件。转移支付和补贴是政府的货币支出，同时就是一定社会群体的货币收入，此种货币收入增量必定会产生收入效应和替代效应。其他条件不变，如制度劳动时间和工资率不变，收入增加，必定减少劳动力供给。西方发达国家之所以对“福利国家”的某些制度进行大刀阔斧的改革，原因之一就在于越来越完善的社会保险与福利一方面对劳动力供给存在负向影响，另一方面庞大的财政负担加重了纳税人的税负，降低投资的意愿，引起生产下降。由此可见，政府转移支付的程度，即转移支付的规模与结构必须与经济和社会发展水平相适应。在我国，城乡社会保障的形式与水平存在较大的差异，城市社会保障的完善程度远高于农村，政府的转移支付在城市的社会保障中起了重要作用，带来城乡老年人口劳动力参与率的较大差异。

二、政府税收与劳动力市场

税收是政府收入最为主要的部分，政府税收种类较多，为了简化分析，这里仅讨论个人所得税和社会保障税对劳动力市场的影响。

1. 个人所得税对劳动力市场的影响

个人所得税对劳动力市场的影响主要表现在：对定量标准以上的劳动所得课税直接影响劳动力供给。前面有关章节已有分析，劳动力供给是工资率的函数，市场供给曲线在通常情况下的斜率为正值，对劳动所得课税，无论是比例税还是累进税，都要改变劳动力供给曲线的形状。

个人所得税对劳动力市场的影响还表现在：在劳动力需求曲线弹性既定的情况下，个人所得对工资和就业的影响主要取决于劳动力供给曲线的弹性。假设劳动力需求弹性不变，当劳动力供给完全无弹性时，工资的变化对劳动力参与率没有影响，如图10-1所示。在这种情况下，雇员无法将税收转嫁给雇主，个人所得税不影响市场均衡、工资率和就业量。

当劳动力供给有弹性时，部分税收是由雇主来分担的，如图10-2所示。在其他条件不变的情况下，若劳动力供给曲线向上倾斜，个人所得税将导致劳动力供给的减少，工资率提高，就业量下降。在需求弹性不变的情况下，供给弹性越大，雇主分担的税收部分就越大。

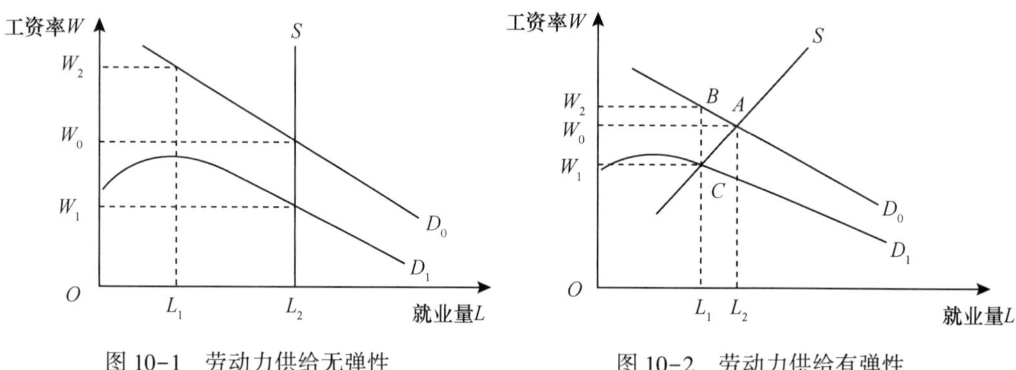

图10-1　劳动力供给无弹性　　图10-2　劳动力供给有弹性

图10-1和图10-2中的需求曲线是相同的，具有相同的税前工资率和雇主愿意雇用的劳动力数量。D_1 在传统需求曲线的下方，两条线间的垂直距离是每小时劳动的税收。

2. 社会保障税对劳动力市场的影响

在现代市场经济体制中，国家通常根据工资总额来征收社会保障税或社会保险费，用于劳动者暂时或永久丧失劳动能力时的补偿。市场经济运转过程中必然会有企业、公司面临破产或兼并的命运，也就是说，进入劳动力市场的每一位劳动者都有失业的风险。失业意味着收入的中断。社会保障税（费）为劳动在失业期间提供基本生活保障，使每位劳动者无论原来从事何种工作都不会因失业而无生活保障，并通过各种途径促进其再就业，使其可以自由进入劳动力市场。

三、政府法律法规与劳动力市场

政府法律法规对于整体就业、失业水平会产生一定的影响。比如就业保护等相关法律法规，对不公平解雇、经济性裁员、解除终止合同经济补偿等作出规定，对企业劳动成本、用工灵活性等产生极大影响。就业保护法是政府有效管理劳动力市场的关键手段之一，它可以延长劳动关系的维持时间，使得企业和劳动者更愿意进行人力资本投资。

模块三　劳动力市场的制度结构与竞争

劳动力市场要正常、稳定地发挥其资源配置的基础性作用，必须依赖一定的制度结构，劳动力市场的制度结构安排是市场竞争的重要条件，同时也是政府与劳动力市场相互关联的具体表现。

一、劳动力市场的制度结构要素

1. 最低劳动标准

最低劳动标准包括最低工资标准、最长劳动时间标准和其他劳动条件标准。

（1）最低工资标准

最低工资是指劳动者在法定工作时间提供了正常劳动的前提下，其雇主（或用人单位）支付的最低金额的劳动报酬。最低工资不包括加班工资，特殊工作环境、特殊条件下的津贴以及劳动者保险、福利待遇和各种非货币的收入。最低工资应以法定货币按时支付。

最低工资标准是国家为了保护劳动者的基本生活，在劳动者提供正常劳动的情况下，强制规定用人单位必须支付给劳动者的最低工资报酬。《中华人民共和国劳动法》第四十八条规定，国家实行最低工资保障制度。用人单位支付劳动者的工资不得低于当地最低工资标准。最低工资标准每年会随着生活费用水平、职工平均工资水平、经济发展水平等的变化而由当地政府进行调整。

1）对完全竞争市场的影响。西方劳动经济学理论认为，最低工资制度的直接影响就是就业减少，失业增加，但是这并没有迎合我国劳动力市场的特点。虽然改革开放40多年以来，我国劳动力市场在劳动力流动、劳资双方关系等方面的改革取得了一定的成果，但是由于户籍制度、劳动力数量与质量特点导致我国尚未真正形成自由的劳动力市场，劳资双方力量悬殊。在劳动力市场上，资本的力量远远大于劳动者的力量，所以企业掌握着工资的决定权，劳动者在劳动力市场上根本没有议价的能力，工资的高低完全由企业来决定。所以中国目前的劳动力市场上的工资率就不是由供求双方共同决定的均衡工资。在今天中国的劳动力市场上，劳动者本就是弱者，而低收入的贫困人口更是弱者中的弱者。贫困人口的劳动供给已不再遵循经典西方经济学理论中劳动力供给曲线向右上方倾斜的规律。

结合我国劳动力市场的特点，我们可以用劳动力供求曲线图表示出最低工资制对劳动供求的影响变化，如图10-3所示。

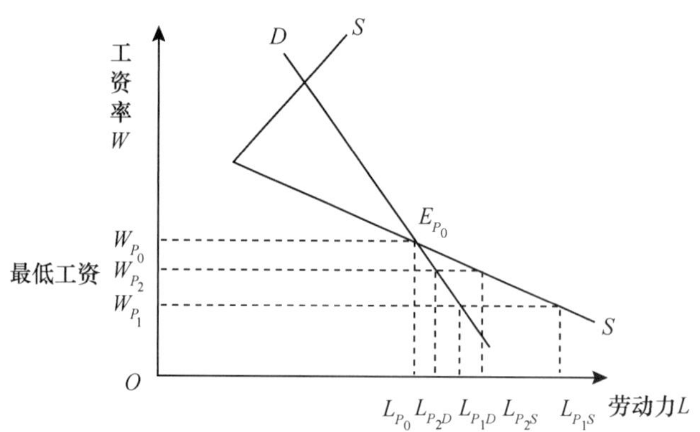

图10-3 最低工资制对劳动供给的影响

从图10-3中可以看到，劳动需求曲线与供给曲线有两个交点。由于低收入人群是最低工资实施保障的对象，所以我们只分析在这段向下倾斜的供给曲线上，最低工资制对劳动供求的影响。

劳动力供给曲线S和需求曲线D相交于点E_{P_0}，此时市场均衡的工资率是W_{P_0}，均衡的劳动量是L_{P_0}。对于低收入人群来说，在劳动力市场上，根本没有讨价还价的能力，因此他们的工资距离均衡工资有一定的上升空间。我们假设市场上给这部分低收入人群定的工资在W_{P_1}点，从图中可以看出，即使此时的工资是非常低的，市场提供的劳动岗位还是供不应求，劳动供给达到L_{P_1S}，劳动需求只有L_{P_1D}，仍有$L_{P_1S}-L_{P_1D}$的劳动力面临失业。如果实施了最低工资制，这个最低工资的值的合理范围应该落在（W_{P_1}，W_{P_0}）区间。最低工资必须高于低收入者现有的工资水平，这是最低工资制实施的意义所在。再者，我们之前也已经分析过，我国制定的最低工资水平还达不到均衡的工资率水平。因而假设最低工资是在 W_{P_2} 点，此时市场上的劳动需求量是 L_{P_2D}，劳动供给量是 L_{P_2S}。与没有实施最低工资制时相比，尽管此时劳动需求减少了（$L_{P_1D}-L_{P_2D}$），但劳动需求量的减少却远远小于劳动供给量的减少（$L_{P_1S}-L_{P_2S}$），结果是失业人数大大减少。从图 10-3 中可清晰地看出，减少的失业人数为（$L_{P_1S}-L_{P_1D}$）-（$L_{P_2S}-L_{P_2D}$）。这就说明，实施最低工资制不仅使劳动者收入增加，而且还降低了失业率。

2）对垄断市场的影响。在垄断市场中，首先假设最低工资完全覆盖所有雇员，且市场上只有一个雇主。当劳动力市场出现垄断情况时，垄断性企业便是市场上的唯一需求者，它所面临的是一条向上倾斜的劳动力供给曲线（见图 10-4），若企业想要增加雇佣量，就必须相应提高工资。由于垄断性企业对所有雇员支付相同的工资，为了增雇一个雇员而提高工资率时，还要同时为其他雇员提高工资，所以雇佣劳动力的边际成本高于工资率。

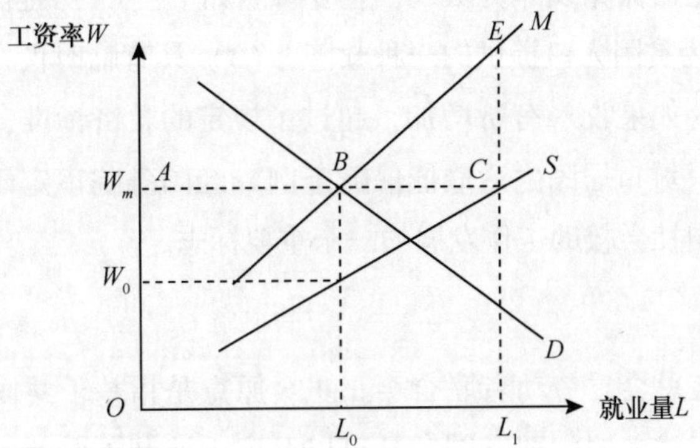

图 10-4　最低工资对垄断市场的影响

为了实现利润最大化，任何企业的劳动力雇佣量都应达到劳动边际收益等于劳动力边际成本的那一点上，垄断性企业也不例外。在图 10-4 中，M 为劳动力边际成本曲线，D 为劳动力边际收益曲线。L_0 为垄断性企业按照利润最大化原则确定的雇佣量，与之相对应的工资率则为 W_0。现在假定最低工资为 W_m，那么企业现在面临的劳动力供给曲线便是 $ABCS$，边际劳动力成本曲线是 $ABCEM$，企业的雇佣量达到 L_1 之前，边际劳动力成本等于工资率。在 B 点，利润达到最大化，企业雇佣量仍为 L_0，但支付的工资率却由 W_0 增至 W_m。

（2）最长劳动时间标准

最长劳动时间标准包括国家通过立法规定的工时制度、延长工作时间的条件及最高限额、休息休假制度等，其立法宗旨在于确保劳动者休息休假权的实现。

我国劳动法律法规中关于最长劳动时间标准的规定：每周工作时间不超过四十四

小时。劳动者每周至少休息一日。《中华人民共和国劳动法》第三十六条规定，国家实行劳动者每日工作时间不超过八小时、平均每周工作时间不超过四十四小时的工时制度。第三十八条规定，用人单位应当保证劳动者每周至少休息一日。2008 年实施的《职工带薪年休假条例》规定，职工累计工作已满 1 年不满 10 年的，年休假 5 天；已满 10 年不满 20 年的，年休假 10 天；已满 20 年的，年休假 15 天。

（3）其他劳动条件标准

其他劳动条件标准包括最低就业年龄标准、保护劳动者在生产中的安全和健康标准以及所应采取的各种法律法规、关于女工与未成年工的特殊保护等。

2. 最低生活保障

最低生活保障是一种社会保障制度类型，是指国家对家庭人均收入低于当地政府公告的最低生活标准的人口给予一定现金资助，以保证该家庭成员基本生活所需的社会保障制度。最低生活保障线即贫困线，主要特点如下：（1）是保证基本生活的生活费用补贴；（2）是为贫困人口提供的一种救济；（3）具有临时性。原先享受最低生活保障的人口或家庭，如果收入有所增加，超过了规定的救济标准，则不再享受最低生活保障救济。我国《城市居民生活最低保障条例》经国务院审定于 1999 年 10 月 1 日在全国施行，是我国社会救助工作发展的一个重要标志。

3. 工会

工会，或称劳工总会、劳动者联合会。工会原意是指基于共同利益而自发组织的社会团体。工会组织成立的主要意图，是可以与雇主谈判工资薪水、工作时限和工作条件等。

最低劳动标准、最低生活保障、工会等三个制度结构，在现代市场经济国家都以法律的形式确定下来，得到法律的保护，在保障劳动力市场稳定运行、实现劳动力资源的有效配置中发挥着不可替代的作用。

二、劳动力市场的制度结构和调节机制

企业与劳动者作为劳动市场的两个主体，企业追求利润最大化，这就要求企业支出尽可能地最小化，因此，在其他条件给定的情况下，只要降低劳动费用，就会使利润相应增加。因此，企业为了追求利润最大化，会尽量降低人工成本，特别是降低作为人工成本的重要组成部分的工资。而另一个主体劳动者追求的目标是个人效用的最大化，希望工资越高越好。如果工资降低到某种水平以下，劳动者就拒绝就业，此时企业将得不到必要的劳动力供给，那么，工资就绝不会降到这一水平之下。但劳动者

拒绝就业是有条件的，即他能够在就业之外获得其他的谋生手段。如果不具备这个条件，劳动者就只能通过自身的劳动来获得生活资料。因此，在劳动力市场上，如果出现某种失衡，特别是当劳动力供给大于需求时，工资就存在着无限制下降的趋势和可能。

从表面上看，降低工资可以增加企业的利润，但从社会再生产过程来看，其中存在着极大的矛盾。原因有以下两点。（1）如果工资水平下降甚至低到仅能维持劳动者的基本消费，不仅劳动力的再生产受到威胁，劳动者劳动的主动性和积极性也无从发挥。劳动力是最基本的生产要素，一旦劳动力再生产的正常进行受到破坏，社会生产的基础就有崩溃的危险，比如工业革命时期的大罢工运动。（2）假设存在极为低廉的工资且仅能维持基本生活，则通过市场竞争形成价格的机制就无从发挥作用。工资水平的提高，在一定意义上体现着劳动者作为人的价值的实现。正如亚当·斯密阐述：充足的劳动报酬，鼓励劳动人民增殖，因而鼓励他们勤勉。劳动工资，是勤勉的奖励。勤勉像其他人类品质一样，越受奖励越发勤奋。丰富的生活资料，使劳动者体力增进，而生活改善和晚景优裕的愉快希望，使他们益加努力。所以高工资地方的劳动者，总是比低工资地方的劳动者活泼、勤勉和敏捷。现代效率工资理论也认为高工资是效率的源泉。

劳动力市场均衡的变动，即由市场决定的工资率、就业量的变动，取决于种种影响劳动力需求与劳动力供给的因素的变动。若劳动力市场自身具有自动调节、自行恢复稳定均衡的能力，即使受到市场外部的强烈冲击，出现暂时的工资与就业的震荡，也能够通过劳动力市场的自行调节，使工资和就业与市场外部条件相适应，从而使劳动力资源的配置保持在稳定均衡的最佳水平。但假如劳动力市场自身缺乏自行调节、自行恢复稳定均衡的能力，那么，在经济变动的不同阶段，就可能出现工资、就业极不稳定或劳动条件极度恶化的局面。具体情况如下。

（1）具有稳定均衡性质的情况

关于劳动力市场具有自动调节、自行恢复稳定均衡性质情况如图 10-5 所示，在稳定均衡的情况下，图中的供给曲线从左下向右上倾斜，具有正的斜率，且劳动力供给弹性小于劳动力需求弹性。

（2）不具有稳定均衡性质的情况

如图 10-6 所示，在不稳定均衡的情况下，图中的供给曲线向右下倾斜，劳动力供给曲线的斜率以及工资弹性为负值，而且供给曲线的工资弹性的绝对值大于需求曲线相应的绝对值。此时，劳动力市场的均衡就必然处于不稳定状态。一旦失衡，就会出现极大的发散的可能。

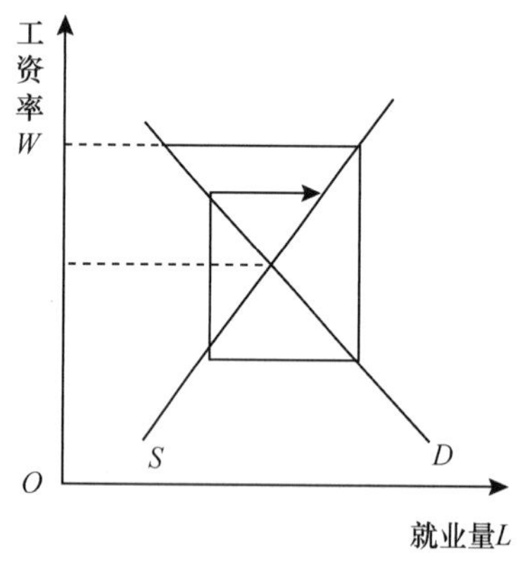

图 10-5　具有稳定均衡性质

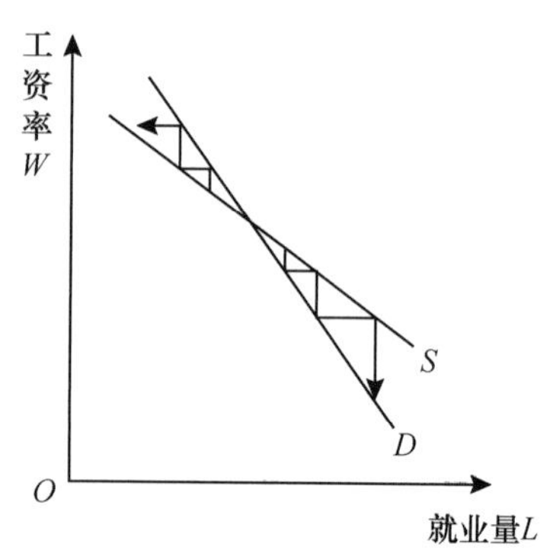

图 10-6　不具有稳定均衡性质

在本课程相关章节的有关分析中曾经指出，当工资率变动产生的替代效应大于收入效应时，劳动力供给曲线的弹性为正值；若收入效应大于替代效应，相应的供给曲线的工资弹性为负值，劳动力供给曲线的斜率为负，如理论上所建立的个人劳动力供给曲线。此时，伴随着工资的增长，消费闲暇的支付能力迅速增强，闲暇的边际效用大于劳动的边际效用。但是，仅依赖这种关系，还不足于说明上图所示的向右下方延伸的劳动力供给曲线的性质特征。

如图 10-7 所描述的是不稳定的劳动力市场，由于某种原因均衡受到破坏，若工资水平 W_1 低于均衡工资率 W_e，那么，过度劳动力供给的压力会迫使工资水平不断下降，进而导致低工资、多就业的恶性循环，劳动力供给曲线向右下方发散，而劳动力市场

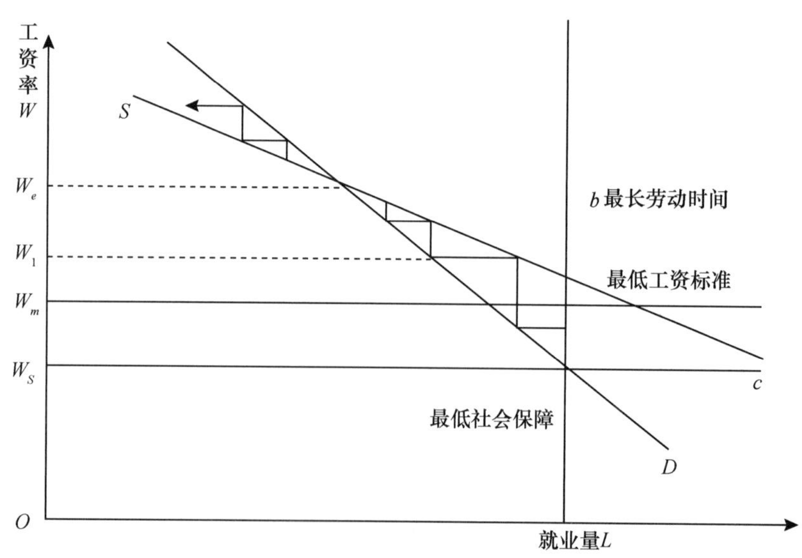

图 10-7　劳动力市场均衡与制度结构

本身无法自行调节，自动恢复稳定均衡。

此时，由于规定了低劳动标准，如最长劳动时间标准（用竖线 b 表示）和最低工资标准（用横线 W_m 表示），就可以使这种发散控制在一定的水平上。而最低社会保障（用横线 W_S 表示）的存在，则起着一定工资水平以下停止劳动力供给、维持最低限度劳动条件的作用。

当然，在图中所示的不稳定劳动力市场中，就业和工资也有可能偏离均衡点，使得劳动力供给曲线向上发散。这将导致高工资、少供给的恶性循环，可能造成通货膨胀与生产萎缩并存的滞涨局面。此时，应采取工资与物价管制措施来解决。

模块四　政府对劳动力市场的宏观调控

政府对劳动力市场的宏观调控政策主要包括财政政策和货币政策、收入政策和人力政策。通过这些政策有效调节总供给和总需求的相互关系，进而影响劳动力市场的供给与需求。

一、就业总量的宏观调节政策

对国民经济就业总量影响最大的宏观调控政策是财政政策和货币政策。

2021 年的《政府工作报告》指出，就业优先政策要继续强化、聚力增效。着力稳定现有岗位，对不裁员少裁员的企业，继续给予必要的财税、金融等政策支持。继续降低失业和工伤保险费率，扩大失业保险返还等阶段性稳岗政策惠及范围，延长以工代训政策实施期。

财政政策和货币政策都是通过影响总需求水平来调节经济运行的。由于货币政策的间接调控性，故而通常与财政政策结合使用。同时，在运用财政政策和货币政策降低失业率时可能导致无法接受的高通货膨胀率，此时应考虑结合使用其他政策，如收入政策和人力资政策，达到降低失业率的同时又能避免高通货膨胀率的目的。

二、政府收入政策

收入政策是后凯恩斯主流学派提出的政策主张之一，指政府为了影响货币收入或物价水平而采取的措施，是政府为降低一般价格水平上升的速度而采取的强制性或非强制性的限制工资和价格的政策，是货币政策和财政政策以外的一种政府行为。

收入政策通常采用以下做法。

（1）工资—物价指导线，即由政府根据长期劳动生产率来确定工资收入和物价的增长限度，要求把工资—物价增长限制在劳动生产率平均增长幅度内。

（2）对特定工资或物价进行“权威性劝说”或施加政府压力。

（3）实行工资—物价管制，即由政府颁布法令对工资和物价实行管制，甚至实行硬性冻结。

三、政府人力政策

人力政策，又称积极的劳动力市场政策，是指政府通过对劳动力进行重新教育和培训，提高其就业适应能力，达到改变劳动力供给结构、提高劳动力市场运行效率等目的的政策。人力政策旨在按照经济发展满足市场对劳动力的要求，调节和改善劳动力供给，进而完善劳动力市场的劳动力资源配置。人力政策主要是针对劳动力市场的结构性失业而提出的扩大就业的对策，其主要依据是人力资本理论。

人力政策包括多种人力资源开发计划，这些计划可以概括为以下三类：（1）技能训练计划，包括经常性训练和职业训练；（2）职位开发计划，包括学徒扩展计划、企业部门的工作机会和公共部门的职位扩大计划等；（3）职业发展计划，包括集中性就业计划、工作刺激计划和职位组合等。通过这些计划，政府可以紧紧抓住劳动力资源配置中的两个环节，即青年劳动力由受教育到就业的转变和劳动力从旧职业、职位向新职业、职位的转变，提高他们的就业和再就业能力，以提高劳动力市场上劳动力供给结构对劳动力需求结构变化的适应性。

【本章小结】

政府对劳动力市场的干预和调节实际上分为两个方面。

（1）为完成政府的公共管理职能以及提供某些不便由社会厂商提供的公共服务活动而对劳动力市场的影响。由于上述活动，特别是政府购买，是种实质性的支出，有着商品和劳务的实际交易，因而直接形成社会总需求，故对劳动力市场的运行过程有着实质性的影响。在现代市场经济条件下，政府的经济行为本身对劳动力市场的运行发挥着越来越大的作用。

（2）国家劳动立法和政府的宏观经济政策对劳动力市场的影响。

复习思考题

（一）单项选择题

1. 收入政策不包括（　　）。

A. 工资—物价指导　　B. 工资物价管制

C. 经济激励　　D. 加大人力资本投入

2. 一般来说，扩张性的财政政策是以（　　）为主要目标。

A. 抑制通货膨胀　　B. 提高就业水平　　C. 消除赤字　　D. 消除贫富差距

（二）多项选择题

就业总量的宏观调控政策有哪些。（　　）

A. 财政政策　　B. 货币政策　　C. 收入政策　　D. 人力政策

（三）判断题

1. 财政收入最大化目标的公共部门将比服务最大化目标的公共部门雇用更多的公务人员。（　　）

2. 最低工资是指行业、部门、企业等用人单位对劳动者实行的最低等级工资标准。（　　）

（四）名词解释

1. 政府税收。

2. 政府支出。

3. 最低工资标准。

（五）简答题

1. 政府制度中的政府购买和转移支付有何区别？公共部门就业水平的决定因素是什么？

2. 试分析个人所得税和社会保障税对劳动力市场的影响。

3. 收入政策实施的具体形式主要有哪些？

4. 劳动力市场制度结构包括哪些要素？

【实训项目】

（一）实训目标

1. 加深对劳动力市场的具体认识。

2. 加深对劳动力市场制度结构与竞争的具体认识。

3. 理解制度对劳动力市场的宏观调控。

（二）实训项目和要求

最低工资标准调查。

（1）认真阅读有关最低工资标准相关法律条款。

（2）收集近 5 年全国各地区的最低工资标准。

（3）试概括最低工资标准这一劳动力市场制度要素对劳动力市场的影响。